Beate Aschenbrenner-Wellmann (Hg.)

Mit der Vielfalt leben

Verantwortung und Respekt in der Diversity-
und Antidiskriminierungsarbeit mit Personen,
Organisationen und Sozialräumen

Publikationen des Instituts für Antidiskriminierungs-
und Diversityfragen (IAD), Band 1

Evangelische Hochschule
Ludwigsburg

Bibliografische Information der Deutschen Bibliothek:
Die Deutsche Bibliothek verzeichnet diese Publikation
in der Deutschen Nationalbibliografie; detaillierte bibliografische Daten sind
im Internet über http://dnb.ddb.de abrufbar
Umschlaggestaltung: Holger Hägele

1. Auflage, 2009
© 2008, Verlag und Buchhandlung der Evangelischen Gesellschaft GmbH,
Stuttgart, Augustenstr. 124, 70197 Stuttgart, Telefon 0711 / 60 100 0,
Fax 0711/60 100 76
Foto Seite 160: Keystone Pressedienst, Hamburg

ISBN 978-3-7918-8016-7

Inhaltsverzeichnis

Vorwort (B. Aschenbrenner-Wellmann)   7

Theoretische Grundlagen und Perspektiven

Jo Jerg
**Respekt vor dem Anderen – Differenz als Heraus-
forderung in Vielfaltsgemeinschaften**   12

Melinda Madew, Nariye Soyal and Birgit Groner
Multiculturality and the Question of Social Cohesion .   33

Rainer Kilb
**Zur Integrationsfähigkeit von Großstädten und ihren
unterschiedlichen Quartieren**   43

Beate Aschenbrenner-Wellmann
**Diversity-Kompetenz – Überlegungen zu einer
Schlüsselqualifikation für Theorie und Praxis der
Sozialen Arbeit**   61

Michaela Judy, Walter Milowiz
**Über die Konstruktion von Wirklichkeit:
Systemisch denken im "Managing Diversity"**   86

Iris Koall.
**Managing Diversity – Wie lässt sich der Umgang mit
Vielfalt in der Organisation verstehen und anleiten?** . .   95

Eli Wolf
**»We are here, we are queer, get used to it.«
Diversity-Management als professionelles Handeln in
der sozialen Arbeit am Beispiel sexueller Orientierung**   112

Volker Kaufmann
    Menschenrechte als zentrale Werte in Europa –
    Teilhabe und Vielfalt statt Ausgrenzung 138

Praxisbeiträge und Umsetzungsstrategien

Josef Minarsch-Engisch
    Interkulturelle Öffnung sozialer Einrichtungen 160

Katja Baur
    Die Kirche gehört ins Dorf. Und die Moschee? 179

Ursula Kress
    Gender Mainstreaming und Diversity in der
    Evangelischen Kirche – Eine Standortbestimmung ... 197

Marina Walz-Hildenbrand
    Häusliche Gewalt und Gewalt im Namen der Ehre –
    Ein Erfahrungsbericht zu Interventionsprojekten 207

**Gründung des Instituts für Antidiskrimierungs- und
Diversityfragen an der Evangelischen Hochschule Ludwigsburg.
Beiträge aus Anlass der Eröffnungsfeier am 28.1.08:**

Beate Aschenbrenner-Wellmann
    Konzeption, Zielsetzungen und Thesen zur Eröffnung. 218

Michael Griesbeck
    Diskriminierung von Menschen mit Migrations-
    hintergrund als Integrationshemmnis 227

Verzeichnis der Autorinnen und Autoren 232

Vorwort

Die Begriffe »Diversity« und »Diversity-Management« als Bezeichnungen für Verschiedenheit von Menschen, Gruppen und Organisationen mit den Ausprägungen »Vielfalt«, »Unterschiedlichkeit« und »Ungleichheit« sowie deren professionelle Planung und Steuerung in der betrieblichen Praxis haben in den 90er Jahren des vorigen Jahrhunderts in die Organisationskulturen und -strukturen größerer Unternehmen Einzug gehalten. Auch in der Sozialen Arbeit oder im Hochschulbereich richtet sich der Fokus zunehmend auf Diversity-Konzepte, insbesondere in Kombination mit Antidiskriminierungsansätzen oder mit dem Blickwinkel auf Inklusion und Integration.

An der Evangelischen Hochschule Ludwigsburg (EHL) wurde daher im Wintersemester 2005/06 eine Ringvorlesung zum Thema »Mit der Vielfalt leben. Verantwortung und Respekt im Diversity-Management für Personen, Organisationen und Sozialräume« unter Beteiligung ausgewiesener Expertinnen und Experten veranstaltet. In dem vorliegenden Band werden einige Beiträge der Ringvorlesung veröffentlicht, ausgewählte Praxisbeispiele vorgestellt sowie Überlegungen zu der im Jahr 2007 an der EHL erfolgten Gründung des Instituts für Antidiskriminierungs- und Diversityfragen (IAD) und dessen Zielsetzungen aufgezeigt.

Wichtig war mir bei der Zusammenstellung der Beiträge, das breite Spektrum, in dem sich der Diskurs um Verschiedenheit bewegt, abzubilden. Diversity-Ideen sind mittlerweile auch im Mainstream der politisch-gesellschaftlichen Debatte verankert, so haben zum Beispiel Wirtschaftsunternehmen unter der Schirmherrschaft von Bundeskanzlerin Angela Merkel eine Kampagne mit dem Titel »Charta der Vielfalt« initiiert. Aus Sicht der Sozialen Arbeit kann es sich allerdings nicht nur um ein funktionales Verständnis von Diversity als ökonomisch relevantes Faktum oder um einen politisch-rechtlichen Antidiskriminierungsdiskurs handeln, der beispielsweise im AGG (Allgemeinen Gleichbehandlungsgesetz) selektiv bestimmte Merkmale von Ungleichbehandlung herausgreift. Vielmehr muss die Auseinandersetzung mit dem Thema der sozialen Ungleichheit wie auch mit den Aspekten von Normalität und Abweichung geführt werden.

Denn die Frage nach professionellem Handeln in Kontexten der Verschiedenheit durchzieht Gegenwart und Vergangenheit Sozialer

Arbeit. Dies gilt sowohl für innergesellschaftliche Verschiedenheit, wie zum Beispiel die Verteilung von Armut und Reichtum, als auch für gesellschaftsübergreifende Zusammenhänge, wie sie beispielsweise im Migrationsbereich sichtbar sind. Diversity kann hierbei als sensibilisierendes Konzept eingebracht werden, wenn Vorstellungen von Normalität sowie Praktiken der Normalisierung kritisch hinterfragt werden sollen und stattdessen das Bedürfnis der Menschen, als einzigartige Individuen wahrgenommen zu werden, in den Mittelpunkt rückt.

Der Anspruch, aufgrund von Herkunft, Geschlecht, oder allgemein gesprochen, der Zugehörigkeit zu bestimmten Gruppen, keine Nachteile zu erfahren, ist verpflichtende Aufgabe einer demokratischen Gesellschaft, die auf der Anerkennung universaler Menschenrechte basiert. Diversity-Konzepte bieten hier die Chance, gesellschaftliche Teilhabe für alle in den Fokus zu nehmen, Defizitorientierungen, wie beispielsweise auch häufig in der Interkulturellen Pädagogik vertreten, zu überwinden sowie die Begrenztheit kulturalistischer Denkmuster aufzuzeigen. Mit einer diversitybewussten Perspektive steht nicht mehr ein einzelnes und isoliert betrachtetes Gruppenmerkmal im Mittelpunkt, vielmehr wird nach vielfältigen sozialen Kontexten gefragt. Verschiedenheit wird dabei als ein Merkmal aller Menschen thematisiert. So wird deutlich, dass wir alle, wenn auch in unterschiedlicher Weise, mit Einteilungen entlang der Kategorien »Soziale Klasse«, »Ethnie«, »Geschlecht« oder »Alter« zu tun haben.

Viele Diversity-Strategien beanspruchen einen Beitrag zur Überwindung von Diskriminierungen, die aufgrund der zuvor genannten Merkmale stattfinden, zu leisten. Diversity-Orientierung stellt jedoch kein Antidiskriminierungskonzept im engeren Sinne dar, bei dem es vor allem um Fragen der sozialen Gerechtigkeit geht, sondern ist ausgerichtet auf die Wertschätzung sozialer und kultureller Vielfalt sowie auf die Steigerung des Leistungs-Potenzials sozialer Organisationen. Eine unreflektierte Anerkennung von Vielfalt sowie auch die Sensibilisierung für Unterschiede kann zu Stereotypisierungen entlang der Differenzlinien (Geschlecht, Ethnie etc.) und damit zu einer gleichzeitigen Auf- und Abwertung von Differenz führen. Denn die Anerkennung von Vielfalt setzt gleichzeitig eine soziale Praxis des Unterscheidens voraus.

Wichtig ist deshalb eine differenzierte Auseinandersetzung mit den soziokulturellen Bedingungen von Ungleichheit und Diskriminierung sowie mit deren gesellschaftlicher Legitimation. Hierin sehe ich eine der zukünftigen Aufgaben des Instituts für Antidiskriminierungs- und Diversityfragen, das die Diversity- und Antidiskriminierungsperspektive mit der Zielsetzung, Phänomene der Differenz und Fremdheit aufzugreifen, wissenschaftlich zu bearbeiten und Programme zur respektvollen und anerkennungsgeleiteten praktischen Gestaltung von Unterschiedlichkeit und Vielfalt zu entwickeln und somit Diskriminierung entgegenzuwirken, vertritt.

Im Dezember 2008   *Beate Aschenbrenner-Wellmann*

Theoretische Grundlagen und Perspektiven

Respekt vor dem Anderen – Differenz als Herausforderung in Vielfaltsgemeinschaften

Jo Jerg

Der folgende Beitrag nimmt Vielfalt zum Anlass, danach zu fragen, wie wir mit Verschiedenheit umgehen. Die Auseinandersetzung mit dem Respektbegriff könnte hierzu einen wichtigen Beitrag leisten. Der Alltag in der Sozialen Arbeit stellt die Herausforderung, wie wir Menschen respektvoll unterstützen bzw. wie wir respektvoll miteinander umgehen.»Andere mit Respekt zu behandeln geschieht nicht einfach von selbst, nicht einmal beim besten Willen« (Sennett 2002, 251[1]). In Richard Sennetts Werk»Respekt im Zeitalter der Ungleichheit« sind interessante Gedanken ausgeführt, die für die Auseinandersetzung mit der Verschiedenheit in der Sozialen Arbeit grundlegend sind und hier nur exemplarisch vorgestellt werden können.

Zunächst wird Sennetts Begriff des Respekts erläutert. Im Anschluss werden einige Grundgedanken vorgestellt, die sich im Kontext des Respektbegriffes mit den persönlichen Voraussetzungen sowie auf den Umgang miteinander beziehen. Als Einstieg werden anhand von fünf Schlaglichtern Bezüge zum Thema angedeutet.

1. Zum Einstieg: Fünf Schlaglichter

1.1 »Geld ist nicht alles, Respekt ist alles«[2]

Respekt hat derzeit Hochkonjunktur. Seit in Frankreich zwei minderjährige Jugendliche vor einer Polizeikontrolle in ein Transformatorenhaus flüchteten und im Starkstrom starben, ist durch die nachfolgenden nächtlichen Krawalle von jungen Franzosen – vor allem Einwanderern aus den Vororten – die Brüchigkeit der gesellschaftlichen Zusammenhänge und der öffentlichen Ordnung offensichtlicher zutage gekommen.

---

1   Zitate aus: R. Sennett, 2002: Respekt im Zeitalter der Ungleichheit erscheinen auf den weiteren Seiten ausschließlich mit Autor und Seitenangaben. Andere Zitate aus Veröffentlichungen von R. Sennett werden mit Jahreszahl angegeben.

2   Mönninger,M., Zeit Nr. 46, 10.November 2005, 3.

Ein Leitartikel der ZEIT war überschrieben mit:»Geld ist nichts, Respekt ist alles«. Viel Aufsehen in Frankreich erregten die Äußerungen des damaligen Innenministers Sarkozy über die Jugendlichen als Gesindel, Abschaum, der mit Hochdruckreiniger weggespült werden müsste (vgl. Mönninger 2005, 3). Diese Äußerungen stehen für ein Denken und eine Haltung, die die Existenz von Bindungen zwischen verschiedenen Gesellschaftsgruppen und ihren Systemen vernachlässigen. In vielen Interviews mit Jugendlichen und BewohnerInnen aus den Vororten der Großstädte wurde sichtbar, dass die Äußerungen von Sarkozy den fehlenden Respekt gegenüber marginalisierten Bevölkerungsgruppen erkennen lassen. In den Reaktionen der Jugendlichen auf Sarkozys Begrifflichkeiten kommt eine tiefe Verletzung ans Licht, die sich auch in den explosiven Reaktionen der Jugendlichen entlädt (vgl. Mönninger, 3).

1.2. Was verbindet uns mit anderen?

Eine Frage, die in den letzten Jahren immer stärker in den Vordergrund von gesellschaftlichen Analysen drängt und die den Respekt berührt, lautet:»Was verbindet uns mit den anderen?«, nicht zu verwechseln mit »Worin sind wir uns gleich?«. Ich habe jahrelang in der Jugendhilfe, der Behindertenhilfe und in der Forschung erfahren (müssen), dass Menschen, die sich von gängigen Normen unterscheiden, stigmatisiert und mit Etiketten versehen werden, die eine begrenzte Wahrnehmung der jeweiligen Personen widerspiegeln. Gleichzeitig mitproduziert wird (Selbst-)Ausgrenzung und die Gewissheit der Nicht-Zugehörigkeit. Die Auseinandersetzung mit Respekt könnte bei der Beantwortung der Frage»Was verbindet uns mit den anderen?«behilflich sein.

1.3 Der Nächste

Diversity bringt Vielfalt und Differenz ins Blickfeld. Soweit mein Einblick reicht, bietet dieser Ansatz neue strukturelle Möglichkeiten, Menschen in ihrer Vielfalt in Gesellschaften einzubinden. Mit dem Diversity-Konzept können wir Geschlecht, Kultur, soziale Lage, Behinderung in die Normalität miteinbeziehen. Meines Erachtens müsste der

Blick noch konsequenter die ganz »normale« Differenz in den Vordergrund stellen: Was unterscheidet mich von anderen, vom Nächsten – und zwar von jedem einzelnen –, von meinem besten Freund, von meiner Partnerin etc.? Respekt richtet sich an alle. Ein Ziel dieser Sichtweise könnte vielleicht sein, die Differenz nicht an bestimmte Gruppen bzw. Phänomene zu binden, sondern die feinen Unterschiede (Bourdieu), ans Tageslicht kommen zu lassen.

»Liebe deinen Nächsten wie dich selbst!« Diese radikale Aufforderung und im Christentum explizit formulierter Anspruch ist sehr hoch, weil der Nächste jede/r sein kann, auch ein/e Fremde/r, eine/r, die/ den wir nicht leiden können. Gleichzeitig besteht eine Begrenzung in der Formulierung: »Liebe deinen Nächsten wie dich selbst.« Es heißt ja nicht nur: Liebe deinen Nächsten. Sich selbst zu lieben, ist kein leichtes Unterfangen. Deshalb ist es verständlich, dass es mit der Nächstenliebe nicht so leicht daher geht. Aber das soll nicht als Entschuldigung herhalten, sondern als eine Herausforderung verstanden werden.

In diesem Beitrag wird nicht von wichtigen Unterschieden – wie zum Beispiel Geschlecht, Kultur, Religion oder besondere Behinderungsformen – die Rede sein. Der Blick richtet sich ausschließlich auf die Frage, was unter Respekt gefasst werden kann.

An dieser Stelle wird ein kurzer Nachtrag zum Titel »Respekt vor dem Anderen« eingeschoben. Dieses Bild des Anderen wurde dem Bild des Anders-Seins vorgezogen, weil das Sein des oder der Anderen in seiner existenziellen Dimension vielleicht gar nicht so anders sein muss, vielleicht sind es vielmehr die anderen Lebensbedingungen, die die Differenz erzeugen oder die anderen kulturellen, religiösen oder sonstigen Weltvorstellungen und Konstruktionen der Welt? Ist die Differenz zum Anderen so grundlegend? Von Respekt vor den Anderen oder von Respekt vor der Differenz zu sprechen, ist wohl treffender. Differenz beinhaltet in diesem Sinne keine negative Konnotation, kein störendes Element in Gemeinschaften, sondern, so wie es der Untertitel andeutet, eine Herausforderung an jede/n Einzelne/n, sich mit sich selbst und den anderen auseinanderzusetzen bzw. einen Weg zu sich und den anderen zu suchen.

1.4 Teil-Haben

Diversity in einem umfassenden Sinne ist gebunden an die Bindung zwischen Menschen. Die Bindungen zwischen Menschen sind im sozialen Raum als eine Verbindung zwischen gesellschaftlich-strukturellen und individuell-lebensweltlichen Aspekten zu sehen (vgl. Speck, 16).

Einen Hintergrund für die folgende Auseinandersetzung bieten zwei grundlegende Konstruktionen: Zum einen liegt die Vorstellung einer inklusiven Gesellschaft zugrunde, die allen BürgerInnen ein Recht auf Teilhabe am gesellschaftlichen Leben zugesteht; zum anderen aber wird Inklusion und Exklusion als doppelte Realität anerkannt. Jede/r hat Anteil an den Funktionssystemen der Gesellschaft (z. B. an Systemen wie Bildung, Wirtschaft, Recht, Soziale Beziehungen, Kunst usw.). Dabei ist entscheidend: Wo habe ich Zugang? Wo muss ich draußen bleiben bzw. wo komme ich nicht hinein? Oder aber auch: Wo will ich nicht teilhaben?

Welche Konsequenzen ergeben sich daraus für die Betrachtung des Themas Respekt? Respekt ist ein Verhältnis, ein Zustand, der nicht generell, sondern in den jeweiligen Lebensräumen, funktionalen Systemen wie Familie, peers etc. unterschiedlich gewährleistet ist/wird. In der peer-group Respekt zu erfahren und gleichzeitig in der Schule keinen Respekt zu erhalten, sind Ausdruck von parallel existierenden unterschiedlichen Anerkennungssystemen.

1.5 Respekt kostet nichts!

Als letzte Vorbemerkung möchte ich eine sehr provokante, irritierende und zutreffende Aussage von Sennett voranstellen: Respekt kostet nichts! Das ist ein ver-rücktes Phänomen, weil Respekt nichts kostet und trotzdem, so Sennett, ein knappes Gut in unserer Gesellschaft darstellt (vgl. Sennett, 15). Was löst diese Feststellung aus? Könnten wir nicht in vielen Situationen mehr Respekt gegenüber den anderen erweisen? Warum tun wir es nicht? Oder warum können wir es nicht? Interessant ist auch: Respekt lässt sich nicht aufzwingen.

Was hat Respekt mit Fremdheit bzw. Verschiedenheit zu tun oder gemeinsam? Welche Dimensionen spielen beim Respekt eine Rolle? Geht es um die Gleichheit der Rechte oder um ein Mitgefühl für andere, die anscheinend weniger haben? Welche Rolle spielt das Zwischenmenschliche? Welche Bedeutung hat die soziale Lage? Bekommen/geben reiche, erfolgreiche Menschen mehr Respekt als Arme und »Verlierer«? Welche Rolle spielen dabei die Individualisierungstendenzen? Beck spricht im Kontext der Freisetzung vom Individuum vom »Egoismusfieber« (Beck in Speck, 35). Fragen über Fragen.

Der Beitrag berücksichtigt nur einen Bruchteil dessen, was unter dem Thema bearbeitet werden könnte. Sennett fragt nach dem Kontext von Respekt und Ungleichheit! Und dies steht im Zentrum der folgenden Ausführungen.

2. Definition von Respekt

Laut Duden zeigt sich im *Respekt* »Ehrerbietung, Achtung, Ehrfurcht, Scheu«: Das Substantiv wurde im 16. Jahrhundert aus dem englischen gleichbedeutenden Wort *respect* entlehnt, das auf lateinisch *respectus* »das Zurückblicken, das Sichumsehen; die Rücksicht« zurückgeht. Das zugrunde liegende lateinische Verb *re-spicere* »zurückschauen; Rücksicht nehmen«; ist eine Bildung aus lateinisch *re* »zurück, wieder« ... und lateinisch *specere* »schauen« (vgl. Artikel *Spiegel*). – Dazu stellt sich das Verb *respektieren* »achten, anerkennen«, das im 16. Jahrhundert aus dem Französischen *respecter* übernommen wurde (vgl. Duden 2001, 671). Interessant ist hier die Bedeutung der Vorsilbe »re«, eine Rückbindung; Rückbeziehung bzw. Rücksichtnahme zeigt sich im »Entgegenkommen«. Das Wort Respekt verbindet die eigenen Aktionen mit der existierenden Welt und steht im Bezug auf den Anderen.

3. Annäherungen an den Respektbegriff

Sennett versucht anhand von einigen Synonymen, die in der Soziologie für Respekt verwendet werden und zum Teil Teilaspekte des Respektsbegriffs darstellen, ein Bild aufzuzeigen, um den Respektbegriff zu füllen und zu positionieren. Dabei sind fünf Begriffe dem Respekt nahe stehend: Status, Prestige, Anerkennung, Ehre und Würde.

Eine eindeutige Definition nimmt Sennett bewusst nicht vor. Beim Fassen von Respekt spricht er immer wieder von dunklen Elementen, von Dimensionen, die nicht so leicht zu greifen und zu bestimmen sind, wie zum Beispiel der Begriff der Ehre.

Sennett zeigt mit dem Bild von einem exzellenten Zusammenspiel zwischen einem Klavierspieler und einem Sänger auf, dass sich Respekt darin ausdrückt, die »Bedürfnisse anderer ernst zu nehmen« (Sennett, 70). Übertragen auf Alltagssituationen geht es darum, wie wir in Begegnungen die Bedürfnisse der anderen beachten. Dies ist keine leichte Aufgabe, weil wir viele Menschen, denen wir begegnen, nicht gut genug kennen, ihr Verhalten nicht verstehen usw.

Der Charakter eines Menschen bildet die Grundlage für den Respekt. Der Charakter eines Menschen steht im übertragenen Sinne dafür, wie wir mit anderen kommunizieren, mit welchen »sozialen Instrumenten« (ebd., 70), d. h. mit welchen Ritualen, Gesten u. a., wir spielen.

Sennett führt die Soziologen Gerth/Mills auf, die den Charakter wie folgt fassen: »Diese Fähigkeit, sich auf die Welt einzulassen, definiert den Charakter eines Menschen« (ebd. 71). Charakter ist dabei der Beziehungsaspekt der Persönlichkeit, vielleicht auch so etwas wie ein Teil, der sich nicht so leicht ändert. Viele Elemente der Persönlichkeit lösen sich auf bzw. verändern sich, wenn man es mit Institutionen oder so genannten Autoritäten zu tun bekommt, zum Beispiel sicheres Auftreten, Offenheit, Vertrauen; der Charakter dagegen ist fester, etwas Kernigeres (vgl. ebd. 70-71).

Kommen wir nun zu den fünf oben genannten Synonymen:

Status meint die »Stellung eines Menschen innerhalb einer sozialen Hierarchie« (ebd., 72), zum Beispiel wer wird im Programmheft groß geschrieben, überhaupt erwähnt oder wem wird auf Tagungen ein Redebeitrag zugestanden usw. In der Regel gilt: »Wer den höheren Status hat, kann seine Bedürfnisse durchsetzen und findet Beachtung.« (ebd., 72).

Prestige (oder Ansehen) »bezieht sich auf die Gefühle, die der Status bei anderen Menschen auslöst« (ebd., 72), wobei das Verhältnis Status zu Prestige kompliziert ist. Ein Beispiel: Ein korrupter Aristokrat genießt nicht automatisch ein hohes Ansehen. Man kann dem Stand auch keine Ehre machen, so wie zum Beispiel der Vorstandsvorsitzende Ackermann der Deutschen Bank. »Ansehen« oder »Prestige« sind nicht automatisch statusabhängig. Jemand kann ein hohes Ansehen haben, auch wenn er keinen hohen Status besitzt (z. B. Feuerwehrleute). Sennett verweist hierzu auch auf eine Untersuchung in den USA, bei der zum Beispiel Möbeltischler im Vergleich zu Unternehmern mehr Ansehen in der Bevölkerung hatten.

Die bisher angeführten Begriffe reichen für Sennett in ihrer Bedeutung nicht als Synonyme für Respekt aus. Ihnen fehlt die Dimension der Gegenseitigkeit (vgl. ebd. 73).

Der Begriff der *Anerkennung* enthält das Moment der Gegenseitigkeit. Sennett führt hier u. a. Rawls und Habermas an: »John Rawls versteht unter Anerkennung die Achtung der Bedürfnisse von Menschen, die einem nicht gleichgestellt sind« (Sennett, 73) und Habermas formuliert als eine weitere Dimension für die gegenseitige Anerkennung: »die Achtung abweichender Meinungen« (ebd. 73). Trotzdem bleibt der Begriff der Anerkennung für Sennett noch zu eng, um Respekt im Sinne von einem »Bewusstsein für die wechselseitigen Bedürfnisse ausreichend zu berücksichtigen« (Sennett, 73).

Ehre stellt für Sennett eine fundamentale Kategorie des sozialen Lebens dar, die auch dunkle Seiten beinhaltet. Zur Ehre gehören zwei wesentliche Aspekte:

1. ein Verhaltenskodex, zum Beispiel die Sitte bei Beduinen, sich um Kinder verstorbener Geschwister zu kümmern.
2. »... eine Verwischung sozialer Grenzen und eine Aufhebung sozialer Distanz« (ebd. 74). Bourdieu befasst sich mit dem Ehrgefühl und beschreibt dies als das »Fundament einer Moral, in der der Einzelne sich immer unter dem Blick der anderen begreift, wo der Einzelne den anderen braucht, um zu existieren, weil das Bild, das er sich von sich selbst macht, ununterscheidbar ist von dem Bild von sich, das ihm von den anderen zurückgeworfen wird« (Bourdieu in Sennett, 74). Gerade die Tatsache, dass sowohl eine positive Verbundenheit in der Ehre steckt, aber gleichzeitig auch die fehlende Distanz, die die Ehre so verletzbar macht, zeigt die Unauflösbarkeit der innewohnenden Widersprüchlichkeiten der Ehre, welche daher eine problematische Seite der Gegenseitigkeit beinhalten kann. Sennett formuliert die Spannbreite der Gegenseitigkeit folgendermaßen: »Die positiven Seiten der Anerkennung (also die Achtung der Bedürfnisse von Menschen, die mir nicht gleichgestellt sind, Anmerkung J.J.) und die negativen Momente der sozialen Ehre bilden die beiden Pole der Gegenseitigkeit« (ebd. 74). Sennett sucht den Stellenwert der Selbstachtung im Kontext der Gegenseitigkeit zu betrachten. Selbstachtung ist etwas, was außerhalb von Beziehungen liegen kann: Ich konzentriere mich auf meine Arbeit (vgl. ebd., 73/74), um sie gut zu machen, und gewinne daraus Selbstachtung. »Bei der Gegenseitigkeit steht der

Prozess im Vordergrund, bei der Selbstachtung der beschriebenen Art dagegen das Ergebnis« (ebd. 75).

Zwischenfazit:»Status passt jedenfalls kaum und Prestige nicht ohne weiteres in den Rahmen des Charakters als Achtung vor dem Bedürfnis anderer. Anerkennung und das Streben nach sozialer Ehre können solches Bewusstsein hervorbringen. Letzteres allerdings um den Preis der Aggression gegen Außenstehende. Selbstachtung kann mit der Gegenseitigkeit in Konflikt geraten...« (ebd. 75).

Unabhängig von zwischenmenschlicher Kommunikation und sozialer Ehre gibt es einen weiteren Begriff, der für den Respekt von Belang ist: die *Würde des Menschen*.

»Bei den Kabylen Nordafrikas gibt es ein Sprichwort:»Der Mensch ist Mensch durch die Menschen; nur Gott ist Gott durch sich selbst.« Das Sprichwort definiert die Würde des Menschen: Würde resultiert aus dem Glauben an Gott, sie ist unabhängig von jedem Ehrenkodex, von zwischenmenschlicher Kommunikation oder von der Kunst des Ausdrucks. Die moderne Gesellschaft hat zwei säkularisierte Entsprechungen vom gleichen Gewicht zu finden versucht« (ebd. 76). Sie finden ihren Niederschlag in den universellen Menschenrechten, insbesondere in der Menschenwürde und der Würde der Arbeit. Die Würde des Menschen gilt als universeller Wert, unabhängig von Status, Stand etc.

»Die Würde des Menschen ist unantastbar. Sie zu achten und zu schützen ist Verpflichtung aller staatlichen Gewalt« (Artikel 1, Grundgesetz). Speck (Speck, 103) wie auch Dörner (Dörner, 187) weisen darauf hin, dass hiermit zunächst die»Würde des Anderen« gesetzt wird. »Die Würde ist also immer zuerst die Würde des Anderen, ...« (Dörner, 187). Dies impliziert eine asymmetrische Verantwortung der Würde. Was heißt das praktisch:»Erstens kann ich die Würde des Anderen achten, was in meinem Respekt vor dem unüberbrückbaren, unendlichen Abstand zwischen ihm und mir zum Ausdruck kommt. Und zweitens kann ich sie schützen, was den Raum für Nähe in dienender Sorge und Liebe eröffnet« (Dörner, 189). Die Formulierung»unantastbar« weist auf eine Distanz bzw. einen Abstand hin, auf ein Tabu (vgl. Dörner, 189) oder mit anderen Worten: auf den Respekt vor Grenzen.

In modernen Zeiten kam die *Würde der Arbeit* in der westlichen Welt hinzu. Damit verbunden ist u. a. die Erwartung, dass jemand arbeitet, um sich selbst zu versorgen. Die Würde der Arbeit können viele nicht erlangen. Sie ist zwar ein universeller Wert, produziert aber Ungleichheit. Aus der Würde lässt sich auch nicht ersehen, wie wechselseitiger Respekt in den alltäglichen Handlungen umgesetzt werden könnte (vgl. Sennett, 78). Sennett weist deshalb drei Wege auf, die zu einem respektvollen Umgang führen könnten.

4. Drei Wege, um Respekt zu gewinnen

»Auf drei Wegen formt die Gesellschaft den Charakter, der den Menschen dann befähigt oder nicht befähigt, den Respekt der anderen zu gewinnen« (ebd. 83):

- »Die Entwicklung der eigenen Fähigkeiten und Fertigkeiten«...
- »die Sorge um sich selbst«...
- »dem Bestreben, den anderen etwas zurückzugeben« (ebd. 83f).

Die drei Aspekte sollen im Folgenden kurz vorgestellt werden.

4.1. Die Entwicklung der eigenen Fähigkeiten und Fertigkeiten

Wer seine Fähigkeiten und Talente nützt, erntet Respekt. Wer sie vernachlässigt, erntet Missachtung. Talente sind nicht gleich verteilt unter den Menschen. Sie werden auch nicht gleich gefördert etc. Drei Dimensionen von Sennetts Ausführungen möchte ich hier exemplarisch herausgreifen und vorstellen: Eigenes Können, die Verführungen der Ungleichheit und geringes Selbstwertgefühl.

Eigenes Können. Staunen über die besondere Begabung, das unbeschreibliche Können anderer schafft Unterschiede und auch – vielleicht nicht immer zwangsweise – Ungleichheit.

Können ist ein neuzeitliches Phänomen bei der Vergabe von Positionen. Vor dem 17. Jahrhundert gab es festgelegte Zuordnungen, Vererbung etc. Die Veränderungen durch die Moderne brachten eine »Wende in der Beziehung zwischen Individuum und Sozialordnung« (ebd., 90). »Das Urteil über den persönlichen Charakter basiert nun auf der Eignung und Kompetenz des Einzelnen« (ebd., 96).

Ausgangspunkt der folgenden Überlegungen ist, dass ungleiche Fähigkeiten nur eine Bestimmungsgröße für Respekt darstellen (vgl. ebd., 107). Können meint in einer Aufgabe aufgehen. Können verlangt üben, erfordert Detailbesessenheit (vgl. ebd., 109). Können sorgt für eine Individualisierung, es zählt ausschließlich das Ergebnis, nicht das Potenzial oder die Fähigkeiten.

Können kann dabei den anderen ausblenden (vgl. ebd., 110). Otto Speck formuliert dies wie folgt:,»In dem Maße, in dem sich der Einzelne auf seine eigenen Interessen konzentriert, verliert er den Bezug zum Anderen. Dieser Andere wird dabei zum Objekt oder Zweck der eigenen Bedürfnisse« (Speck, 30). Beispielsweise kann aus dem Können die Gleichgültigkeit als Charaktermangel hervorgehen. Dies kann sich zum Beispiel im Belächeln oder herablassenden Urteilen über Musikstücke, Theaterdarbietungen usw. anderer Personen zeigen, die das eigene Niveau nicht erreichen.»Können schafft Selbstachtung« (...),»aber nicht notwendig auch gegenseitigen Respekt« (Sennett, 111).

Die Verführungen der Ungleichheit. Wie wir unser Können gebrauchen, einsetzen und verstehen zeigt Sennett am Beispiel des unterschiedlichen Gebrauchs des Könnens. Er bedient sich Rousseaus Unterscheidung zwischen Selbstliebe und Eigenliebe, zwischen»amour de soi und amour propre«,»zwischen der Fähigkeit, für sich selbst zu sorgen, und der Fähigkeit, die Aufmerksamkeit anderer auf sich zu ziehen« (ebd., 115). Sennett führt hierzu noch aus, dass die Selbstliebe das heutige Selbstvertrauen umfasst, während die Eigenliebe den»Wunsch anderen überlegen zu sein und von ihnen geschätzt zu werden« (ebd. 116) beinhaltet.

Im Kontext der Darbietung des Könnens existiert das Phänomen des Neids. Rousseau setzt gegen den Neid, gegen das Gefühl, dass andere höher geachtet werden,»Tugenden wie *amour de soi*, Können und eine Selbstachtung, die darauf beruht, dass man etwas um seiner selbst willen gut macht« (Sennett, 119). Die Anerkennung ist nicht ausschließlich auf die Reaktion des anderen angewiesen. Eigene Aktionen, eigenes Können – Sennett spricht von»handwerklichen Einstellungen« (Sennett 2005, 84) – haben einen eigenen Wert. Wie lerne ich diesen Respekt vor mir selbst zu entwickeln?

Geringes Selbstwertgefühl. Sennetts Frage beginnt mit einem zeitlosen und überall vorkommenden Thema:»Wie kann man verhindern, dass Menschen sich angesichts ungleicher Talente entmutigen lassen oder Ressentiments entwickeln?« (Sennett 2002, 120). Bin ich neidisch auf das Können von anderen? Wie gehe ich mit diesen Unterschieden um?

Der neidvolle Vergleich kann zu einem geringen Selbstwertgefühl führen (vgl. ebd., 121).»Neid ist eine Möglichkeit, diesen Wunsch, ein anderer zu sein, zum Ausdruck zu bringen.« (...) »Doch wenn wir dieser

Einladung folgen, verlieren wir unsere Selbstachtung« (ebd., 115). Ein Weg, aus dem Dilemma herauszukommen, wird von einigen Autoren darin gesehen, die Vielfalt und die Verschiedenartigkeit von Fähigkeiten ins Zentrum zu stellen und nicht die Vergleichsebene, welche Ungleichheit hervorhebt. Sennett zweifelt an dieser Lösung, denn der Hang zu Neid hat etwas Universelles (vgl. ebd., 122).

Eine interessante Frage im Kontext des Selbstwertgefühls lautet: Dürfen Menschen über sich selbst hinausgelangen? Paul Willis, ein anerkannter Forscher im Bereich jugendlicher Subkulturen, hat darauf hingewiesen, dass Jugendliche aus der Arbeiterklasse (in England) sich bei ihren schulischen Leistungen zurückhalten, aus Angst, aufzufallen oder die Verbindung zu den Freunden aufs Spiel zu setzen. »Persönliche Fähigkeiten sind ein zweischneidiges Schwert. Wer dieses Schwert benutzt, erreicht zwar etwas für sich selbst, doch zugleich zerschneidet er die Bindung an die Welt, in der er seinen Platz hat. Diese Bindung kann jedoch auch das Gefühl stärken, man habe die eigenen Fähigkeiten nicht ausreichend genutzt« (Sennett, 124).

Es gibt für Sennett keine einfachen Lösungen für das Problem der Ungleichheit. »Der Könner bewahrt sich seine Selbstachtung auch in einer Welt der Ungleichheit« (ebd. 126). »Beim Können liegt das Schwergewicht auf dem Tun, und das geht auf Kosten der zwischenmenschlichen Beziehung. Können bietet Schutz, bringt aber auch die Gefahr der Isolierung mit sich« (ebd., 126).

Zwischenfazit: Respekt hat auch eine sehr persönliche, individuelle Ebene, im Sinnen von für sich selbst sorgen zu können. Ein wesentliches Moment des Respekts liegt in der Selbstachtung. So wie der Respekt im Sinne einer monetären Vorstellung gegenüber anderen nichts kostet, kostet er auch nichts für sich selbst (vgl. ebd., 12). Sennett spricht vom Können, das einen Selbstbezug herstellt: »Man muss etwas um seiner selbst willen tun, und dieses Können verleiht dem Einzelnen eine gewisse Selbstachtung. Es geht nicht so sehr darum, besser zu sein als andere, sondern eher darum, man selbst zu sein« (ebd., 27). Aus der Befriedigung, etwas gut zu tun, kann ein Selbstwertgefühl entstehen, das nicht von der Anerkennung durch andere abhängt. Deshalb bedarf es einer Trennung zwischen dem sozialen und dem persönlichen Aspekt des Respekts, »zwischen der Achtung, die man erwirbt, und dem Gefühl, das eigene Tun sei wertvoll« (ebd., 30).

Der zweite Weg, Achtung zu gewinnen, betrifft die Sorge um sich selbst. Und was ist das Gefährliche, wenn ich nur für mich selbst sorge?

4.2 Die Sorge um sich selbst

Eine wesentliche Aufgabe besteht heutzutage darin, für sich selbst zu sorgen, um so nicht von anderen abhängig zu werden. Sennett unterscheidet zwischen Abhängigkeit im privaten und im öffentlichen Raum. »Im Privatleben sorgt Abhängigkeit für zwischenmenschliche Bindung« (Sennett, 127). Sennett verdeutlicht dies am Beispiel eines Liebhabers. Es wäre doch befremdlich, wenn dieser der Partnerin zu verstehen gäbe: »Kümmere dich nicht um mich, ich kann schon selbst für mich sorgen« (ebd., 127). Im öffentlichen Raum dagegen ist Abhängigkeit beschämend. Deshalb wird das Angewiesensein auf andere nach innen gedrängt (vgl. ebd., 127).

Im biographischen Verlauf ist es normal, als Kind abhängig zu sein und im Alter wieder in die Abhängigkeit zu kommen, auch wenn sich Letzteres viele Menschen nicht ohne Weiteres zugestehen können. Dazwischen liegt das Erwachsenenalter als ein Raum, der den Menschen in vielen Bereichen die Illusion einer Unabhängigkeit vorspiegelt.

Seit dem Zeitalter der Aufklärung sind mündige Bürger und Bürgerinnen diejenigen, die sich aus Abhängigkeiten befreien. Seit der Industrialisierung wird Arbeit als wichtigste Quelle für gegenseitigen Respekt und Selbstachtung gesehen (vgl. ebd., 136). »Der Liberalismus respektierte Erwachsene, die arbeiten« (ebd., 136). Faulheit wird verachtet. »Nicht zu arbeiten habe etwas Entwürdigendes für das Gemüt des Menschen« (ebd., 139). Im Grunde kann auch die Abhängigkeit ein regelrechtes Problem darstellen, zum Beispiel von staatlichen Geldern abzuhängen.

Die Folgen sind, dass Menschen nicht ohne Weiteres um Hilfe bitten, denn Abhängigkeit kann beschämend sein.

Ein wichtiger Aspekt der Selbstsorge heute ist die Vermeidung der »Schande der Abhängigkeit«, die auf dem Hintergrund der postmodernen Veränderungen gesehen werden muss. Interessant zu bearbeiten könnte daher Sennetts Frage werden: Wie kann Abhängigkeit angenommen werden, ohne Scham zu entwickeln?

Ein weiterer wichtiger Aspekt betrifft die Individualisierungsprozesse, die dazu führen, dass Menschen »entbettet« (Giddens) werden aus ihren traditionellen Bezügen und Gemeinschaften, um in riskanten Freiheiten ihr Glück zu versuchen. Identität war früher etwas Zugeschriebenes, heute liegt ein Leistungsbezug vor (vgl. Bauman 1999, 40). Etwas verkürzt und zugespitzt lautet die heutige Botschaft: »Wer will, der kann.« Welche Bedeutung hat die Sorge um sich selbst in Bezug auf die Unabhängigkeit bzw. Abhängigkeit von anderen?

Sennett greift bei der Thematisierung der Selbstsorge auf Winnicotts Autonomieverständnis zurück, um zu verdeutlichen, dass es dabei nicht in erster Linie um Unabhängigkeit, sondern um Autonomie geht. Winnicott, so Sennett, versteht unter Autonomie »die Fähigkeit, einen Unterschied zwischen sich selbst und anderen zu machen, wobei sowohl die anderen als auch man selbst durch diese Trennung Autonomie erlangen« (Sennett, 149). Das heißt, das Anderssein wahrzunehmen, hat eine positive Bedeutung bei der Herstellung sozialer Bindungen (vgl. ebd., 149). »Das Kind, das Autonomie entwickelt, vermag sich außerhalb seiner selbst zu sehen und zu engagieren.« (...) »Wenn ich spüre, wie anders du bist, erfahre ich zugleich mich selbst als einen anderen.« (...) »So verstanden ist Autonomie ein mächtiges Instrument zur Förderung von Gleichheit« (ebd., 150f). Autonomie ist in diesem Sinne so zu verstehen, »dass man akzeptiert, was man im anderen nicht versteht« (ebd. 151) – und das betrifft jegliche Beziehung zu anderen.

Foucault setzt deshalb dem Verständnis der Selbstsorge, die mit anderen in Berührung kommt, ein wichtiges Moment der Selbstbegrenzung bei: »Wohlverstandene Selbstsorge kontrolliert und reguliert die Macht, die jemand über andere ausübt. Jemand der seinen Reichtum oder seine Macht über andere missbraucht, ihnen den eigenen Willen, die eigenen Launen aufzwingt, ist in Wirklichkeit nicht Souverän, sondern Sklave seiner selbst. Wer seine Macht »richtig« ausübt, übt sie auch über sich selbst aus« (Foucault in Gussone 2000, 129). Für eine realistische Einschätzung des Zustandes der Unabhängigkeit scheinen mir diese Selbstbezogenheit und die Abhängigkeit von anderen von Bedeutung. Gegenseitigen Respekt zu gewähren kann am ehesten gelingen, wenn auch die wechselseitigen Abhängigkeiten anerkannt werden (vgl. Sennett, 154).

Nachdem Aspekte der individuellen Fähigkeiten und der Selbstsorge betrachtet wurden, geht es beim dritten und letzten Aspekt bezüglich der Gewinnung von Respekt um die Wahrnehmung und Bedeutung des anderen und der Gemeinschaft.

4.3 Das Bestreben, den anderen etwas zurückzugeben

»Wer für sich selbst sorgt, ist letztlich nicht von besonderem Belang für die anderen. Da er die anderen nicht braucht, entsteht keine gegenseitige Bindung. Der Austausch ist das soziale Prinzip, das den Charakter eines Menschen bewegt, der etwas an die Gemeinschaft zurückgibt« (ebd., 84). In diesen Abschnitt werden einige Begleiterscheinungen des Mitgefühls, des Gebens, des Helfens angesprochen, die insbesondere auch alltägliche Begegnungen in der Sozialen Arbeit betreffen.

Nach Sennett ist das Bestreben, anderen etwas zu geben, eine zeitlose, universelle und tiefe Quelle der Wertschätzung für den eigenen Charakter. Sennett unterscheidet dabei zwischen sentimentalen und nichtsentimentalen Formen des Mitgefühls: »Bei den sentimentalen Formen geht es darum, sich gut zu fühlen, bei den nichtsentimentalen darum, Gutes zu tun« (Sennett, 158).

Diese Unterscheidung hatte zum Beispiel auch bei der Professionalisierung der Sozialen Arbeit eine besondere Bedeutung. Es ging darum, ob mit einer professionellen Grundlage die sentimentalen Formen der Mildtätigkeit überwunden werden können. Die BefürworterInnen der Professionalisierung hatten am Ende des 19. Jahrhunderts die Vorstellung, dass SozialarbeiterInnen praktische Beratung leisten sollten, aber die Betroffenen selbst entscheiden, was sie tun – ein Modell der demokratischen Partizipation (vgl. ebd., 158f). Diese Fragen beschäftigen uns noch heute in der Sozialen Arbeit. Besonders relevant scheint mir die Frage, wie wir uns einbringen bzw. mit den Bedürfnissen von anderen umgehen. Sennett bringt das Dilemma des Gebens auf den Punkt: »Die Scheidewand zwischen Fürsorge und Bevormundung ist so dünn, dass sie sich bei der geringsten Berührung auflöst« (ebd., 160). Ein Gespür für die Bedürfnisse des Anderen zu entwickeln, sich selbst zurückzunehmen, nicht Überlegenheit zu demonstrieren etc. sind Herausforderungen, die einen nicht endenden Lernprozess notwendig machen.

»Geben ist nicht notwendig ein Akt der Zusammenarbeit. Durch Geben kann man andere auch manipulieren oder das eher persönliche Bedürfnis befriedigen, sich selbst zu beweisen« (ebd., 167). Aus den verschiedenen Formen des Gebens, die Sennett ausführt, beschränke ich mich hier auf *caritas*, auf eine christliche Bedeutung des Gebens: »Caritas bedeutet, durch Geben ein guter Mensch zu werden; durch das Geben bekämpft man die eigene Neigung zur Sünde. Der Wert der Gabe ist gleichgültig, und für manche ist es sogar gleichgültig, ob die Gabe anderen von Nutzen ist« (ebd., 169).

Sennett zitiert in diesem Zusammenhang das Matthäus-Evangelium: »Hütet euch, eure Frömmigkeit vor den Menschen zur Schau zu stellen«(...) »Wenn du Almosen gibst, soll deine linke Hand nicht wissen, was deine rechte tut. Dein Almosen soll verborgen bleiben« (ebd., 170). Die Kritik u. a. von der Sozialarbeiterin und Philosophin Hannah Arendt an dieser Einstellung lag darin, dass das Geben ggf. für den eigenen Zweck bestimmt, der eigenen Therapie dient. Arendt ging davon aus, dass die beste Sozialhilfe in Form einer Banküberweisung von statten geht, ohne jegliche persönliche Beziehung. Andere sollen nicht dazu benutzt werden, für sich etwas Gutes zu tun (vgl. ebd., 175). Dies führt Sennett zu der Frage: Wie kann Fürsorge ohne Mitgefühl geleistet werden?

Eine viel diskutierte Vision in der Ungleichdebatte befasst sich mit dem Thema Grundeinkommen für BürgerInnen. Dabei fordert u. a. Claus Offe , dass jede/r ein Grundeinkommen bekommen soll. In radikaler Umsetzung geht dieser Ansatz so weit, dass dies auch dann der Fall sein soll, wenn er oder sie es nicht benötigt (vgl. ebd., 172). Der Gedanke dahinter liegt darin, die Fürsorge vom Mitgefühl zu trennen. Dabei geht es nicht um das Erreichen einer absoluten Gleichheit, sondern um die Beseitigung materieller Bedürftigkeit und die Teilhabe am gesellschaftlichen Leben. Die Folgen, so hoffen die Autoren Ackermann und Offe, liegen in der sozialen Gleichheit, in der Erhöhung der »Chancen echten gegenseitigen Respekts« (ebd., 173). Wie Jane Adams, eine der ersten Sozialarbeitsforscherinnen, schon ausführte, kann eine in Mitleid begründete Mildtätigkeit stets einen Beigeschmack der Verachtung haben (vgl. ebd., 174).

Fazit: Sennetts Respektbegriff ist auch gebunden an die Selbstbestimmung der Menschen. Wenn diese zu »bloßen Zuschauern ihrer eigenen Bedürfnisse, zu Konsumenten der ihnen gewährten Hilfe« (ebd., 26) gemacht werden, wird ein Mangel an Respekt vermittelt.

Achtung vor den Menschen bedeutet auch, eine Distanz zu wahren oder – wie Sennett es formuliert – eine Reserviertheit zu behalten (vgl. ebd., 31). Dies steht im Gegensatz zur Entwicklung von Sentimentalitäten, die eine Kolonialisierung oder das eigene Bedürfnis, anderen etwas Gutes antun zu müssen, in den Vordergrund stellen. Mildtätigkeit kann verletzend sein (vgl. ebd., 34).

Im Mitgefühl zeigt sich ein besonderes Dilemma von Nähe und Distanz: »Zwischen Mitgefühl und Ungleichheit besteht ein enger Zusammenhang« (ebd., 34). Gerade die Statusunterschiede zwischen den professionellen MitarbeiterInnen und ihren »KundInnen« können dem Einfühlen in die schwierigen Lebenslagen der zu beratenden oder zu begleitenden Menschen – bei gleichzeitiger Sicherheit der eigenen besseren Lebensbedingungen – entgegenstehen und eine Zurückhaltung erfordern, die trotzdem Anerkennung ausstrahlt. Sennett sieht hier eine nichtauflösbare Situation: »Auch das Wissen um die eigenen Privilegien kann Unbehagen erzeugen« (ebd., 37). Wie wir in den alltäglichen Begegnungen mit diesen Widersprüchen umgehen und dabei Respekt entwickeln können, soll in dem abschließenden Kapitel zumindest angeschnitten werden.

5. Was können wir tun?

Sennett geht von drei Geboten der Moderne aus, in denen die Schaffung von Ungleichheit implizit enthalten ist: »Mach etwas aus dir selbst! Sorge für dich selbst! Hilf anderen!« (ebd., 315).

In seinem Resümee kommt Sennett zu der Auffassung, dass wir Ungleichheit verringern und somit den Respekt vergrößern können, wenn wir die folgenden drei Aufgaben beherzigen:

- Die praktischen Leistungen der einzelnen Menschen würdigen.
- Die Abhängigkeit auch im Erwachsenenalter wahrnehmen.
- Die Menschen aktiv an den Bedingungen beteiligen, wie sie ihre Hilfe erhalten sollen (vgl. ebd., 315).

Die individuell möglichen Leistungen einzelner Menschen anzuerkennen, unsere Abhängigkeit von anderen wahrzunehmen sowie die Lösungskompetenzen der »ExpertInnen in eigener Sache« ernst zu nehmen und damit Gleichheit nicht im Sinne von Angleichung oder Nivellierung von Unterschieden zu verstehen, gibt im Alltag auch der Sozialen Arbeit eine neue Perspektive für das Verständnis der Arbeit (vgl. Jerg 2005). Dies gilt sowohl in Bezug auf die Haltung wie auch für die Interaktionen und Hilfeangebote. Sennett legt den Finger auf die Stellen, an denen wir in unseren Systemen Ungleichheit selber produzieren und deshalb Änderungsmöglichkeiten und Mitverantwortung haben: »Wer Ungleichheit kritisiert und Gleichheit fordert, verfällt keineswegs, wie gelegentlich behauptet, der romantischen Illusion, die Menschen seien im Blick auf Charakter und Intelligenz gleich. Er glaubt vielmehr, dass die Menschen zwar in ihrer natürlichen Begabung große Unterschiede aufweisen mögen, dass es aber einer zivilisierten Gesellschaft geziemt, Ungleichheiten zu beseitigen, die ihren Ursprung nicht in individuellen Unterschieden, sondern in der (sozialen) Organisation haben« (Sennett, 315). In der Konsequenz bleiben neben den abbaubaren Ungleichheiten immer noch nicht auflösbare Ungleichheiten bestehen. Für diese nicht zu verändernden individuellen Unterschiede bleibt folgende Frage zu beachten: »...wie der Starke jenen Menschen mit Respekt begegnen kann, die dazu verurteilt sind, schwach zu bleiben« (ebd., 317).

Eine gegenseitige Anerkennung in den Bereichen der Sozialen Arbeit anzustreben, bedeutet, die Menschen stärker an der Entwicklung passgenauer Hilfen zu beteiligen. Gleichzeitig bedingt die Beteiligung ein Freiheitsmoment, das in unseren gegenwärtigen gesellschaftlichen und kulturellen Entwicklungen auch immer mit Risiken verbunden ist. »Eine risikofreie Freiheit« ist nicht in Sicht (vgl. Bauman 1999, 344). »Wie einst die Nation, so steht nun die ‚natürliche Gemeinschaft' für den Traum vom sicheren Hafen« (Bauman 1999, 345). Und letztendlich bleibt die Frage offen, wer das Versprechen der gegenseitigen Unterstützung einlöst und auf Dauer garantiert.

Respekt ist ein vorrangiges Ziel und ein zentrales Element eines professionellen Selbstverständnisses in der Sozialen Arbeit. Im Grunde geht es darum, wie wir die einzelnen Menschen verstehen, wie es uns gelingt, sie in ihrem Umfeld, in ihrer gestalteten Welt wahrzunehmen. Jegliche Lebensbewältigungsformen können hierbei auch verstanden werden als Versuche, in den gegebenen Verhältnissen zurechtzukommen.

In vielen Handlungsfeldern der Sozialen Arbeit tun sich Professionelle schwer, dem Anderen Respekt zu gewähren. In der Geschichte der Sozialen Arbeit gibt es viele Beispiele, in denen die Betroffenen gerade eine besondere Be-Handlung erfahren haben, die eine respektvolle Begegnung vermissen lassen. Gegenwärtig werden zum Beispiel die Einweisungen von Menschen mit Behinderungen in separate Einrichtungen jenseits der Gemeinden kritisch diskutiert und vorsichtig neue Formen – wie zum Beispiel das Persönliche Budget – eingeführt, die den Menschen mehr Entscheidungskompetenzen zugestehen. Sie können dadurch eher ihre Interessen und Bedürfnisse mit der Gestaltung der Hilfen koppeln und sind somit an der Entwicklung ihrer Hilfen beteiligt.

Institutionen »verdonnern« nicht selten Menschen zu einer Passivität, die Respekt und Autonomie in einem hohen Maße nimmt. Gerade am Beispiel Altersheim wird es leicht sichtbar, wie Autonomie schwindet, die Abhängigkeit erhöht und Lethargie durch Institutionen gefördert wird. Manche Menschen verkommen darin und verlieren ihre Selbstachtung, andere wiederum kämpfen um eine alltägliche Würde. Gemeinsam ist ihnen das Los, dass die institutionellen Rahmenbedingungen nicht selbstverständlich Prozesse des Respekts etc. hervorrufen.

Sennett weist darauf hin, dass institutionelle Planungen und Bestimmungen dazu führen, dass Betroffene »zu Konsumenten der ihnen gewährten Hilfen« (Sennett, 26) werden. Hier sind wir in der Verantwortung, neue Wege zu finden und zu gehen.

Zum Abschluss soll an zwei Beispielen – Lebensweltorientierung und Anti-Bias-Ansatz – die Nähe zum Respekt in konkreten Ansätzen im Handlungsfeld gestreift werden.

6. Lebensweltorientierte Soziale Arbeit

Einen Anknüpfungspunkt für die weitere Auseinandersetzung mit Respekt im Bereich der Sozialen Arbeit bietet das Konzept der lebensweltorientierten Sozialen Arbeit. In ihr wird vor dem Hintergrund widersprüchlicher Alltagserfahrungen den Kompetenzen der einzelnen Menschen Bedeutung zugemessen und gleichzeitig versucht, kritisch-reflektierend verschlossene Wege zu gelingender Alltagsbewältigung zu öffnen. »Diese Ambivalenz verweist ebenso auf den Respekt vor gegebenen Alltagskompetenzen wie auf die Notwendigkeit institutionell-professioneller Unterstützung gegen die im Alltag angelegten Verengungen, die ihrerseits aber wiederum gegen die Arroganz der Expertokratie ausgewiesen werden müssen« (Grunwald/ Thiersch 2004, 14). Die notwendige Unterstützung zu gewährleisten, ohne den Status des Expertentums zu betonen, sowie die Beachtung des Respekts vor der Kompetenz der AdressatInnen in ihren schwierigen Lebenssituationen werden dazu führen, dass wir Personen und ihre Bedürfnisse besser wahrnehmen können und gleichzeitig dem Kontext der Lebenslagen mehr Gewicht geben. »Respekt vor der Eigensinnigkeit von Lebensverhältnissen aber bedeutet vor allem auch Anerkennung der Unterschiedlichkeit lebensweltlicher Erfahrung, also ein Wissen darum, dass mir im anderen auch immer der Fremde begegnet; Respekt muss – allen professionellen Verstehenskünsten und Arbeitsaufträgen gegenüber – das andere auch als fremdes akzeptieren und stehen lassen können« (Grunwald/Thiersch 2004, 24). Diese anderen Welten stehen lassen zu können und die eigene Begrenztheit des Verstehens zu akzeptieren, sind notwendige Voraussetzungen, um andererseits kritisch reflektiert neue Handlungsoptionen für einen gelingenden Alltag in die Verhandlungen mit einbringen zu können (vgl. ebd. 24).

Eine weitere Möglichkeit, in alltäglichen Strukturen Respekt zu erarbeiten, bietet die vorurteilsbewusste Bildung und Erziehung (Anti-Bias-Education).

7. Vorurteilsbewusste Bildung/Erziehung[3] als Lernfeld für Respekt

Es gibt viele Möglichkeiten, Gleichheit und Unterschiede in Gesellschaften zu konstruieren. In der Regel bieten Religion, sozialer Status, Geschlecht, Behinderung und kulturelle Herkunft Unterscheidungsmerkmale, die aber nicht selten mit einem Stigma verbunden werden.

Die Vorurteilsbewusste Bildung/Erziehung (Anti-Bias-Approach) soll hier exemplarisch aufgeführt werden, weil dieser Ansatz für ein Denken steht, das Vorurteile zunächst nicht sanktioniert, sondern mit ihnen arbeitet, um eine Bewusstheit über die eigenen Ressentiments und Ordnungsstrukturen zu erhalten.

Eine Hypothese ist, dass Respekt für die eigene Kultur sowie für andere Kulturen in der Gesellschaft zu erleben dazu führt, besser in der Lage zu sein, mit Unterschieden zu leben. Um die Vielfalt und somit die Differenz als Bereicherung zu erleben, bedarf es der »Bestärkung im Selbstvertrauen durch Anerkennung und Wertschätzung« und einer Entwicklung für den Respekt vor der Vielfalt.

Der Anti-Bias-Approach ist ein Versuch, zwischen dem »Respektieren von Unterschieden und dem Nicht-Akzeptieren von Vorstellungen und Handlungen, die ,unfair' sind, eine kreative Spannung zu erzeugen« (Derman-Sparks in Wagner 2001, 3). Die vier Prinzipien und Ziele des Anti-Bias-Ansatzes sind:

---

3   Projekt Kinderwelten 2000-2003 in Berlin, basiert auf dem Situationsansatz und dem kalifornischen Anti-Bias-Approach (Anti-Bias = gegen Einseitigkeit).

- Selbstbewusstsein zu entwickeln (Ich-Identität / Gruppenidentität);
- Empathie entwickeln und die Fähigkeit, sich angesichts von Unterschieden wohl zu fühlen;
- kritisches Denken über Vorurteile zu unterstützen;
- Aktionen gegen Ungerechtigkeit zu unternehmen (vgl. Derman-Sparks, 8).

Diese Prinzipien stehen im Einklang mit Sennetts Vorstellungen einer Reduzierung von Ungleichheit. Eine breite Umsetzung dieser Prinzipien in Kindertageseinrichtungen und Schulen könnte dazu führen, dass wir in unseren Bildungseinrichtungen lernen, Vielfalt als Chance zu erleben und dabei den Respekt vor den Anderen zu erlernen.

Am Ende bleibt zu fragen: Wo endet der Respekt? Wo liegen die Grenzen des Respekts? Voraussetzung ist, wie schon erläutert, die Gegenseitigkeit. Somit stellt sich die Frage, wie es mit dem Respekt steht, wenn das Gegenüber abwertend, verletzend ist. Fehlender Respekt bedeutet, dass ich zum Beispiel andere verletze und vielleicht darüber bzw. dabei kein Unrechtsgefühl habe bzw. empfinde.

In professionellen Beziehungen ist es von zentraler Bedeutung, dass wir den Anderen als Menschen achten, respektieren, aber Handlungsweisen nicht anerkennen, die die Würde von anderen und ihre Unversehrtheit nicht akzeptieren. Mit dieser Unterscheidung können wir viele Lebenssituationen und Handlungsweisen verstehen lernen, aber gleichzeitig die eigene Glaubwürdigkeit und Grenzen aufrechterhalten, indem wir der Verletzung von Respekt entgegentreten und uns nicht scheuen, Ungerechtigkeiten anzugehen.

Die Beschäftigung mit dem Respekt gleicht einem Ozean, mit ständig neuen Strömungen und unterschiedlichen Oberflächen. Schon allein der Begriff Respekt ist nicht leicht zu fassen und gleitet einem leicht durch die Hände, ohne Anfang und Ende. Der Beitrag ist ein Versuch, an verschiedenen Stellen des Ozeans ein paar Kellen Wasser geschöpft zu haben.

Literatur:
Bauman, Z., Unbehagen in der Postmoderne, Hamburg 1999.
Derman-Sparks, L., Anti-Bias-Arbeit mit kleinen Kindern in den USA. Vortrag bei der Fachtagung Kinderwelten »Kleine Kinder – keine Vorurteile?« am 15.3.2001 in Berlin, Reader 2001.
Dörner, K., Die GesundheitsFALLE. Woran unsere Medizin krankt. Zwölf Thesen zu ihrer Heilung, München 2003.
Duden. Das Herkunftswörterbuch³, Duden Band 7, Mannheim 2001.

Grunwald, K ./ Thiersch, H. (Hrsg.), Praxis Lebensweltorientierter Sozialer Arbeit. Handlungszugänge und Methoden in unterschiedlichen Arbeitsfeldern, Weinheim und München 2004.

Gussone, B. / Schiepek, G., »Die Sorge um sich« – Burnout-Prävention und Lebenskunst in helfenden Berufen, Tübingen 2000.

Jerg, J., Anschlussfähigkeiten. In: G. Hiller / P. Jauch (Hrsg.) Akzeptiert als fremd und anders. Pädagogische Beiträge zu einer Kultur des Respekts, Langenau-Ulm 2005, S. 22-28.

Mönninger, M., Geld ist nichts, Respekt ist alles. Mit Masken, Handys und Brandsätzen – in Frankreich revoltieren Jugendliche gegen die gebrochenen Versprechen der Republik. In: Die Zeit Nr. 46, vom 10.November 2005, 3.

Sennett, R., Die Kultur des neuen Kapitalismus, Berlin 2005.

Sennett, R., Respekt im Zeitalter der Ungleichheit, Berlin 2002.

Speck, O., Erziehung und Achtung vor dem Anderen. Zur moralischen Dimension der Erziehung, München/Basel 1996.

Wagner, P., Kleine Kinder – keine Vorurteile? Vorurteilsbewusste Pädagogik in Kindertageseinrichtungen. Vortrag bei der Fachtagung Kinderwelten »Kleine Kinder – keine Vorurteile?« am 15.3.2001 in Berlin, Reader.

Multiculturality and the Question of Social Cohesion

Melinda Madew, Nariye Soyal and Birgit Groner

1. Introduction

This is a paper delivered by the authors in a public lecture series organized at the Evangelische Fachhochschule Reutlingen-Ludwigsburg This paper is of two parts. The first part will deal with concepts and experiences related to multicultural policy and practice. The second part is a testimony offered by Nariye Soyal on how she deals with the many cultural tensions that reflect the lives of immigrant women in Germany.

2. National Identity in a Multicultural Society

As a social policy approach, multiculturalism has raised both criticism as well as supportive endorsement by affected sectors of society who confront issues related to racial, religious and ethnic plurality. Proponents of multiculturalism are of the argument that when societies are structured in a manner that encourages tolerance for cultural difference, a modus of respectful co-existence among diverse groups within a population is the expected consequence.

Multiculturalism as a policy has been widely used by countries in North America as well as Europe. Beginning 1960's, Canada used it to describe itself as a society with many cultural groups resulting primarily from immigration. Multiculturalism has become a means of managing the cultural diversities that different ethnic groups brought to the larger nation. A multicultural policy was seen to ensure the integrity of a nation while promoting respectful attitude to the diversities that different ethnic groups represent. It was implemented as a way of improving relations among different ethnic groups through the encouragement of dialogical interaction as a means of exchanging and developing collaborative ways of living with each other. This was with the end view of achieving respect for the integrity of cultural subgroups while pursuing a common understanding of shared a humanity despite differences.

While a multicultural policy acknowledges relativism in cultural beliefs and practices, it also seeks unifying elements that bridge differences and prevent divisions in inter-ethnic relations.

3. Multiculturalism and its Questions

Critics to multicultural policy express fear over how the acceptance of different cultural subgroups would endanger national integrity. It was assumed that multiple cultural identities would threaten a nation's cultural identity. Questions have been brought forward on the extent to which immigrants must adapt to the cultural life-ways of the dominant culture. The success of immigrants in coping with the demands of communities where they live, is measured in terms of how well they can integrate into the life patterns of the larger community outside their own ethnic ghettoes.

There is the practice in some European countries such as France and the United Kingdom where immigrants are quartered off into certain areas of a city district or town. It is not uncommon phenomenon to see Pakistanis in certain quarters of London, or to identify suburbs in Paris as residential areas for north African families. In Germany, sections of certain towns are called »little Anatoly« when these are peopled by Turkish families. Immigrants are ghettoed into areas which are often underserved by social services and ill-supported by public infrastructure. While immigrants have taken easily to living with their own ethnic groups because of the security that group familiarity is able to provide; they have nevertheless been limited from reaching out to the larger mainstream community.

The existence of foreigners living comfortably in their own self-sustaining communities where individuals pursue day to day functions with the minimum of contact with the mainstream community has raised the question on how a country can guarantee social cohesion without the integration of its migrant population.

Can the growth of many self-sustaining cultural communities in one society bring danger to a country's national identity? If this was so, then immigrants are encouraged if not compelled to adapt into the patterns of the mainstream culture. It is assumed that immigrants who represent minoritized cultures need to be integrated into the ways of the dominant mainstream culture. This takes the form of assimilation.

4. Assimilation and Monoculturalism

Often, the policy of assimilating migrants into the larger social mainstream meant learning a new language, observing the laws and understanding the whole gamut of cultural life-ways practiced within mainstream society. The purpose of this is to ensure that migrants are positively integrated into the community by functioning as self-reliant members with all the potential rights and responsibilities of regular citizenship. This assimilative approach towards a migrant population allays anxiety that unintegrated cultural populations are a threat to social cohesion.

Promoting monoculture instead of multiculture is based on the insistence that there has to be one national culture whose core concepts must be supported. That monoculture is the defining culture from which adherence by all members of a nation; no matter if they belong to other subcultures, is required as a guarantee to social cohesion. In Germany, politicians who have supported the concept of Bassan Tibi's »Leitkultur« or leading culture have been severely criticized in public for nationalistic and alarmists tendencies (Tibi 2004).

5. Multicultural Models

Switzerland was the first country in 1957 to use the word multiculturalism in its effort to deal with a plural population comprising significantly of Italians, French and Germans. These populations were encouraged to keep their cultural life-ways, and the country had likewise integrated their different languages as official nationwide policy (Kymlicka 1999, S. 22). This model of pluralistic multiculturalism encouraged subgroups to interact with each other to highlight the rich and valuable cultural aspects that each could contribute to the whole cultural system.

This pluralism often called the mosaic model, likens cultural subgroups to distinctive valued pieces of a mosaic fitted together to reveal a cohesive picturesque composition which is the cultural system on the whole. On its own a cultural subgroup may not succeed in revealing its definitive potentials. But as an indispensable element in the whole composition, it is valued and recognized for its contribution to a coherent picture.

While countries like Canada and Switzerland have succeeded in pluralistic multicultural policy approaches, countries in Europe, predominantly France and the UK have long experimented with particularistic multiculturalism. This is a model earlier described as the »ghettoization« of ethnic subgroups. Often immigrants are given housing in areas where residents are predominantly of the same social class and cultural background. This is a form of segregation where people of ethnic background are made to live at the margins of mainstream society.

In Germany ghettoes have degenerated into Brennpunkte (Hotspots) characterized by petty criminality, youth alienation and unemployment. France's Banlieues called attention to itself when rioting young men burned hundreds of cars each night for several weeks in the autumn of 2005. And inner cities in the UK have nurtured disaffected young men prepared for martyrdom in London's underground subway.

Particularistic multiculturalism purports to ensure immigrants with the necessary cultural support systems that they themselves evolve as a community. Particularistic multiculturalism is justified as a means of preserving the distinctive cultural qualities that immigrants bring. However, the social neglect and segregation suffered by residents of inner cities, Banlieues, and Brennpunkte areas has been described as the legitimization of a new form of cultural apartheid.

6. Dealing with the »Multicultural Problem«

Those of us who wish to study multiculturalism confront questions on how to manage tensions when people of different cultural background attempt to live alongside each other. How can one contribute to a welcoming environment where respect and mutual understanding is consciously promoted in our everyday dealings? Are we ever conscious about how our daily existence is affected by the labors of people living in the most marginated Brennpunkte of the city? While the whole city restfully sleeps, there are people working to ensure that food is served on our tables the following morning. There are those who at darkness clean the premises of private office and public utilities so that the rushing population at daybreak would again achieve a sense of normality that everything is in order. There are those who empty the refuse in kitchens and toilets so that once again, the functional society can assures itself that the cycle of life is unbroken. How many of those who labour each nightholding together the threads that maintain society, go home at dawn to the Brennpunkte?

There are also those among us who are preoccupied with the future of multicultural Europe and thereby study migrants and their communities to determine how they can be »rescued« from their situation of social dependence. More so that debates rage in Europe about the integration of migrant populations. Research findings are plenty when revealing how low income wage earners struggle to pay rent for social welfare subsidized flats. Or of how children under perform in schools. Or how insurance policies do not cover their medical expenses. Indeed, migrant populations have become the bane of cash-strapped city administrations.

But is there enough said about how migrants struggle to keep hard and low paying jobs that are unattractive to most people? Or is there enough said about how children actually manage to succeed in school despite serious social handicap? Or how mothers band together to organize housework and coach each other on how to fill out a questionnaire from the tax office? In practical, migrants and their communities have evolved various intelligent mechanisms that support their everyday survival. That on their own they have relied on internal networks and set up independent social infrastructure as a means of coping with the insecurities of their collective existence. How much of these informal yet viable systems have been maintained using their own resources? Research studies deal with multicultural questions from the perspective of wanting to forward recommendation for problem solving. Yet, the challenge is not so much as to expose problems as though these are insolvable riddles. For already, the problems migrants face have their own viable solutions. What these are and how these have been pursued are known by those who affected by problems themselves.

Gerd Baumann advising Dutch research students at the University of Amsterdam writes: »...we need to understand those who hover at the cutting edge of racist violence, for racism is largely a problem created by so called majorities, not so called minorities. We need to understand how, why and when conceptions of ethnicity, culture and even race are reified or unreified.« He further advises his »ethnic Dutch« researchers »not to push your way into a suppressed minority whom you are not yet competent to understand. Study your own tribe, for it may be they who are the cultural problem«(Baumann 1999, S. 147).

To illustrate where the multicultural problem lies, Nariye Soyal offers her story. A story which can be repeated many thousand times over in the lives of migrant women in Germany. It is a story which reveals dimensions of the »multicultural problem« that those of us who are part of the problem could be blind to.

7.   Gute fahrt da Heim, Have a Nice Trip Home

My Name is Nariye Soyal.[1] My parents come from Turkey, in the village of Helvadere in Anatolya. In the 1970´s, my father left Turkey to find work in Britain when I was about 2 years old. At that time, Europe wanted migrants from Turkey. The booming economy of the 1970´s welcomed foreign labourers to fill the factories. My father was one among those who made a try to cross the border to find work in Britain.

I was about ten years of age, when my father returned and brought the whole family of five children to Britain. I learned the English language very fast. After a year, I was good enough to serve as translator when my parents needed to go to the doctor or when they had to transact official matters with government officials. Eventually, my neighbours in England also depended on me to for English translation. As a child, I was so proud to serve adults in this important task.

As a girl, I enjoyed going to school in the South West of London. I was not exactly a very well behaved child. I did a lot of naughty things, too. To this day, I remember the Headmistress of my girls' school who encouraged me so much, telling me many times: »Nariye, you are intelligent. You are very talented. You can be what you want to be.« The Headmistress of the school noticed me because I was one of the two Turkish girls in a school of 700 pupils. I also stood out because in my class, I was always the first if not the second pupil who got the highest marks.

When I was about 16, I left school. My father had set up a restaurant which became the family source of income. I was needed to run

---

1   Nariye Soyal works for a cleaning company. She comes to clean offices at the Evangelische Fachhochschule Reutlingen-Ludwigsburg three nights a week.

the business. I did it very well, because the business prospered and the family was happy. Running the family restaurant took so much of my time and energy that going to school was impossible.

I met my husband while vacationing in Turkey. He himself comes from a family that immigrated in Germany. I decided to marry him when I was 18 and followed him to Germany. And at 19 I was a mother, living with other families of Turkish origin in Ludwigsburg.

Three Countries in Three Decades

I am now 37 years of age with four daughters. I have lived in three countries in the past three decades of my life. What have I learned from all these?

As migrants, whether this be in England or Germany, we are given the hardest jobs with the lowest pay. I have worked in Salamander in Kornwestheim-Ludwigs-burg. My husband is a bus driver for the Jäger Bus Company in Ludwigsburg. I first started to work for the Salamander company. There were other women from where we lived who worked there, so I did not feel alone. Living in Germany in the beginning was even harder. There was no one to help me understand things better. But I was not afraid. I managed to do things independently. I made myself understood through English.

I began wearing the headscarf when I was 25. I consider it a significant part of my religion and my culture. When I am a stranger in a strange country, this veil has become part of myself. It is a way of letting people know who I am. This is important for me, because to this day, Germans still find it difficult to look at me and think, that I too am a German citizen.

Let me say that there are three generations of Turkish migrants in Germany. The first generation came as Guest Workers. My father- in-law is first generation; my husband second and my daughters third.

The way forward is not always easy. My husband lost his father when he was very young. He did not have a chance for higher education because he had to work to support his mother and brother at a very young age. Even after we have married and had children of our own, we still had to help his family.

What have I learned? I have learned independence from the very beginning. I have learned to stand on my own two feet. Yes, I work hard. I know other women who work hard. We never go to the Sozialamt to ask for money. We earn it ourselves – no matter how hard.

My daughters are doing very well in the Real Schule. Of course we have to try much harder to get the support of teachers to help our daughters. There are times when they are treated badly by classmates – and we have to make visits to the school to bring this to the attention of teachers. I know that my daughters are talented and intelligent, but they can not show it in school.

If I think of my life, I still blame my parents for not encouraging me to continue with my studies. I left school at such an early age to run the family business. I did it so well at a young age, that my parents had thought this was all I needed to do.

As a girl, I had a dream. I wanted to be a Solicitor. My Headmistress at school told me then that I could be what I want to be, I could have listened to her more than to my parents.

What do I tell my daughters? I tell them to use the toilets carefully and cleanly because there are women like their own mother whose job it is to clean after them. I remind them that they have all the support they need from parents. I tell them not to be like me. I tell them not to stop dreaming. They need to have a dream to make something out of their lives.

I am a cleaning woman and this is hard physical work. What does this job have to do with my intelligence? Every night when I go to bed, I have one question. Do I not deserve a better place? Why did I not persist in getting an education for myself? I know that the job of a cleaning woman is a dignified job. But I also wish to express myself in other ways. I know that there is something that drives me to learn, to continue my dream as a girl, to be myself. Yet, every night, I continue with my job from 8:00 to 10:30 in the evening. And each month, I am able to contribute 377 Euros for my family.

Germany – A country of different people from different culture

Fourty years ago, foreigners were wanted in Germany. They were needed to build the economy. Today – we see placards of the CDU during the last elections which reads, »Gute fahrt da Heim« [2] and with this message is the Turkish flag. But it is now too late to send us home. We are here. I was ten years old when I left my country. But I also realize that we are not welcome anymore. We have the most difficult jobs and

---

2   Christian Democratic Union (CDU) is known for its conservative stance on migration. The placard reads »Have a nice trip home.«

the poorest pay. Our children are not wanted in the good places for their Ausbildung. But we continue trying to have a decent life. Our children do not look at the world with hungry eyes because we know how to work hard. Unlike the past generation of Turkish migrants, we know how to get more information, and we are more prepared to live in a much better way.

Today in this meeting at the Fachhochschule, I would like to share with you how it is to live in a country where you know you come from a different culture, a different religion, a different community and family. I try to stay in my own culture while still finding my way around German society. Let me tell you how I do this:

1. I began to wear the headscarf when I was 25. This headscarf prevents me from doing many things. It sends many different messages to many different people. I wear it because it is my choice. I wear it to show that I am a muslim woman and it is important to me. No one forced me to wear this.

2. I am not scared of anything. I know that there are many things I am capable of doing. And I do it. I can insist in getting fair service from store owners, from managers of shops and sales people. I can not be cheated because I understand the rules.

3. Even when our neighbours treat us like second or third class citizens – because after 40 years we are not welcome anymore, I still try to be kind to those around me. We wanted to buy a residential flat, but the neighbours protested because they did not want us in the neighbourhood. They said they did not want our children.

4. I tell my children to show to others what they can do. We have to deal with the very low expectation teachers have on our children. I feel I need to save our children all the time. I get a lot of encouragement because every year there is a growing number of Turkish children in the Gymnasium and Realschule. But I have a feeling that people do not really want to see what we are capable of doing. They are very surprised that I can drive a car; that I speak three different European languages, that my husband and I are capable of buying our own house.

5. Everyday I feel that I am still trying to earn my own place. It is not easy to win trust. It is not given to us automatically. The first generation of Turkish migrants did not know how to earn this. We try hard everyday – and yes, we survive.

What does my religion say about different people living together with different cultures?

1. My religion teaches that what is wrong or right must be decided together. There are many points of view as to how life is lived. All these points of view have to be included if we are to live in respect of each other.

2. As a mother with three children, I listen well to the teaching of Islam which says: » Live your life with everyone.« Islam teaches us to say to each other »I can live with you.« I can live with anyone because I think of everyone as a good person. And a good person is one who can live with others. It is my duty as a mother to educate my children to believe in the goodness of others.

Now I am asked, »what is it that I want for myself?«

There is never a day when I do not think of my answer to this question. I still remember my Headmistress at school who told me – »Nariye you are good and intelligent. You can be what you want to be.« That was when I was that girl who was always first if not second in her class. Today at 37, I still hear my Headmistress' words. I think that nobody wants to be a cleaning woman. I want to have other choices. I want to continue educating myself. Everyday, I feel this strong desire to continue learning. I would like to be true to my desire and to continue dreaming. And perhaps my dream will also find its own place in a country with different people from different cultures.

Literatur:
Baumann, G., The Multicultural Riddle. Routledge 1999.
Kymlicka, W., Multicultural Citizenship. Clarendon Press, Oxford 1999.
Bassan, T., The Open Society and its Enemies Within. Wall Street Journal - Europe, March 17, 2004.

Zur Integrationsfähigkeit von Großstädten und ihren unterschiedlichen Quartieren

Rainer Kilb

»Eine Stadt besteht aus unterschiedlichen Arten von Menschen; gleiche Menschen bringen keine Stadt zuwege« (Aristoteles). Die Stadt oder die Metropole sei durch ihre Anhäufung von Differenz eine Integrationsmaschine an sich; diese Feststellung ist gleichermaßen von Gelehrten der Antike, von Stadtforschern wie auch von Politikern einschlägiger Couleur heute im Kontext von Integrationsbemühungen immer wieder zu vernehmen. Insbesondere Großstädte seien durch ihre überregionale und in der Regel international-globale Ausrichtung Zentren ökonomischer wie kultureller Austauschbeziehungen und deshalb zur Integration von Fremden besonders geeignet.

Schaut man genauer in besagte Integrationsmaschine hinein, so wird man erkennen, dass diese Maschine ein hochkomplexes Gebilde darstellt und häufig an vielen Stellen mit unterschiedlichen Geschwindigkeiten läuft, dadurch zwar chaotisch wirkt, gleichzeitig aber doch, wie von unsichtbarer Hand, nach einer ganz bestimmten Ordnung funktioniert. Chaotisches wie Geplantes halten sich dabei im günstigen Fall die Waage und vermitteln genau das, was wir an Großstädten einerseits lieben als auch gleichzeitig abstoßend finden: Solidarität und extreme Unterschiedlichkeit, Menschenmassen, körperliche Nähe bei gleichzeitiger Anonymität und Einsamkeit, Reibungen und Kollisionen, Durcheinander und kleine Armeen zur Aufrechterhaltung der öffentlichen Ordnung, geordnete Verkehrsabläufe, Ungleichzeitigkeiten von Entwicklungen, Überreizung der Sinne und Abgestumpftheit, Gleichgültigkeit und Beliebigkeit, Arbeitsteilung und räumliche Trennungen. Häufig bleibt relativ unklar, weshalb sich städtisches Leben letztendlich in singulärer Form herausbildet, so wie wir es konkret in jeder einzelnen Stadt als jeweils spezifische urbane Identität wahrnehmen können.

Die Städte in ihrer Vielzahl an Lebenswelten, an Gelegenheiten und perspektivischen Optionen, an Nischen dabei ausschließlich auf ihre integrativen Impulse zu reduzieren wäre zu kurz gegriffen. Im Gegenteil, in quasi dialektischem Verhältnis gelingt Integration häufig nur bei gleichzeitiger Exklusion des- oder derjenigen, die nicht innerhalb eines von der Mehrheit oder auch von den mächtigeren Gruppen definierten »normativen Korridors« unterzubringen sind. Städte bieten also einerseits Abspaltungs- und Trennungsmöglichkeiten räumlicher Art für lokale, ethnische, kulturelle wie soziale Milieus als auch Gelegenheiten zur Begegnung, im besseren Fall auch zu gemeinsamen Erfahrungen oder sogar zum Miteinander derselben an.

Bei genauerem Hineinsehen in die Abläufe dieser »dialektischen Integrations- und Segregationsmaschine Stadt« lassen sich über die Betrachtung von deren historisch gewachsener arbeitsteiligen Struktur ihre einzelnen Funktionen in den verschiedenen geografischen Teil-Räumen, schließlich ihre integrativen wie desintegrierenden Wirkungen herausarbeiten.

1. Ethnisch-kulturelle, religiös begründete und ökonomische Segregation in der historischen Stadtentwicklung

Ethnische oder auch nationale, religiös begründete und kulturelle Segregation lassen sich seit der Antike nachweisen. Der griechisch-türkische Kunsthistoriker Spiro Kostof spricht von »Grenzen im Stadtinnern« (1993, 102) und differenziert zwischen Einmauerungen als physischer Abtrennungsversuch und Diskriminierung und nicht materiellen Grenzen. Einmauerungen existieren bereits im hellenistischen Antiochia. Dort wurden die vom Land zwangsumgesiedelten einheimischen Syrer von den griechischen Siedlern durch Mauern abgetrennt. Solche Ein- oder Abmauerungen innerhalb der Städte bleiben aber die Ausnahme, häufen sich allerdings immer wieder im Falle der Juden zunächst im byzantinischen Reich, später im 13. Jahrhundert auch in England und Mittelosteuropa.

Im Allgemeinen gibt es zwei Formen der räumlichen Segregation im Mittelalter: Die Fremden – also die reisenden Handelsleute, die durch Warentransporte und -verkäufe zu Wohlstand kommen – werden in spezifischen Gästehäusern einquartiert, um sie von den Einheimischen fernzuhalten. In den größeren Städten nennt man die Handelshäuser auch »Nationen«.

Eine weitere Segregationsform ist die ethnische und religionsspezifische. Die verschiedenen in den Handelsstädten anzutreffenden Ethnien lebten dabei in eigenen Viertel wie etwa die Spanier in Neapel oder die Dalmatiner, Deutschen, Armenier oder Juden in Venedig. Das dortige Jüdische Ghetto befindet sich in Insellage inmitten der Stadt; es konnte abends an den beiden Brückenübergängen abgeschlossen werden. Wenn nicht gleich auf Inseln verbannt, so sind die Viertel zumindestesn durch breite Straßen voneinander abgegrenzt. Dieses Prinzip wird später auf die Stadtgründungen in den Vereinigten Staaten übertragen. Dort findet sich Ende des 19. Jahrhunderts auch der Ursprung einer ökonomisch-ethnischen Segregation (z. B. in Chicago). So verbannt man beispielsweise die häufig in Wäschereien beschäftigten Chinesen 1880 aus den Wohnvierteln, da die Wäschereien damals als öffentliches Ärgernis galten. Im Umfeld der schließlich außerhalb der Wohnviertel neu aufgebauten Wäschereien, die sowohl ökonomische als auch kommunikativ-soziale Funktionen in den Migranten-Communities übernehmen, wachsen allmählich die sogenannten Chinatowns.

Auch in Südostasien ist es üblich, dass eingewanderte Chinesen und Inder zur größten Bevölkerungsgruppe in den Küstenstädten aufstiegen und räumlich von den einheimischen Thais, Burmesen oder Vietnamesen (Saigon/Ho-Chi-Minh-Stadt, Hoi-Hang) getrennt leben. Ähnliches entwickelte sich in den kolonisierten Territorien in Südamerika, Afrika und Asien. In Deutschland finden wir ethnische Segregationsentwicklungen erstmals über die Ausgrenzungen der Juden, später durch Ansiedlungen von Hugenotten und Waldensern. Häufig vermischen sich frühzeitig ethnische Trennungen, die gleichzeitig auf ökonomischer Ungleichheit beruhen. So lebte die jüdische Unterklasse meist in kargen Unterkünften außerhalb der Stadtmauern.

Im späten Mittelalter – hier vor allem in Nordeuropa – wohnen die Wohlhabenden in stattlichen Häusern an den Hauptplätzen und den ausfallenden Handelsstraßen, die Handwerker und Tagelöhner eher an den Stadträndern oder in eigenen Vierteln. Im Wohnungsbau während der Industrialisierung folgen dann Klassentrennungen auf einer Parzelle. Die Besitzenden lebten in den unteren Geschossen der straßenseitigen Gebäude, Dienstboten, Tagelöhner, Arbeiter eher in den oberen Stockwerken oder den Hinterhofgebäuden. Später ziehen die Reichen in Landhäuser an die städtische Peripherie (z. B. in die Vordertaunusgebiete in der Rhein-Main-Region oder an die Bergstraße im Rhein-Neckar-Raum), weil die Lebensqualität durch industrielle Umweltbelastungen sinkt und die Vielzahl von zuziehenden Proletariern das Lebensgefühl der »höheren Stände« tangiert. Friedrich Engels beschreibt dies für die mittelenglische Industriestadt Manchester und spricht in diesem Fall von den »zwei Nationen« in der Stadt.

Die Stadterweiterungen der Gründerzeit, aber auch die großen Siedlungsprojekte der Weimarer Ära trennen im folgenden Großbürger, Beamte und Arbeiter in jeweils eigenen Stadtarealen voneinander (z. B. Wien, Köln: »Belgisches Viertel«, Südstadt, industrialisierte rechtsrheinische Stadtteile oder Frankfurt am Main: Westend, Nordend, Ostend, Ernst-May-Siedlungen der 20er Jahre).

Die im späten 19. Jahrhundert beginnende Subventionierung von speziellen Wohnsiedlungen für Arbeiter beschleunigen den Prozess der räumlichen Abgrenzung und Isolierung der sozialen Klassen und Schichten und legen die bauliche Grundlage der heutigen zerteilten modernen Stadt.

In der aktuellen großstädtischen Struktur spielt unter segregationsspezifischen und sozialräumlichen Aspekten vor allem die Verortung der meist »unterschichtigen« Migranten eine bedeutende Rolle. Während die erste Generation der damaligen meist jüngeren männlichen »Gastarbeiter« in den 60er und 70er Jahren in speziellen Sonderunterkünften (Gastarbeiterheime, Jugendwohnheime, provisorische Unterkünfte) zeitlich befristet untergebracht war, treten diese im Zuge der Familienzusammenführungen und den nachfolgenden »unbefristeten« Arbeits- und Lebensperspektiven (ab den 70er Jahren) als gewöhnliche Nachfrager nach privaten oder öffentlich geförderten Wohnungen auf (vgl. Flagge 1999). Migrantenfamilien hatten aber mit i. d. R. niedrigeren Einkommen und größeren Familien selten Zugang in die besseren oder durchschnittlichen Wohnlagen und siedelten sich gewissermaßen »marktsortiert« eher in typischen Arbeiterquartieren und Unterschichtwohngebieten an.

2. Städtischer Raum als Vermittler sozialer Ungleichheit

Shevky/ Bell als Vertreter der Chicagoer Schule befassen sich schon in den 20er Jahren mit den Zusammenhängen von sozialer Ungleichheit im und durch den städtischen Raum bzw. dessen unterschiedlichen Nutzungsmöglichkeiten. Nach dem Modell ihres sozialökologischen Ansatzes überträgt sich soziale Ungleichheit in der Gesellschaft auf den städtischen Raum; heutige Segregationsmodelle von Häußermann (1999) oder Dangschat (2000) sehen den städtischen Raum in einer Mittlerfunktion von sozialer Ungleichheit, die sich durch die räumlichen Strukturen noch verfestige. Vor allem Sampson/ Groves

(1989) knüpfen in den 80er Jahren wieder an diesem Modell an und differenzieren hierbei zwischen exogenen Ursachen und verschiedenen Dimensionen sozialer Desorganisation.

Unter sozialer Desorganisation verstehen Shaw/ Mc Kay (1931) die »mangelnde Befähigung eines Gemeinwesens, die für die Bewohner wichtigen gemeinsamen Werte zu erzeugen und soziale Kontrolle über das Territorium auszuüben«. Sämtliche Modelle gehen von einer bereits vollzogenen sozialen, ökonomischen, kulturellen und auch symbolischen (vgl. Bourdieu 1991) Ausdifferenzierung oder auch Spaltung des gesamtstädtischen Raumes aus und arbeiten vor diesem Hintergrund mit den zwei zentralen Kategorien »*Exogener Ursachen*« wie etwa einem bereits dominanten niedrigen wirtschaftlichen Status, sozialen Risikofaktoren wie hohen Anteilen unvollständiger Familien, ethnischer Heterogenität, residenzieller Mobilität und *anomischen* Entwicklungen einerseits und *struktureller Defizite sozialer Desorganisation* andererseits. Hierzu zählen etwa geringe Intensitäten sozialer Netzwerke, fehlende Partizipation und/oder fehlende Kontrollimpulse gegenüber Aktivitäten jugendlicher Gruppen.

Eisner (1997) ergänzt die bisherigen Modelle hin zu einem prozessualen Muster: städtische Räume, die als unsicher von ihren Bewohnern wahrgenommen werden – und dies sind insbesondere verwahrloste, gestaltlose oder unwirtliche Areale – entfalten soziale Rückzugswirkungen. Diese wiederum führen zu selektiver Entmischung und zu eher auf eigene Interessen hin orientierte Sozialkontrolle einzelner verbliebener Gruppen. Ein solcher Prozess residenzieller Segregation erschwert zunehmend die Integration; denn Integration wird letztendlich denen abverlangt, die selbst Probleme haben und räumlich über keine Alternativen verfügen. Segregation stellt sich somit sowohl als *Herausbildung* und als *Verfestigung* sozialer Ungleichheiten heraus (Dangschat 2000). Die höheren Delinquenzbelastungen unter Migranten, zum Beispiel gerade in den Frankfurter Stadtteilen mit weniger aber dadurch eher isoliert lebenden Migrantenfamilien, ist Indikator dafür, dass integrativen und sozial-kontrollierenden Aspekten einer Community-Struktur eine entscheidende Bedeutung auch für die gesamte Stadtatmosphäre zukommen.

3. Zusammenhänge zwischen städtischen Segregations- typen und Integrations- bzw. Desintegrationsimpulsen

Es sollen im Folgenden die diversen in bundesdeutschen Ballungs- räumen präsenten Segregationstypen daraufhin betrachtet werden, welche Impulse von diesen für die Integrationsentwicklungen bei Mi- grantenfamilien und deren Kinder ausgehen.

In der Regel finden sich in den Verdichtungsräumen acht infra- strukturell spezifische, baulich speziell ausgestaltete bzw. jeweils wirt- schaftshistorisch bedingte *Typen von Segregationsquartieren,* die bei- spielhaft über eine in Frankfurt am Main durchgeführte Stadtanalyse nachgewiesen werden konnten (vgl. Kilb 1998). Im Einzelnen fanden sich dort Wohnquartiere in den *City- und Cityrandbereichen* mit bevorste- henden oder zu erwartenden Nutzungsänderungen. Charakteristisch für diese Areale sind hohe Lärm- und Umweltbelastungen, hohe An- teile von Migranten in der Bevölkerung, eher kurzfristiger Verbleib der Bewohner zum Teil als »Übergangswohnen« in Asylen, Heimen, Billighotels und »Absteigen«. Über die gleichzeitig dort konzentrierten Konsumanhäufungen kommt es in diesen Quartieren zu einer direkten Konsum-Armutskonfrontation (a). Eine vergleichsweise ähnliche aber abgeschwächte Struktur findet man in den *subzentralen* Kernbereichen der Agglomerationen, den eingemeindeten, früher eigenständigen Vor- städten bzw. größeren Stadtteilen (b). Quartiere im Umfeld von *Verkehrs- drehscheiben* und *Verkehrsmagistralen* mit hohen Lärm-, Schmutz- und Umweltbelastungen, ebenfalls hohen Migrantenanteilen bilden einen weiteren Typus (c). Es folgen die traditionellen *Industrie- und Arbeiter- stadtteile bzw.* -siedlungen, bei denen im Zuge der Deindustrialisierung mittlerweile die verbindenden gemeinsamen Arbeitsstätten zuneh- mend entfallen (d). *Großsiedlungen des sozialen Wohnungsbaus* der 20er, 50er und 60er Jahre (e) sowie die *Trabantenstadtteile* der 60er und 70er Jahre (f) stellen weitere Typen dar. *Hochhaussolitäre* und punktuelle *Massenunterkünfte* bilden einen atomisierten Typus, häufig als Aussied- lerunterkünfte und Asylunterkünfte genutzt, manchmal im Zuge selbst- gewählter ethnischer Bezüge zu monokulturellen Einzelunterkünften generiert (g). Zuletzt müssen die *traditionellen Segregationssiedlungen,* also die früheren Obdachlosen-, Übergangssiedlungen, die Wohnwagen- siedlungen, Bauwagen- und Containerdörfer erwähnt werden (h).

In diesen acht Quartierstypen wirken sich die augenblicklichen Prozesse sozialer Polarisierungen, sozialen Abstiegs, von mit der Deindustrialisierung verbundenen Milieuauflösungen, interkultureller Transformation und ethnischer Isolation wiederum je nach Gebietstyp differenziert aus. Betrachtet man die Prozesse in den acht Quartierstypen im Vergleich, so lassen sich mehrere Wirkungs- bzw. stadträumliche Vermittlungseffekte identifizieren.

Einige dieser Quartiere erweisen sich für ihre Bewohner gewissermaßen als *Abspaltungsverstärker*. Es sind die vornehmlich in sich geschlossenen ghettoartigen Areale, die sich durch extern erfolgende Stigmatisierungen eher negativ verstärken aber gleichzeitig eine »Vorhangwirkung« durch eine starke Selbstisolation der Bewohner entfalten können; man bleibt im Ghetto und sieht deshalb die »äußeren Welten« seltener. Es bildet sich häufig ein eigenes normatives wie auch ökonomisches »Überlebens-« bzw. »Mithalte-System«. In solchen Quartieren wird gesellschaftliche Exklusion besonders deutlich. Bei heterogener *multi-ethnischer* Bevölkerungsstruktur intensiviert sich häufig soziale Desorganisation. Leben dagegen weniger zahlreiche unterschiedliche Ethnien zusammen, können sich eher Community-Effekte entfalten. Eine Integration innerhalb dieser Stadtteile ist dabei bei gleicher Lebenslage der Bewohner und bei geringerer Mobilität (vgl. Straßburger 2001) wahrscheinlicher. Dies hat aber nicht zwangsläufig eine Entstigmatisierung im gesamtstädtischen Rahmen zur Folge, sodass der Integrationsfaktor in der gesamtstädtischen Gesellschaft wieder zu relativieren wäre.

Eine zweite Wirkungsweise ist die als *Konfrontationsverstärker*. Durch unmittelbares Aufeinandertreffen von Konsumkonzentration und Benachteiligungslagen wie zum Beispiel in den Citylagen verstärken sich Konfrontations-, Polarisierungs- und Diskriminierungseffekte. In solchen Arealen dominieren ganz deutlich zum Beispiel die Eigentumsdelikte bei Kindern und Jugendlichen, die in ihren räumlichen Lebenswelten ständig mit Konsumstandards konfrontiert werden, zu denen sie materiell kaum legale Zugänge besitzen. Die soziale Kontrolle fällt durch den von Passantenströmen ausgelösten besonders hohen Anonymitätsfaktor weg. Zwischen Migranten und Einheimischen bilden sich nur erschwert Gemeinwesenstrukturen heraus.

Ein dritter Wirkungstyp ist der eines *Verunsicherungsverstärkers*. In den traditionellen kleinbürgerlichen Arbeiterstadtteilen haben sich durch die Modernisierungs- und Globalisierungsprozesse extrem verunsichernde Entwicklungen ergeben. Starker Arbeitsplatzabbau im produktiven Sektor führt zu einer realen Reduktion körperorientierter

Arbeitsweisen und vermutlich als Folge darauf zur gleichzeitigen Über-
höhung körperlicher Stilisierung und Selbstinszenierung insbesondere
in der jungen männlichen Bevölkerung. In solchen »absteigenden« und
sich tendenziell auflösenden Milieus dominieren augenblicklich sehr
stark Gewaltdelikte. Diese lassen sich präzise mit Hilfe des von Heitmeyer entwickelten Desintegrations-Verunsicherungs-Theorems erklä-
ren. In solchen Arealen sind im sozialen Zusammenleben ebenfalls eher
Desintegrationstendenzen zu beobachten.

Letztendlich können sich Quartiere zu baulichen *Desintegrations-
räumen* entwickeln. Solche Stadtgebiete besitzen kaum städtebauliche
Akzente und Orientierungen. Es sind in der Regel Bebauungen längs
der Verkehrsmagistralen ohne integrative Bezugskomponenten. Es
treffen ungleichzeitig verlaufende Entwicklungen der BewohnerInnen
mit ethnischer Heterogenität zusammen. Gewalt- und Eigentumsdelikte
sind gleichermaßen überrepräsentiert und wirken entsolidarisierend
und desintegrierend zugleich.

In einer Expertise zum Integrationspotenzial in unterschiedlichen
Frankfurter Stadtteilen arbeitet Gaby Straßburger die integrationsför-
dernden Faktoren heraus: höheres Image des Quartiers, »multikulturel-
les Flair«, relativ ähnliche Lebenslage, hohe Nutzungen selbst organisierter Angebote in Vereinen sowie Bewohnerkontinuität.

In einer von uns 2003 durchgeführten Stadtteilanalyse im Wiesbadener Industrievorort Biebrich lassen sich ähnliche integrationsbegünstigende Faktoren herausarbeiten. Obwohl bei der Biebricher Wohnbevölkerung auf Grund spezifischer soziostruktureller Faktoren insbesondere bei Kindern und Jugendlichen von im Vergleich zum Wiesbadener
Durchschnitt erhöhten Risikolagen ausgegangen werden konnte, bilden
sich diese weniger stark als zu erwarten gewesen wäre in aktuellen
sozial-problematischen Verhaltensmustern ab: Alltagsleben, soziale,
kommunikative und atmosphärische Situation erscheinen nicht so be-
einträchtigt, wie man dies eigentlich auf Grund der bestehenden Risikofaktoren hätte vermuten können. Nach den Interpretationen der über
eine Schüler- und Cliquenbefragung erhaltenen Informationen scheint
dies auf mehrere miteinander verbindend wirkende Faktoren zurück-
führbar zu sein. Zum einen bildet der Stadtteil Biebrich mit seiner historisch langfristig gewachsenen wirtschaftlichen und sozialen Struktur in
einem überschaubaren und »begrenzten« Areal eine äußerst vielfältige
kulturelle und soziale Einheit, in der zahlreiche unterschiedliche gesellschaftliche Gruppen ihren Platz gefunden haben und traditionell lernen

mussten, miteinander auszukommen. Die traditionelle Beschäftigung vornehmlich der ersten beiden Migrantengenerationen in den ortsansässigen beiden großen Industriebetrieben sowie der begleitend stattfindende Aufbau einer sozialen, kulturellen und privatwirtschaftlichen Infrastruktur fungierten hierbei vermutlich als Medium.

Auf diesen fortdauernden historisch-interkulturellen Integrationsprozess wirken sich insbesondere drei Faktoren positiv aus:

Ein urban geprägtes städtebauliches Zentrum mit lebendiger Geschäftswelt bildet ein Forum, eine »große Bühne« für informelle Begegnungen der unterschiedlichen Bewohnergruppen. Schlosspark und Rheinufer ergänzen diesen Kernbereich als »Nebenbühnen« und Erholungs- und Rückzugsbereiche. Darüber hinaus finden die einzelnen ethnischen, sozialen und kulturellen Gruppierungen ihre jeweils mehr oder weniger akzeptierten spezifischen »Rückzugsinseln« im Stadtteil. Diese Bereiche, zu denen etwa ethnische Kulturvereine, traditionelle Vereine, die freiwillige Feuerwehr, Gaststätten, Internet-Cafés etc. gehören, stellen häufig das von den Betroffenen selbst gesteuerte Arrangement zwischen herkunftskulturellen und im Stadtteil dominierenden kulturellen Mainstream-Aspekten dar und bieten damit sukzessive erfahrbare Integrationsstufen an.

Zum anderen halten die Kindergärten, Schulen und sozialen Freizeitangebote (Kinder- und Jugendzentrum, Nachbarschaftszentrum usw.) gezielte methodisch-didaktisch aufbereitete interkulturelle Angebote bereit, die die vorher erwähnten informellen Bezüge fördern, verstärken und teilweise »ritualisieren«.

Nicht zuletzt stellt sich die Netzwerkbildung über diverse Verbundsysteme von Stadtteilarbeitskreis, Vereinsring und das »Soziale-Stadt«-Programm als interkulturell vermittelndes und (selbst-)regulierendes Instrument dar.

Als einzige Einschränkung erweist sich ein in den demografischen Daten ersichtlicher Wegzug jüngerer und meist besser verdienender »deutscher« Familien. Hierdurch könnte mittel- und langfristig eine Schieflage in der bisher sozial ausgeglichen wirkenden Heterogenität der Bevölkerungsstruktur entstehen, die das Image »Ausländerstadtteil« nach innen und nach außen zu transportieren droht (vgl. Kilb 2003).

Insgesamt lassen sich über die beiden Studien die nachfolgenden günstigeren sozialräumlichen Aspekte für gelingende Integrationsprozesse identifizieren:

- nicht stigmatisierte, sondern städtebaulich aufgewertete Areale;
- städtebauliche Foren der Kommunikation und von gemeinsamen Aktivitäten;
- ähnlicher betrieblicher und wohnungsbezogener Erfahrungs- bzw. Aktivierungshintergrund von »Deutschen« und »Migranten«;
- ähnlicher sozialer Status der (beiden) Gruppen;
- soziale und materielle Mischstrukturen in den jeweiligen »Communities«;
- weniger kulturheterogene sozialräumliche Strukturen;
- gemeinsame kleinteilige sozialräumliche Geschichte;
- multikulturelle sozialräumliche Wirtschaftsstruktur in der unmittelbaren Versorgung.

Speziell im Kindes- und Jugendalter scheinen dabei mehrere sozialräumliche Kriterien integrationsbegünstigende Wirkungen zu entfalten. So spielt einmal die Vielfalt eines abgestuften Systems herkunftskultureller Orte des »Rückzugs« und parallel hierzu multikultureller Orte, die als Foren der Selbstdarstellung und -begegnung dienen können, eine Rolle. Darüber hinaus sind gemeinsame Orte der kulturellen Aneignung wichtig. Dies sind zum Beispiel zentralere Plätze, die gemeinsam erlebbar werden etwa durch spezifische Personen oder durch erlebbare »Geschichten«. In Wiesbaden-Biebrich ist dies eine Freifläche im Einkaufszentrum, auf dem sich die verschiedenen Cliquen, Gangs und ethnischen Gruppen sowohl voneinander abgrenzen als auch vermischen konnten. In diesem Gemisch aus Näherkommen und Distanzierungen entstehen Geschichten und Legenden, die wiederum identitätsstiftende Funktionen für das Gemeinwesen an sich besitzen können. Es zeigt sich, dass gerade dieser multikulturellen Mischstruktur an den identitätsstiftenden Orten, Einrichtungen und Organisationen symbolische Bedeutung zukommt. Letztendlich war es eine miteinander abgestimmte interkulturelle Programmatik sozialräumlich ausgerichteter Institutionen wie den Kindertagesstätten, Schulen, Vereinen und Freizeitheimen sowie deren positiv besetzte Vermittlungsarrangements, die integrationsfördernd wirkten.

Pierre Bourdieu definiert den *Sozialen Raum* auch als »semantischen Assoziationsraum« und keineswegs nur als physischen Raum. Dieser präge sich aus der Verbindung von bestimmten sozialen Lebensstilen und von sozialen Positionen, die wiederum durch eine Hierarchie von ökonomischen, kulturellen und sozialen Ressourcen gebildet werden.

Wenn solche Ressourcen im physischen Raum einer Stadt ungleich verteilt sind und die Bewohner ungleich mobil sind, so wirken sich diese Sozialraumaspekte sehr verschieden auf die jeweilige Verarbeitung defizitärer Lebenssituationen aus.

Die großen Integrationsdefizite in ganz spezifischen Segregationsarealen oder auch die gelungenen Integrationsimpulse lassen sich dann auf teilweise historisch gewachsene Aspekte in Verbindung mit geografischer Lage, Images im gesamtstädtischen Kontext und eine jeweils singulär entstandene soziale wie schulische Infrastruktur und ökonomische Versorgungsstruktur zurückführen.

4. Welche Präventionsstrategien könnten geeignet sein?

Städtische Raumentwicklungen vermitteln und verfestigen desintegrierende Strukturen. Sie prägen deren unterschiedliche Ausformungen entscheidend mit, indem sie als Lernfelder, als Kontrast-Erfahrungsfelder, als Etikettierungs- und Verfestigungsfelder sowie als Räume mit desintegrierenden und desorientierenden Impulsen auf ihre Bewohner und Nutzer einwirken. Mediale und medial vermittelte allgemeingültige Konsumstandards können dabei noch die Kontrasteffekte zum Sozialraum selbst erhöhen.

Ursachen und Hintergründe, Entwicklungsformen und Gelegenheiten unterscheiden sich dabei erheblich und erfordern sozialraumadäquat differenzierte Präventionsstrategien und Ansätze, die im folgenden kurz diskutiert werden. Dabei sollten sich die verschiedenen Maßnahmen an drei übergeordneten Zielen orientieren: *Integration, Regelarrangements* und *Wohnumfeldgestaltungen*. Unter diesen Zielkonturen könnten in den vier Segregationstypen spezifische Schwerpunktsetzungen erfolgen.

Im *Typus Ghettoisierte Quartiere* müsste eine Quartiersaufwertung im gesamtkommunalen Kontext erfolgen. Dies wäre zum Beispiel durch die Verlagerung subzentraler oder zentraler kommunaler Angebote und Dienstleistungen bzw. interessanter stadtweiter kommerzieller Angebote wie zum Beispiel Sportstätten, Freizeitangebote, Kultur- oder auch Konsumangebote möglich. Beispiele hierfür mögen die Einrichtung einer Spielstätte des Schauspiels und Ausstellungsangebote des Ludwig-Museums in leer stehenden Industriehallen und der Bau eines überregionalen Einkaufszentrums auf einer Industriebrache in einem sozialen Brennpunkt Kalk in Köln, das von Gehry entworfene Guggen-heim-Museum im Hafen Bilbaos oder das WM-Stadion in einer Pariser Trabantensiedlung sein.

Darüber hinaus sollten Verbindungen von Arbeits- und Ausbildungsprojekten mit Wohnumfeldverbesserungen mit aus arbeitslosen Jugendgangs oder peer-groups gebildeten Betriebs- bzw. Arbeitseinheiten erfolgen. Ein Beispiel hierfür ist die Gebäude- und Grünflächensanierung in sozialen Brennpunktsiedlungen wie zum Beispiel in der Ahornstraße in Frankfurt am Main durch ein Beschäftigungsprojekt eines stadtweiten Jugendhilfeträgers.

Zur internen Stabilisierung und zur Nachbarschaftsförderung eignen sich Gemeinwesenarbeitsprojekte nach dem US-amerikanischen »Leader-Modell«: das heißt Nutzung der vor Ort vorhandenen informellen »Hierarchie-Strukturen« als interner Regulations- und Vertretungsansatz nach außen. Solche vorhandenen Strukturen müssen teilformalisiert und damit aufgewertet werden und durch fachliche Begleitung häufig demokratisiert und damit von bisher unterdrückenden Impulsen »befreit« werden. Bei den häufig in ihrer Schullaufbahn gescheiterten Jugendlichen ginge es um individuelle cliquen- und zielgruppenorientierte Kompetenz- oder Talentförderung sowie um individuelles Mentoring in der Sozialarbeit mit Kindern, Jugendlichen und Familien.

Beim zweiten *Typus Armutslagen - Konsumkonzentration* sollten im Gegensatz zum Ghettotypus städtebauliche »Nischen« und Rückzugsbereiche – durch baulich-räumliche Abtrennungen – entstehen, die zusammen mit gezielten lokalen Angeboten eine Alternative zum »konsumorientierten Streifzug« der Kinder und jugendlichen Bewohner darstellen.

Mit Hilfe von Sponsoringaktivitäten und Patenschaften sollten Jugendliche frühzeitig in arbeitsorientierter Form (Jobs, Praktika, Ausbildungsplätze) in die Betriebe im Quartier eingebunden werden.

Der sekundären Prävention in Schulen und der Kindertagesbetreuung sowie der Kinder- und Jugendarbeit sollte große Bedeutung zukommen.

Die Bewohnerkinder und -jugendlichen sollten durch eigene Angebote tendenziell von problematischen, extern wohnenden, die Citybereiche aber nutzenden Kinder und Jugendlichen wegorientiert werden. Dies kann nur gelingen, wenn für beide Gruppierungen separate sozialpädagogisch begleitete Hilfe-, Freizeit- und Kulturarbeit existiert. Die aufsuchende, mobile oder Straßensozialarbeit in einigen metropolitanen Zentren (Berlin, Hamburg, Köln, Frankfurt/M.) sind für eine solche »Arbeitsteilung« geeignet, wenn parallel hierzu ganztagsschulische Angebote für die dort lebenden Kinder existieren.

Im *Typus Verunsicherungs- und abstiegsbedrohte Stadtareale*, also den traditionellen Arbeiterquartieren, existieren meist noch traditionelle soziokulturelle Selbstorganisationsformen in Nachbarschaften, Vereinen und wirtschaftlichen Zusammenhängen. Diese gilt es zu stabilisieren, zu modernisieren und langsam für neue (Migranten-) BewohnerInnen zu öffnen. Gegebenenfalls sollten Selbsthilfepotenziale durch externe Anreize reaktiviert werden. Die bisherige soziokulturelle Infrastruktur sollte somit an die real bestehende neue Bewohnerstruktur mit Hilfe von Quartiersmanagementansätzen angepasst werden. In Schule und Jugendhilfeeinrichtungen erscheint gezielte Gewaltprävention auf der sekundären und tertiären Präventionsebene angemessen.

Im letzen *Typus Desintegrationsareale* sind zumeist abgrenzende und zentrifugal wirkende Kräfte dominant. Es fehlen häufig historisches Identitätsbewusstsein und bewährte Integrationsabläufe und Rituale, sodass es notwendig erscheint, eine neue soziokulturelle Infrastruktur aufzubauen. Dies kann durch ein Miteinander von Gemeinwesenarbeit und Quartiersmanagement erfolgen. Dabei sollten die bestehenden Community-Strukturen der häufig zahlreichen Migrantengemeinden als Ausgangspotenzial genutzt werden. Je nach Migrationsgeneration sind ethnospezifische und interkulturelle Foren und Kommunikationssettings angesagt. Regelarrangements und ein stufenförmiges Integrationskonzept (vgl. Gaitanides, Hamburger) erscheinen hier notwendig zu sein. Bei Bedarf eignen sich auch interkulturelle Mediationsansätze zur Konfliktbearbeitung. Gerade an den Regelverstößen müsste die sozialpädagogische Quartiersarbeit ansetzen, um mittelfristig selbstorganisierte Regelarrangements zwischen den Bewohnergruppen wachsen lassen zu können.

5. Integrationsorte und -symbole einer Stadtgesellschaft

Neben solchen eher stadtteilspezifischen Entwicklungsaspekten benötigen Städte Orte bzw. Stadträume, Aktionen/Aktivitäten, Institutionen und Akteure, die über die Teilgruppierungen einer Stadtgesellschaft hinaus identitätsstiftende und für das Gemeinsame stehende sozial-kommunikative wie symbolische Impulse entfalten können. Unter

55

symbolischen Aspekten betrachtet können dies zum Beispiel bauliche »Leuchttürme« wie etwa die Hochhausskyline in Frankfurt am Main oder historische Bauwerke wie der Kölner Dom sein. Sozial-kommunikative Kriterien erfüllen dagegen eher große Feste (man denke hier an das Münchner Oktoberfest, den rheinischen Karneval oder das Frankfurter Museumsuferfest) als überregionale Events, die durch ihren Bekanntheitsgrad schicht- und milieuübergreifenden Charakter besitzen. Eine solche Funktion kommt im Übrigen auch den Bundesliga-Fußballspielen zu. Diese gleichermaßen nach außen wie nach innen wirkenden »Leuchttürme« sind ebenso bedeutsam wie ganz spezifische urbane Knotenpunkte bzw. Kulminationsorte, die eher nur im Binnensystem einer Stadtgesellschaft bekannt oder verankert sind und Impulse für Integrationsprozesse im Binnensystem einer Stadtgesellschaft entfalten können.

Am nachfolgenden Beispiel aus der aktuellen Frankfurter Stadtentwicklungspolitik soll aufgezeigt werden, wie fahrlässig in einer Zeit, in der die Großstädte um Investoren und private Investitionen buhlen, mit solch intern wirksamen Orten oder Bauwerken umgegangen wird. Der Frankfurter Planungsdezernent trat kurz vor seiner Wiederwahl mit dem Vorschlag an die Öffentlichkeit, die innerstädtische Kleinmarkthalle sowie ein in den 50er Jahren in seiner Geschosshöhe behutsam in die verbliebene Altstadt integriertes Ensemble von Wohnungen und Geschäften zur Disposition zu stellen und durch »einer Metropole angemessene«, höher geschossige Bauten zu ersetzen. Er glaubte offenbar, damit einen genialen »großen Wurf« landen zu können und rechnete wohl nie und nimmer mit solch einem Sturm der Entrüstung, der ihm aus weiten Bevölkerungskreisen entgegenschlug. Weshalb hat dieser Mann insbesondere den emotionalen Bezug größerer Teile der Frankfurter Bevölkerung zur eher unspektakulär zweckmäßig gebauten Halle so falsch eingeschätzt und was ist es genau, was eine solch emotionale Bindung an eine Funktionshalle begründete?

6. Global-City und veränderte Stadtgesellschaft

Frankfurt am Main war durch seine geopolitisch nach 1945 zentrale Lage und seine historisch gewachsene spezifische Funktion als Handels- und Messestadt für überregionale, später internationale Dienstleistungsfunktionen im Finanzbereich und im Verkehrswesen prädestiniert. Flughafen/ Hauptbahnhof/ BAB-Kreuzungen, Börse und Messe firmieren hierbei als wichtige Impulsgeber und führen insbesondere in den Wachstumsphasen seit den 60er Jahren zu einem im Vergleich zu anderen bundesdeutschen Agglomerationen rasanten Wachstum. Hierbei wächst die neue Finanz-Community besonders in den westlichen Innenstadtkern der alten Stadt hinein, bzw. mit dem damals eingeschlagenen Weg der Hochhausbebauung »über die Stadt« hinaus wie es in den 80er Jahren die Filmemacherin Edith Lange treffend auf den Punkt brachte. Es folgen damit nicht nur ein Verdrängungsprozess der bisher dort lebenden und arbeitenden Bevölkerung, sondern auch eine externe, weitgehend durch Investoren dominierte Stadtentwicklung. Die »übriggebliebene« Bevölkerung erlebt diesen Prozess subjektiv häufig als Überfremdung des eigenen Stadtteils. Die westlichen Teile der City werden zur eigentlichen Global-City; die lokalen und regionalen Stadtfunktionen reduzieren sich immer mehr auf den mittleren Teil der Altstadt und leben dort weiter etwa über traditionelle Veranstaltungen wie den Weihnachtsmarkt auf dem Römerberg oder über traditionelle Versorgungseinrichtungen wie die Kleinmarkthalle. Letztere steht sowohl symbolisch aber auch als historisch kontinuierlich gewachsener Mikrokosmos der Frankfurter Stadtgesellschaft mit einladend offenen und gerade nicht abweisenden oder gar ausschließendem Charakter für die Verbindung von lokal-regionalen und globalen Stadtfunktionen. In einer schnell wachsenden und sich entsprechend häufig kaum wiedererkennenden Stadt sind gerade langsame und kontinuierliche Gegenpole von unendlich wichtiger Bedeutung; denn die Modernisierungs- bzw. Veränderungsgeschwindigkeiten in der heterogenen Bevölkerungsstruktur Frankfurts sind zu verschieden, um sämtlich dem von der Finanz-Community forcierten enormen Tempo folgen zu können. Der Betrieb in der Kleinmarkthalle verbindet diese Geschwindigkeiten und nivelliert diese insbesondere im wochenendnahen Besucherstrom, der die einen ausbremst und die anderen vorandrängt.

7. Verschiedenheiten finden zusammen

Es existieren nur wenige Orte in Frankfurt, an denen sich eine auseinanderdriftende und oftmals auch schon segregierte Stadtgesellschaft auf so engem Raum begegnet wie in dieser Halle. Im samstäglichen Einkaufsgeschiebe berührt und riecht man einander und dies im alles überlagernden und neutralisierenden Duftambiente des reichhaltigen und interkulturellen Warenangebotes. Die Halle bringt durch ihre Enge nicht nur verschiedene Menschen auf Tuchfühlung zueinander, die ansonsten vermutlich gar nichts miteinander zu tun hätten. Hier treffen sich Arm und Reich in einer einander tolerierenden Atmosphäre und weniger in einem Abhängigkeits- oder Abgrenzungsverhältnis. Für eine ansonsten eher gespaltene Stadtgesellschaft entpuppt sich ein solcher Ort als einer der letzten wirklich integrativ wirkenden sozialen Räume. In dieser Halle vollzieht sich in der Umkehr von Spezialisierung, Polarisierung und daraus resultierender sozialer wie kultureller Entmischung eine gewisse Balance durch eine historisch über Jahrzehnte gewachsene Vermischung der Differenz.

8. Frankfurt, eine ewig pubertierende Stadt oder: Wer oder was bin ich ?

Wie nahezu jede andere Metropole bleibt auch Frankfurt am Main durch fortlaufenden Stadtumbau gewissermaßen eine »pubertierende« Stadt, die sich ständig auf der Suche nach Identität, nach ihrem Selbst befindet. Das entwicklungspsychologische Dilemma der Pubertät liegt in einem zeitlich befristeten Auseinanderdriften von idealem (man spricht hierbei auch von adoleszentem Größenwahn) und realem Selbst. Erst über die allmähliche Annäherung beider Pole entfaltet sich letztendlich Identität. Zur Identitätsentwicklung benötigt eine Metropole nach Innen wie nach Außen wirkende Symbole. Ihr adoleszenter Größenwahn zeigt sich in den Hochhäusern, den globalen Events und den Planungsfantasien ihrer politischen Eliten; das reale Selbst bildet sich dagegen in Sicherheit und Versorgtsein vermittelnden Instanzen oder Orten aus. Interne Symbole helfen dabei, etwas Verbindendes miteinander zu erleben. Für diesen realen Bezug stehen Orte wie die Kleinmarkthalle in ihrer Funktion als gleichermaßen versorgender wie kommunikativer Ort.

9. »Bauch« oder »Herz« der Stadt?

Die in der Auseinandersetzung artikulierte Metaphorik von »Bauch« und/oder »Herz« der Stadt weist letztendlich auf die emotionale Bindung größerer Bevölkerungsteile zur Markthalle hin. »Aus dem Bauch heraus« reagiert man spontan, emotional und in der Regel auch instinktiv adäquat und zielgenau; das Herz steht gleichermaßen als pulsierende, den Körper mit Energie speisende Maschine als auch für das Gefühl(te) an sich. Die ohnehin schon oftmals mit den Etiketten »kalt« oder »seelenlos« versehene Stadt Frankfurt würde sich durch einen Abriss der Kleinmarkthalle eines ihrer zentralen Organe selbst amputieren.

10. Inszenierte versus gewachsene Urbanität

Frankfurt und seine politischen Eliten sollten eigentlich dankbar sein, dass es diesen gewachsenen urbanen Kulminationspunkt Kleinmarkthalle gibt, der genau für den städtebaulichen Übergang von der historischen zur projektierten oder neu wachsenden modernen Stadt steht. In unserer hochspezialisierten, ausdifferenzierten und sich ständig verändernden Gesellschaft kommt es gerade darauf an, solche »Übergänge« in der Form zu gestalten, dass sie ohne Risiken und Brüche von den Menschen zu bewältigen sind. Hierbei helfen gerade nicht nur die inszenierten Kulissen und Räume sondern gerade auch die behutsam gewachsenen Orte, die sich in langen Aneignungsprozessen als nützlich und nutzbar für eine Stadtgesellschaft erwiesen haben. Ein Planungsdezernent sollte die Fähigkeit besitzen, zu erkennen, welche städtischen Räume und Orte ganz besondere Eigenschaften entfalten können, um eine ansonsten weitgehend atomisierte und polarisierte Stadtgesellschaft reintegrieren zu helfen.

11. Fazit

Insgesamt sollten sozialräumlich differenzierte Integrationsimpulse auch über die Stadtplanung an den vorhandenen Potenzialen und Ressourcen und nicht primär an den bestehenden Defiziten ansetzen. Dies kann auch häufig heißen, nichts Neues zu bauen oder zu planen, sondern gut bzw. vital genutzte Architektur unabhängig von denkmalpflegerischen oder ästhetischen Dimensionen einfach nur bestehen zu lassen.

Im Falle neuer Planungen ist es fachlich mittlerweile unumstritten, betroffene Akteure aktiv in die Gestaltung und Konzeptionierung einzubinden und sie damit letztendlich zu befähigen, ihr Gemeinwesen eigenständig und dabei demokratisch zu regulieren. Um solche Prozesse in Gang zu setzen bedarf es flexibler und innovativer Institutionen, die nach dem Gegenprinzip dessen arbeiten, was Baecker für derzeit in Deutschland institutionstypisch erklärt, nämlich dass Institutionen Ansammlungen von feststehenden Lösungen seien, die nach geeigneten Problemen Ausschau hielten (Baecker 1994).

(Der vorliegende Artikel entspricht einer leicht veränderten Fassung von in »Sozialextra«, 1-2006, und in »neue praxis« ,1-2006, erschienenen Texten.)

Literatur:
Baecker, D., Postheroisches Management. Ein Vademecum. Berlin 1994.
Benevolo, L., Die Geschichte der Stadt, Ffm/New York 1991.
Bourdieu, P., Physischer, sozialer und angeeigneter physischer Raum. In: Wentz, M.: Städt-Raume Frankfurt a.M. 1991.
Böhnisch, L./Münchmeier, R., Wozu Jugendarbeit? Weinheim/München 1987.
Dangschat, J., Segregation. In: Häußermann, H.: Großstadt; Opladen 2000.
Eisner, M., Das Ende der zivilisierten Stadt. Frankfurt am Main/New York 1997.
Flagge, I. (1999): Die Geschichte des Wohnens, Bd. 5, Stuttgart;
Gaitanides, S., Interkulturelles Lernen in einer Multikulturellen Gesellschaft. In: sozialmagazin 2/1994. Weinheim.
Hamburger, F., Erziehung in der Multikulturellen Gesellschaft. In: IZA 4/1991. Frankfurt/M. 1991.
Häußermann, H. , Großstadt. Opladen 2000.
Heitmeyer, W. u.a., Gewalt. Weinheim/München 1995.
Kilb, R., Integrations- und Segregationsmaschine Großstadt. In Sozialextra Heft 1/2006). Wiesbaden 2006.
Kilb, R., Arm dran in einer reichen Gesellschaft. In: Frankfurter Rundschau. Frankfurt am Main 1998.
Kilb, R., Kriminalität und sozialer Raum. In: sozialmagazin. Weinheim 2002.
Kilb, R., Interessen von Jugendgruppen in Wiesbaden-Biebrich. Frankfurt/ Wiesbaden 2004.
Kosto, S., Die Anatomie der Stadt, Ffm/New York 1993.
Lüderssen, K./ Sack, F., Seminar: Abweichendes Verhalten I-IV. Frankfurt am Main 1984/85.
Merten, R., Sozial Theory and Sozial Structure. New York 1968.
Sack, F., Die selektiven Normen der Gesellschaft. In: Lüderssen, K./Sack, F.: Sem. Abw. Verhalten I. Frankfurt am Main 1984.
Sampson, R./Groves, B. , Community Strukture and Crime. In: American Journal of Sociology. 94. Jg., 1989.
Shaw, C./McKay, H., Social Factors in Juvenile Delinquency. Washington 1931.
Spaich, H., Fremde in Deutschland, Weinheim/Basel 1981.
Straßburger, G., Stand der Integration von Zuwanderern in Frankfurter Stadtteilen, Frankfurt a. M. 2001.

Diversity-Kompetenz - Überlegungen zu einer Schlüsselqualifikation für Theorie und Praxis der Sozialen Arbeit

Beate Aschenbrenner-Wellmann

1. Einleitung

Ralph Ellison lässt in seinem Werk »Der unsichtbare Mann« (1998, 1f.) einen Afro-Amerikaner, der in der weißen amerikanischen Mehrheitsgesellschaft lebt, wie folgt zu Wort kommen: »Ich bin ein Unsichtbarer. Nein, keine jener Spukgestalten, die Edgar Allan Poe heimsuchten, auch keins jener Kino-Ektoplasmen, wie sie in Hollywood hergestellt werden. Ich bin ein wirklicher Mensch aus Fleisch und Knochen, aus Nerven und Flüssigkeit – und man könnte vielleicht sogar sagen, dass ich Verstand habe. Aber trotzdem bin ich unsichtbar –1 weil man mich einfach nicht sehen will. Wie die körperlosen Köpfe, die man manchmal auf Jahrmärkten sieht, als wäre ich von erbarmungslosen Zerrspiegeln umgeben. Wer sich mir nähert, sieht nur meine Umgebung, sich selbst oder die Produkte seiner Phantasie – ja, alles sieht er, alles, nur mich nicht. Meine Unsichtbarkeit wird auch nicht durch eine besondere biochemische Beschaffenheit meiner Haut bedingt. Die Unsichtbarkeit, die ich meine, ist die Folge einer eigenartigen Anlage der Augen derer, mit denen ich in Berührung komme, des Baus ihrer *inneren* Augen, jener Augen, mit denen sie durch ihr körperliches Auge die Wirklichkeit sehen. Ich beklage mich nicht, ich protestiere auch nicht. Manchmal hat es sogar sein Gutes, unsichtbar zu sein, aber meist ist es sehr bedrückend. Man stößt dauernd mit denen zusammen, die schlecht sehen können. Manchmal hat man sogar Zweifel an seiner eigenen Existenz.«

Kern der in diesem Beitrag vorgestellten Diversity-Kompetenz ist es, Unsichtbares und Fremdes sichtbar, wahrnehmbar zu machen und dann respektvoll und angemessen miteinander umzugehen. Wie lässt sich ein Zusammenhang zwischen der Kompetenz im Umgang mit Vielfalt und den Aufgaben der Sozialen Arbeit herstellen?

Soziale Arbeit ist seit ihrer Etablierung bzw. ihren Etablierungsbestrebungen als Profession und Disziplin permanenten Wandlungsprozessen unterworfen. Bisher gab es jedoch einen weitgehenden

Konsens, dass eine ihrer Hauptaufgaben die Entwicklung von Handlungsstrategien zur Vermeidung oder Abmilderung von Exklusion bzw. Exklusionsfolgen sei. Dieser Anspruch wird derzeit systemimmanent und auch von außen in Frage gestellt. Gleichzeitig führen die in Zeiten der Globalisierung auftretenden Krisen des Sozialstaats und der Arbeitsgesellschaft zu verstärkten Veränderungsanforderungen an Einzelpersonen, Organisationen und Sozialräume.

Gefordert werden eine höhere Flexibilität und Mobilität, die Aufgabe liebgewonnener Gewohnheiten und die Improvisation von Biographien. Die permanente Suche nach Neuem führt jedoch dazu, dass vergangene Erfahrungen entwertet werden. Menschen wollen und können aber den veränderten Bedingungen und dem geforderten Ideal der Veränderungsfähigkeit nur teilweise entsprechen. Damit die durch gesellschaftliche Wandlungsprozesse aufgestellten Herausforderungen nicht zur Überforderung der Beteiligten werden, ist m.E. ein Mehr an Sozialem notwendig.

Aber alles, was dem gesellschaftlichen Funktionsbereich des »Sozialen« zugerechnet wird, ist derzeit in Frage gestellt: die solidarischen Sicherungssysteme, die soziale Marktwirtschaft, die Idee der sozialen Gerechtigkeit, der Kernbestand sozialer Berufe, soziale Beziehungen zwischen Menschen selbst und ihre Netzwerke (H.-U. Weth/M. Barz 2005, 9). Die Wirksamkeit und Problemlösungskompetenz sowie die fachliche und gesellschaftspolitische Existenzberechtigung der Sozialen Arbeit, ihr Kern, ihre Identität sind also auf dem Prüfstand. Neu an der jetzigen Diskussion ist die sich abzeichnende Dringlichkeit der »Umorientierung« des professionellen Handelns (Schlagworte: Produktivität des Sozialen und Aktivierender Sozialstaat).

Ausgangspunkt der Sozialen Arbeit ist häufig der Unterschied zwischen einer konstatierten oder ausgehandelten Lebensnorm und einer faktisch davon abweichenden Lebensrealität. Was aber tun angesichts der festgestellten Pluralisierung der Lebenswelten, Individualisierung von Lebensentwürfen, Risikogesellschaft, Unübersichtlichkeit?

Die Aufgaben der Sozialen Arbeit liegen meiner Meinung nach im Wesentlichen darin, individuelle Verwerfungen bei sogenannten GlobalisierungsverliererInnen auszugleichen, Verbesserung von Lebenslagen zu bewirken, Verstehensprozesse zu initiieren und voranzutreiben und weltweite Veränderungsprozesse mit lokalen Betroffenheiten in Verbindung zu bringen. Hierzu benötigt Soziale Arbeit Wissen, Haltungen, Einstellungen und Handlungsfähigkeiten, die einen angemessenen Umgang mit Vielfalt, Verschiedenheit und Ungleichheit auf individueller, gruppenbezogener und gesellschaftlicher Ebene, kurz: Kompetenz im Umgang mit Diversity.

2. Definitionsansätze und Diversity in der Sozialen Arbeit – eine analytisch-theoretische Fundierung

Der Begriff *Diversity*, zu Deutsch »Verschiedenheit«, häufig auch mit »Vielfalt« übersetzt, bewegt sich in einem weit gefächerten Definitionsrahmen. Generell bezeichnet Diversity alle Identitäten und Charakteristika, durch die sich ein Mensch von anderen unterscheidet. Um die sich daraus ergebende Komplexität bearbeitbar und Diversity als Ressource zugänglich und gestaltbar zu machen, sind in einer »klassischen« Betrachtungsweise erklärende Dimensionen (z.b. ethnische Zugehörigkeit, Geschlecht und Alter[1]) und Kontexte der Wirksamkeit eingeführt worden, wie zum Beispiel Gender Mainstreaming, interkulturelle Öffnung oder Enthinderung. Dies führt in der Praxis häufig zu einer voreiligen Kategorienbildung, die eine Betrachtung des Verbindenden und Gemeinsamen zwischen Menschen verhindert, aber »diversity refers to any mixture of items characterized by differences and similarities« (Thomas 1995, zitiert nach Vedder 2003).

Danach gefragt, was Diversity sei, wird häufig geantwortet, dass es sich um ein Konzept für den Umgang mit sozialen Differenzen handele, die in der Bevölkerung aufgrund unterschiedlicher sozialer Herkünfte, verschiedener Religionen, der Geschlechterdifferenz oder aufgrund nationaler Unterschiede entstünden. »Im Wesentlichen beschreibt ‚Diversity' das Phänomen Vielfalt, welches durch die zahlreichen Unterschiede, Ungleichheiten und die Andersartigkeit der Menschen entsteht und jedem Menschen zu einmaliger Individualität verhilft« (Finke 2006,7).

Diversity kann aber auch als eine Haltung betrachtet werden, die mit der bewussten Wertschätzung aller unterschiedlichen Attribute von Menschen und deren Einfluss auf die zwischenmenschlichen Beziehungen verbunden wird. Geeignete Schlagwörter, die diese Diversity-Haltung umschreiben, sind Respekt, Wertschätzung, Akzeptanz und Einbeziehung. In diesem Zusammenhang verweist Diversity auf das

---

1   vgl hierzu Gardenswartz/Rowe 1998.

Bewusstsein für die Bedeutung von Unterschiedlichkeit im täglichen Miteinanderagieren von Menschen.

Nachstehend sollen verschiedene Beispiele für eine genauere Begriffsbestimmung aufgezeigt werden, die jedes für sich eine eigene strukturierte Betrachtungsweise des Phänomens ermöglichen. So können beispielsweise nach dem Definitionskriterium der Wahrnehmbarkeit von Eigenschaften nach Voigt (2001) folgende Dimensionen von Diversity unterschieden werden:

Wahrnehmbare Erscheinungsformen	kaum wahrnehmbare Erscheinungsformen	
	Werte	*Wissen, Fertigkeiten, Fähigkeiten*
– Rasse	– Persönlichkeit	– Bildung
– Geschlecht	– Kulturelle Werte	– Sprachen
– Alter	– Religion	– Hierarchien
– Nationalität	– Sexuelle Orientierung	– Fachkompetenz
	– Humor	– Sozio-ökonomischer Status

Die Deutsche Gesellschaft für Diversity-Management (DGDM) differenziert dagegen, wie das nächste Schaubild zeigt, in Primär- und Sekundärdimensionen von Diversity (vgl. Schwarz-Wölzl/Maad 2004):

Primärdimensionen:
- Alter
- Geschlecht
- Rasse
- Ethnische Herkunft
- Körperliche Behinderung
- Sexuelle Orientierung
- Religion

Sekundärdimensionen:
- Einkommen
- Beruflicher Werdegang
- Geographische Lage
- Familienstand
- Elternschaft
- (Aus)Bildung

Thomas (2005) verwendet intrapersonale Eigenschaften als Definitionskriterium und unterscheidet dabei zwischen personenimmanenter Diversity (ethnische Zugehörigkeit, Alter, Bildungsniveau, Geschlecht und sexuelle Orientierung) und verhaltensimmanenter Diversity, das heißt Verhaltensweisen von Menschen, die als Folge bzw. Nichtfolge ihrer personenimmanenten Eigenschaften entstehen[2].

Diese Definitionsbeispiele zeigen, dass die Komplexität von Diversity trotz der notwendigen Offenheit gegenüber Vielfalt und Verschiedenheit kontextuell eingegrenzt werden muss, um diese als Ressource zugänglich und gestaltbar zu machen bzw. zu erhalten. Die jeweils ausgewählten Kontexte, wie zum Beispiel Gender Mainstreaming oder Organisationsberatung, dienen dabei als Hilfsmittel zur notwendigen Komplexitätsreduktion. Diese Vorgehensweise soll im nachfolgenden Schaubild für den Bereich der Sozialen Arbeit angewandt werden.

Ausgehend von einer Betrachterin/einem Betrachter kann Verschiedenheit als Unterschiedlichkeit, Ungleichheit oder Vielfalt wahrgenommen werden. Innerhalb dieser Grundformen erfolgt eine weitergehende Differenzierung mit jeweils konträren Polen und dazwischenliegenden Variationsmöglichkeiten. So können der Unterschiedlichkeit die Begriffe »Ausgrenzung« und »Zugehörigkeit«, der Vielfalt »Ablehnung« und »Anerkennung« sowie der Ungleichheit die Ausprägungsformen »Benachteiligung« und »Bevorzugung« zugeordnet werden. Die verschiedenen, auf gesellschaftlicher und individueller Ebene beobachtbaren, Arten von Diversity führen zu diversen Handlungsanforderungen an »traditionelle« (z.B. Allgemeiner Sozialdienst, Jugendarbeit, Altenhilfe) und »innovative« Querschnitts-Arbeitsfelder im Sozialen Bereich (z.B. Intergenerationelles Zusammenleben).

»Eine gute Praxis braucht eine gute Theorie«, so H.-U. Otto auf dem Bundeskongress Soziale Arbeit 2005. Für die theoretische Fundierung von Diversity in diesem Bereich ziehe ich deshalb die ethisch-normativen Quellen »Soziale Arbeit als Menschrechtsarbeit«, »Globale Soziale Arbeit« und »Soziale Teilhabe« heran. Erstere beschreibt Menschenrechte als common sense der sich bildenden Weltgesellschaft, der als einziger Normenkatalog global anerkannt wird, die zweite positioniert sich quer zu nationalen Grenzen und verknüpft strukturelle Analysen mit der Alltagswelt der Einzelnen auf lokaler Ebene, die dritte verweist auf Solidarität, Inklusion und die Herstellung sozialer Gerechtigkeit, auf ein Recht zur Teilhabe und nicht nur auf eine Verpflichtung zur Teilnahme im Rahmen des »aktivierenden Sozialstaats«. Diese drei theoretischen

---

2   Auf die von Stuber (2004) eingeführte und häufig zitierte Unterscheidung zwischen diversity (d) in der Bedeutung von Vielfalt und Diversity (D) als Konzept der Unternehmensführung wird hier nicht näher eingegangen.

Ansätze lassen sich mit den Ausprägungsformen von Verschiedenheit zu den Kombinationspaaren Ungleichheit – soziale Teilhabe, Vielfalt – Menschenrechtsprofession und Unterschiedlichkeit – globale Sozialer Arbeit verbinden und sollen nachfolgend skizziert werden.

Die Kombination von *Ungleichheit und sozialer Teilhabe* erfordert:
– soziale Gerechtigkeit als übergreifenden Wert und angemessene Diskussions- und Aktionsbasis für die Soziale Arbeit;
– eine kritisch reflektierte Diskussion um den »aktivierenden Sozialstaat« und den Umbau vom Leistungsstaat zum Gewährleistungsstaat;
– Verpflichtung zur Teilnahme kann kein Ersatz für das Recht auf Teilhabe sein;
– die Einsicht, dass soziale Teilhabe Solidarität, soziale Inklusion etc. bedeutet.
Hier geht es einerseits um Teilhabe der Profession an den aktuellen Veränderungen des Sozialstaats, andererseits um die Partizipation der KlientInnen in der Sozialen Arbeit.

Die Verbindung von *Vielfalt und Menschenrechtsprofession* weist auf folgende Überlegungen hin:
– Es existieren zwei Modi des Sozialen in der Gesellschaft: Toleranz und Anerkennung (vgl. Kleve 2003).
– Toleranz setzt eine erkennbare und störende Zumutung voraus; Toleranz kann gewährt oder entzogen werden.
– Anerkennung hat mit Beziehungen zu tun, die auf Gleichwertigkeit und wechselseitiger Akzeptanz beruhen; Anerkennung ist der Modus, das formale System, um Menschenrechte zu verwirklichen.
– Menschenrechte sind der einzige Normenkatalog der weltweit akzeptiert ist und als gemeinsamer Horizont nicht interkulturell, interreligiös etc. differenziert werden muss.
– Soziale Arbeit kann als Menschenrechtsprofession betrachtet werden, wenn sie sich öffentlich für die Rechte von Menschen einsetzt.

Das Kombinationspaar *Unterschiedlichkeit* und *Globale Soziale Arbeit* berührt folgende Aspekte:
– Im Globalisierungsprozess lösen sich nationale Gesellschaften auf;

es entsteht eine Weltgesellschaft mit differenten lokalen Kulturen, die wiederum neue Arten von gesellschaftlichen Praxen produzieren.

– Globale Soziale Arbeit positioniert sich dabei quer zu Nationen (interkulturelle Soziale Arbeit entlang von Nationen).

– Globale Soziale Arbeit umfasst zunächst eine bestimmte kognitive Sichtweise (Erkennen weltweiter Zusammenhänge), die sich in spezifischen Haltungen (Geben und Nehmen im Begegnungsprozess) und in der konkreten Projektarbeit, beispielsweise im Bereich der Entwicklungszusammenarbeit, realisiert.

– Strukturelle Analysen der Weltzusammenhänge werden mit der Alltagswelt der Einzelnen in lokalen Lebensvollzügen verknüpft.

Diversity bedeutet im Sinne der oben genannten theoretisch-analytischen Fundierung eine Verabschiedung von der Eindeutigkeit bzw. die Akzeptanz der unaufhebbaren Zwei- oder Mehrdeutigkeit. Diversity ist verbunden mit der Bereitschaft loszulassen, sich auf Neues einzustellen und damit die Chance und das Risiko des Übergangs und der Transformation. »Überleben ist in der Welt der Kontingenz und Diversität nur möglich, wenn jede Differenz die andere Differenz als notwendige Bedingung für die Bewahrung der eigenen anerkennt« (Bauman 1999,312). Diversity in ihrer Gesamtheit wahrzunehmen, überfordert einzelne Menschen wie auch Systeme; deshalb ist für jede Situation, jede Organisation etc. jeweils zu klären, welche Aspekte von Diversity wann fokussiert werden und wie das Gesamtkonzept zur besseren Handhabbarkeit reduziert werden kann. Gegen diese Reduktion ist nichts einzuwenden, wenn wir uns der situativen Gültigkeit bewusst sind und Veränderungen dann vornehmen, wenn einmal getroffene Schwerpunktsetzungen nicht mehr passen.

3. Diversity-Kompetenz – eine Querschnitts- und Kernkompetenz

SozialarbeiterInnen haben in ihrem Alltag ständig mit AdressatInnen zu tun, die von ihnen unterschiedlich, fremd sind, andere kulturelle, soziale und persönliche Äußerungsformen besitzen, aus einem anderen Milieu, aus einer anderen Schicht, aus einer anderen Lebenswelt kommen. Diese Verschiedenheit und Vielfalt ist kein neues Phänomen, für die Soziale Arbeit wurde beispielsweise in den 60er Jahren im Hinblick auf schichtspezifische Sozialisation diskutiert.

Veränderte gesellschaftliche Rahmenbedingungen, wie zum Beispiel die demographische Zusammensetzung der Erwerbsbevölkerung, Globalisierung von Märkten und Dienstleistungen, veränderte gesetzliche Regelungen, alte und neue Armut, erfordern jedoch eine grundsätzliche Neuausrichtung der Sozialen Arbeit. Homogenitätsvorstellungen, in denen Einzelne, Gruppen, Organisationen und Gesellschaften durch folgende Annahmen gekennzeichnet waren, müssen aufgegeben werden:

- Anders zu sein ist gleichbedeutend mit Defizite zu haben,
- Verschiedenheit stellt eine Bedrohung für Einzelne, Organisationen und Sozialräume dar
- Menschen, die ihr Unbehagen gegenüber Werten der dominanten Gruppe ausdrücken gelten als überempfindlich, nicht integrierbar etc.
- Im Umgang mit Verschiedenheit müssen sich die betroffenen Menschen ändern und nicht die Organisation.

Der geforderte Paradigmenwechsel von der Homogenität zur Verschiedenheit erweist sich in der Praxis als schwierig, da Menschen ihr Umfeld gerne danach beurteilen, was ihnen vertraut ist, die Nähe von möglichst ähnlichen Personen suchen und Veränderungen nur zögerlich angehen. Die Kompetenz im Umgang mit Verschiedenheit in ihren Ausprägungen Ungleichheit, Vielfalt und Unterschiedlichkeit gelangt deshalb als Querschnitts- und Kernkompetenz in den Mittelpunkt zukunftsorientierter Ausbildung und Praxis der Sozialen Arbeit.

Kompetenz bedeutet zunächst das generelle Vermögen von Menschen sich persönliche und strukturelle Ressourcen zu schaffen und sie zu nutzen. Im beruflichen Kontext sind darüber hinaus zumeist Fähigkeiten und Fertigkeiten der Problembearbeitung in einem konkreten Feld gemeint. Nach Habermas (1981, 208-216) beispielsweise ist Kompetenz eine Kategorie des Subjekts, welche Aussagen über Möglichkeiten und Grenzen von Bewältigungspotenzialen auf den Gebieten der kulturellen Reproduktion, der sozialen Integration und der aktiven Neuorganisation macht.

Um die Komplexität des Kompetenzbegriffs zu strukturieren, liegt eine Einteilung in Kompetenz-Kategorien nahe, zum Beispiel in Schnittstellenkompetenz, Querschnittskompetenz, Schlüssel- und

Diversity in der Sozialen Arbeit

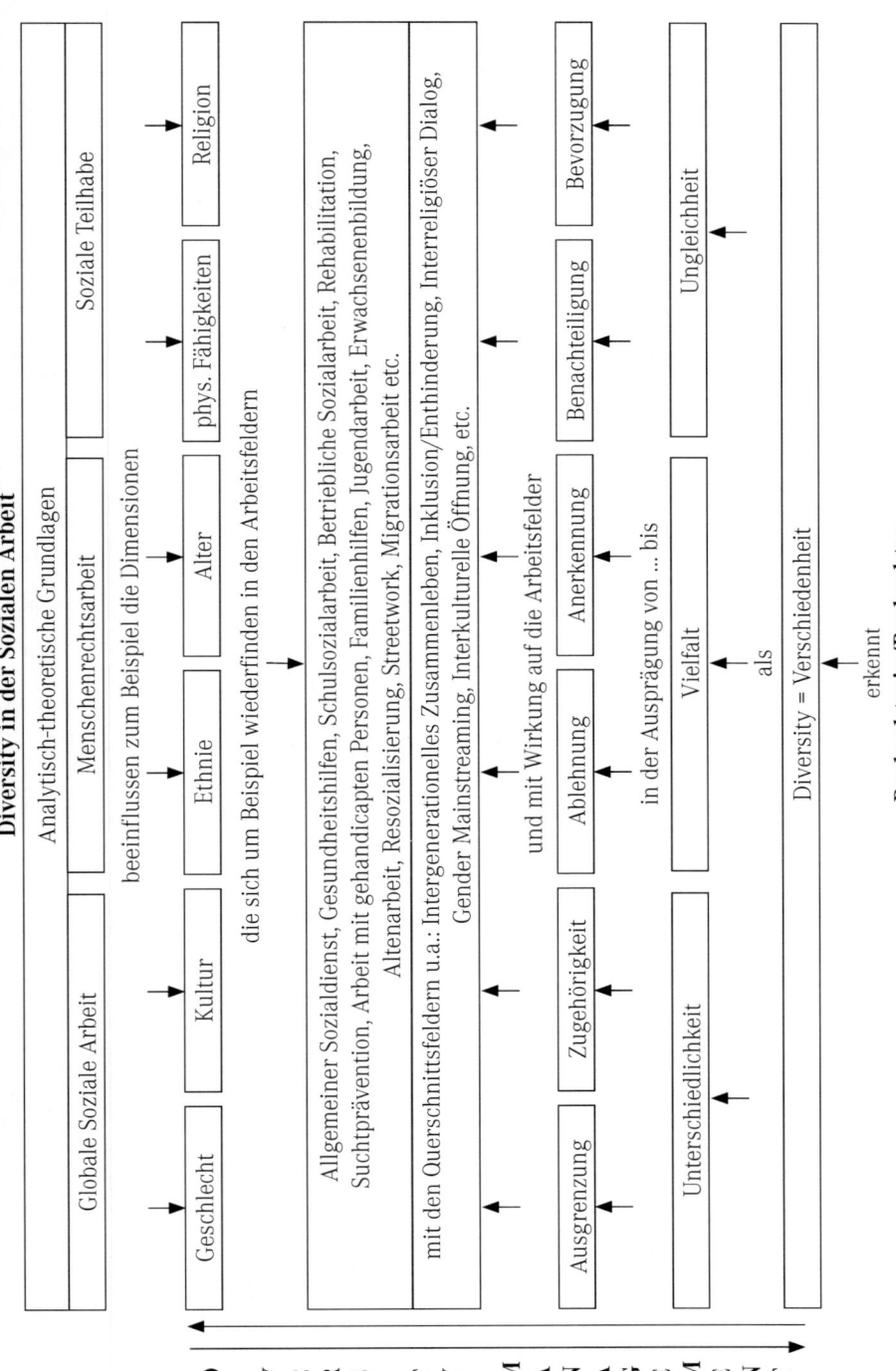

69

Kernkompetenz sowie Feinkompetenzen. Diese Einteilung geht vom Allgemeinen zum Speziellen. So stellen Schnittstellenkompetenzen Fähigkeiten dar, Kompetenzpakete untereinander in Austausch zu bringen. Querschnittskompetenzen durchziehen verschiedene Handlungsfelder, in deren Rahmen Schlüssel- und Kernkompetenzen die Basis für die Bewältigung zentraler Aufgaben darstellen. Feinkompetenzen sind schließlich für spezielle Aufgabenstellungen notwendig (vgl. Callo, 2005).

Soziale Arbeit geht allgemein davon aus, dass den professionellen Kompetenzen die Kompetenzen auf Seiten der KlientInnen gegenüberstehen, das heißt die Kompetenzressourcen beider Seiten können synergetisch zur Steigerung der Effektivität und damit zu einem weiter Kompetenzzuwachs aller Beteiligten genutzt werden.

Diversity-Kompetenz kann, so jedenfalls mein Verständnis hierzu, zunächst einmal in einer eher statischen Betrachtungsweise als eine Kombination aus Wissen, Einstellungen, Motivation, Fähigkeiten und Fertigkeiten angesehen werden, die, eingesetzt in durch Vielfalt gekennzeichneten Situationen, deren Verlauf angemessen und effizient gestaltbar machen. Diversity-Kompetenz setzt sich in diesem Zusammenhang, analytisch betrachtet, aus einer kognitiven, affektiven und verhaltensbezogenen Dimension zusammen. Diese können inhaltlich wie folgt beschrieben werden[3]:

Die kognitive Dimension
- Kenntnis von Theorien sozialer Ungleichheit, Inklusion, Integration
- Grundlagen und Konzepte von Diversity
- Systemtheoretische und organisationspsychologische Grundlagen
- Wissen über die Entstehung von Verschiedenheit und deren Kontstruiertheit,
- Grundlagen der Menschenrechts- und Antidiskriminierungarbeit,
- Kenntnis der Prinzipien von Empowerment, sozialer Teilhabe und Sozialraumorientierung
- Kenntnis der Prinzipien der Sozialarbeitsforschung und der Projektgestaltung

---

3   Vgl. hierzu auch Aschenbrenner-Wellmann (2003) und Höher (2002).

- Kenntnis von Grundprinzipien der interpersonalen Kommunikation
- Grundfragen der Organisationsanalyse
- Kenntnis von Identitäts-Vorurteils- und Minderheitentheorien
- Erkennen der Grenzen, Ursprünge und Entstehungsbedingungen von Wissen
- Dialektisches, integratives und kontextüberschreitendens Denken
- Deautomatisierung von Denkroutinen
- Erkennen der Dysfunktionalität oder Funktionalität von Verschiedenheit in den eigenen Wahrnehmungen und im Arbeitsfeld
- Wissen darüber, dass Diversity mit Komplexität und Spannung einhergeht.

Die affektive Dimension
- Bewusstheit gegenüber eigenen Werten, Einstellungen und Haltungen sowie deren Einfluss auf das eigene Verhalten
- Differenzierte Wahrnehmung der eigene Person, Kultur und Organisation
- Kontaktfreude, Beziehungsorientierung
- Einfühlungsvermögen
- Ambiguitätstoleranz
- Zivilcourage und Verantwortungsbereitschaft
- Fähigkeit zur Selbstdistanzierung und Selbstrelativierung
- Aufgeschlossenheit, Lernbereitschaft
- Humor, Mut, Flexibilität
- Offenheit für neue Lebens- und Arbeitsformen
- Wahrnehmung von Kreativität als Ergebnis der Verschiedenheit
- Anerkennung des Verschiedenen als gleichberechtigt und wertvoll
- Selbstsicherheit, die Verschiedenheit nicht als Bedrohung und Verunsicherung erlebt
- Einlassen auf kontinuierliche Lernprozesse.

Die verhaltensbezogene Dimension
- Fähigkeit zum nichtwertenden Dialog
- Anwendung der Diversity-Analyse und von Diversity-Veränderungsinstrumenten
- Konfliktfähigkeit

- Fähigkeit zu situativem Handeln
- Steuerung von Change-Prozessen
- Führungstechniken, die von Selbstverantwortung und Selbststeuerung ausgehen
- Professioneller Umgang mit Verschiedenheit auf individueller, organisations- und sozialraumbezogener Ebene (skill building)
- Begleitung heterogener Teams
- Anwendung zielgruppenspezifischer Strategien des Diversity-Managements
- Techniken des Projektmanagements
- Argumentativ aus der Sicht der Anderen heraus überzeugen
- Erfolgreiches Agieren im Kontext von Abhängigkeit, Empathie und Fürsorge
- Diversity als Effizienzkriterium in der Organisation implementieren
- Instrumente zum Messen von Diverstiy-Reife entwickeln können
- Diversity als Konzept organisationalen Lernens gestalten
- Anpassungsprozesse zwischen Organisationen und Menschen im managing diversity ausgleichen
- Diversity-Kompetenz als Qualitätsmerkmal verankern

Die statisch ausgerichtete Beschreibung anhand von Kompetenzlisten muss meiner Meinung nach ähnlich der Definition der Interkulturellen Kompetenz (Aschenbrenner-Wellmann 2003) ergänzt werden durch eine Betrachtungsweise, die die Wandelbarkeit des Phänomens einbezieht. Denn Diversity-Kompetenz kann aufgrund ihrer Prozesshaftigkeit als Veränderungskompetenz hin zu einer globalen Kompetenz verstanden werden, die durch Erwerb von Wissen, Reflexion von Einstellungen und Aufbau von Handlungskompetenz einen Abbau von Stereotypen und Vorurteilen bewirkt. Trotz der Zunahme an Diversity-Kompetenz verbleibt bei Einzelpersonen, Organisationen und Sozialräumen ein Bestand an Homogenität, eine Tendenz zur Bewahrung von Vertrautem, um Identität in Zeiten des Wandels und der Globalisierung zu sichern (s. nachstehendes Schaubild). Ziel des Erwerbs und der Vermittlung von Diversity-Kompetenz ist es, in Anlehnung an Theodor Adorno, ohne Angst verschieden sein zu können.

Diversity-Kompetenz im Change-Prozess

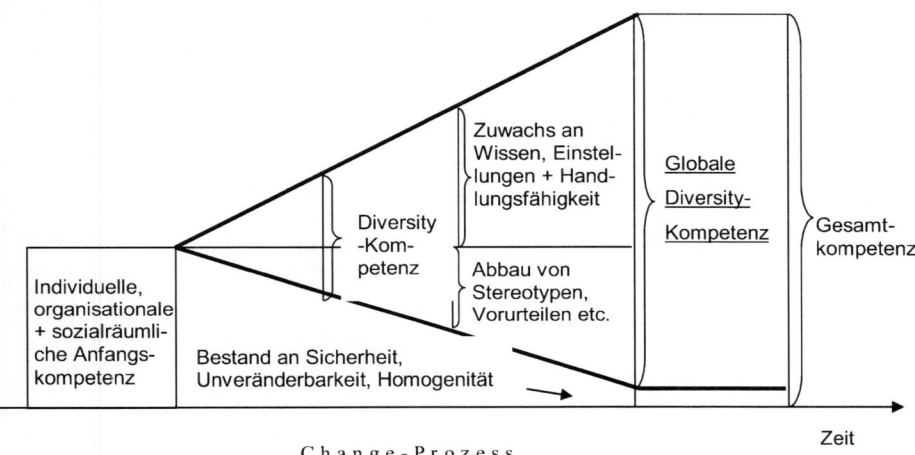

C h a n g e - P r o z e s s

Zeit

4. Diversity-Kompetenz als Ergebnis des Diversity-Lernens

Diversity-Kompetenz entsteht nicht einfach aus sich heraus, sie muss gelernt und gefördert werden. LernerInnen reflektieren dabei in einer gestaltungsoffenen und heterogene Bildungsprozesse ermöglichenden Lernkultur ihre eigenen Wirklichkeitskonstruktionen durch die Begegnung und Auseinandersetzung mit Anderen. Bildung soll – allgemein gesprochen – Orientierung vermitteln und dabei insbesondere die Möglichkeit zur Selbstorientierung und Selbstreflexion erhöhen. Im Diversitylernen wird vorausgesetzt, dass neuen Lehr- und Lerninhalten durch die Veränderung von bereits gelernten Erfahrungsmustern begegnet werden muss. Die Bereitschaft jedoch, bereits Erlerntes zu ändern oder zu erweitern, ist bei jeder bzw. jedem von uns in unterschiedlichem Maße und in jeweils unterschiedlicher Qualität gegeben. Das dabei erforderliche Aushalten der Verunsicherung und der Vorläufigkeit ist aber einerseits grundlegende Fähigkeit, andererseits aber auch Voraussetzung für ein erfolgreiches Diversity-Lernen. Um Lernprozesse dergestalt zu organisieren und das Interesse der LernerInnen an einer Selbstorganisation zu erhöhen, ist eine neue Lernkultur notwendig, die auf Vertrauen, Verantwortung und Reflexivität aufbaut

73

und durch offene Kommunikationsprozesse Raum für Begegnung, Gestaltung, Entwicklung und Veränderung gibt (vgl. Koall/Bruchhagen 2005).

Solche Lernarrangements könnten beispielsweise in einem Weiterbildung-Masterstudiengang »Diversity in der Sozialen Arbeit«, der eine theoretische Fundierung, die Schaffung eines Handlungsinstrumentariums und die Weiterentwicklung persönlicher Haltungen und Einstellungen miteinander verbindet, realisiert werden. Gegenstand dieses Studiengangs wären (s. hierzu nachfolgendes Schaubild) zunächst die eingangs aufgeführten theoretischen Grundlagen zur Globalen Sozialen Arbeit, zur Menschenrechtsarbeit und zur Sozialen Teilhabe. Diese erfahren eine Ergänzung durch Lehrveranstaltungen zu Theorien Sozialer Ungleichheit/ Heterogenität/Differenz, zu Diversity-Grundkonzepten und zu systemischen und organisationspsychologischen Denkansätzen.

In Vertiefungs- und Handlungsmodulen sollte die Auseinandersetzung mit Möglichkeiten des Erlernens der Diversity-Kompetenz auf personaler Ebene, mit den Instrumenten des Diversity-Managements sowie mit Kommunikation, Wahrnehmung und Konfliktlösung folgen. Als Überleitung zu den Praxisforschungs- und Projektschwerpunkten der Studierenden könnte sich eine Einführung in die Identitäts-, Vorurteils- und Minderheitenforschung anschließen. Sozialarbeitsforschung und innovative Projektgestaltung lassen jeweils eine individuelle, berufsbezogene Schwerpunktsetzung, beispielsweise im Bereich der Migrationsarbeit, Personalentwicklung oder Empowerment, zu. Den Studienabschluss würde die Master-Thesis und das Abschlusskolloquium bilden.

Aufbau eines Diversity-Masterstudiengangs:

Grundlagen:
Globale Soziale Arbeit (6 CP)
Menschenrechtsarbeit (6 CP)
Soziale Teilhabe (6 CP)
Theorie Sozialer Ungleichheit; Inklusion-Exklusion; Heterogenität - Differenz (6 CP)
Diversity Grundannahmen und Grundkonzepte (6 CP)
Systemische und organisationspsychologische Grundlagen (6 CP)

Vertiefung/Handlung:
Diversity-Kompetenz lernen (personale Ebene; 6 CP)
Instrumente d. Diversity-Managements (organisationale Ebene; 6 CP)
Kommunikation, Wahrnehmung und Konfliktlösung
(6 CP)
Einführung in die Identitäts-, Vorurteils- und Minderheitenforschung
(6 CP)
Sozialarbeitsforschungsmodul (6 CP)
Projektmodul: Innovative Projektentwicklung (6 CP)

Abschluss:
Thesis und Kolloquium (18 CP)

Diversity-Kompetenz sollte, wie bereits ausgeführt, in diesem Studiengang sowohl Einzelpersonen als auch soziale und wirtschaftliche Organisationen sowie Sozialräume einbeziehen. Dies erfordert eine unterschiedliche Strukturierung des zu erwerbenden Wissens, der benötigten Einstellungen und der zielführenden Handlungen. Daher muss in einer weitergehenden Betrachtung die für die einzelne Zielrichtung benötigte Tiefenstruktur in Modulbausteinen, die auch die Gewichtung nach Wissen, Einstellungen und Handlung aufzeigt, festgelegt werden. Grundlage für den Erwerb der Diversity-Kompetenz bis hin zur Globalen Diversity-Kompetenz ist ein mehrstufiges Lernmodell, das sich in den Schritten Wahrnehmen, Reflektieren, Strukturieren, Lernen, Erleben, Verstehen, Kommunizieren und Umsetzen realisiert (s. Schaubild auf der nächsten Seite).

Methoden des Erwerbs der Diversity-Kompetenz

Umsetzen

Kommunizieren

Verstehen

Erleben

Lernen

Strukturieren

Reflektieren

Kommunizieren

Globale Diversity-Kompetenz

Individuelle organisat.+
sozialräuml. Anfangskompetenz

Change-Prozess　　　　　　　　Zeit

Unabhängig von der Einrichtung eines konkreten Masterstudiengangs erfordern die gesellschaftlichen Veränderungsprozesse und deren Auswirkungen auf die Soziale Arbeit MitarbeiterInnen mit Diversity-Kompetenz, die in einem lebenslangen Lernprozess aufgebaut und weiterentwickelt werden muss. Ein Handlungsinstrument für den Umgang mit Verschiedenheit in der Praxis stellt das im nachfolgenden Kapitel geschilderte Diversity-Management dar.

5. Diversity-Management als Handlungsinstrument für die Praxis der Sozialen Arbeit

Während Diversity auf der Ebene von Personen allgemein mit einer wahrnehmenden, offenen und überwiegend akzeptierenden Haltung gegenüber Verschiedenheit (valueing diversity) beschrieben wird, stellt Diversity-Management auf der Ebene von Organisationen ein Managementinstrument dar, das sich durch den Leitgedanken der Inklusion, das heißt des Einbezogenseins, auszeichnet. Diversity-Management im Kontext von Unternehmungen beschreibt die Gesamtheit der Maßnahmen, die dazu beitragen, dass Verschiedenheit in einer Organisation anerkannt, wertgeschätzt und als positiver Beitrag zum Erfolg genutzt wird (Stuber 2004). Es geht hier somit um die Herstellung von Bedingungen, die es allen Personen, unabhängig von ihren unterschiedlichen Merkmalen, ermöglichen, ihr LeistungsPotenzial positiv zur Geltung zu bringen. Das Bewusstsein für den Wettbewerbsvorteil durch Managing

Diversity ist auf allen Ebenen der Organisation verankert und wird von allem mitgetragen. Sie ist eine instrumentalisierte Managementdisziplin zur kontinuierlichen Anpassung von Organisationsprozessen an die aktuellen demographischen, kulturellen und kommunikativen Rahmenbedingungen.

Diversity-Management besteht vor allem in der pro-aktiven und synergetischen Nutzung von Verschiedenheit. Es befähigt MitarbeiterInnen, LernerInnen etc. zu einem bewussten Umgang mit Verschiedenheit in Gruppen, Organisationen etc., zur Reflexion der eigenen Werte, Kommunikationsstile und handlungsleitenden Annahmen. Das »Fremde« wird als Chance für ein Nachdenken über alltägliche »Normalitäten« und als Impuls für Innovationen genutzt. Zielgruppen sind dabei Organisationen und Menschen, die es verstehen Verschiedenheit als Ressource zu erkennen, zu moderieren, zu akzeptieren und zu vernetzen. Daraus entsteht ein gemeinsamer Entwicklungs- und Veränderungsprozess, der Neues jenseits ethno-, sozio-, oder geschlechtertypisierender Festschreibungen ermöglicht.

In der Praxis wird Diversity-Management häufig auf drei Grundebenen umgesetzt:

- Förderung der individuellen Diversity-Kompetenz,
- Umsetzung eines diversity-orientierten Leitbilds in der Organisationskultur,
- Berücksichtigung gruppenspezifischer Ansätze (Geschlecht, Ethnie, Alter etc.) in einer Politik der Verschiedenheit (vgl. Schwarz-Wölzl 2005).

Am Beginn des organisationalen Diversity-Managements steht die Organisationsanalyse mit der Kernfrage: Wo steht die Organisation in Bezug auf Diversity? Die Ergebnisse der Ist-Analyse sind Voraussetzung für die Begründung eines Handlungsbedarfs und für die Implementierung der Maßnahmen. Auf Basis der Ist-Analyse kann mit der Entwicklung von Diversity-Leitsätzen und einer organisationsspezifischen Definition von Diversity begonnen werden. Beide zusammen bilden den Orientierungsrahmen für den Umgang mit Verschiedenheit in der Organisation.

Diversity-Management zielt auf die Transformation von einer homogenen zu einer heterogenen Unternehmenskultur, in der Menschen in ihrer Vielfalt und Unterschiedlichkeit berücksichtigt und gefördert werden; hierdurch finden sie ihren funktionalen Einsatz und verbessern damit das unternehmerische Gesamtergebnis. Kennzeichen eines heterogenen Unternehmens sind zum Beispiel Wertevielfalt, uneingeschränkte Zugangsmöglichkeit aller MitarbeiterInnen zu allen Funktionen und Positionen innerhalb des Unternehmens, Fehlen von Vorurteilen sowie direkter und indirekter Diskriminierung, außerdem das Vorhandensein eines kooperativen Konfliktniveaus zwischen den unterschiedlichen Gruppen. Diese Beschreibung gilt sowohl für Profit als auch für Non-Profit-Unternehmen, denn vom Grundsatz her bedeutet Diversity-Management in beiden Bereichen Verschiedenheit, Gleichheit und Einheit dynamisch zu balancieren. Erst wenn ausreichende Konformität vorhanden ist, kann mehr Verschiedenheit zugelassen werden. Einheit entsteht, wenn sich Menschen in ihren Unterschiedlichkeiten miteinander verbinden. Wertschätzung und Respekt von Verschiedenheit setzen aber immer ein ausreichendes Maß an Gemeinsamkeiten voraus.

Diversity-Management im Sozialen Bereich zielt im Gegensatz zur Umsetzung in Wirtschaftsunternehmen vor allem auf die Bewältigung sozialer Ungleichheit, das heißt auf die Überwindung von Benachteiligung, auf die Anerkennung von Vielfalt sowie auf die Schaffung von Zugehörigkeit und die Aushebung von Ausgrenzung unter dem Postulat der Unterschiedlichkeit (vgl. Honneth 1998). Die ethisch-moralische Herausforderung besteht in der Etablierung von Fähigkeiten gesellschaftliche Machtprozesse auf individueller, organisatorischer und sozialräumlicher Ebene zu beobachten, zu kommentieren und gezielt Einfluss zu nehmen. Es geht dabei um die Entwicklung von Standards zur Anwendung eines »Rechts auf Verschiedenheit« auf der Ebene der Identität (Verständigungsdimension) und eines »Rechts auf Gleichheit«, wenn es um den Zugang zu materiellen Ressourcen, zu Führungspositionen etc. (Verteilungsdimension) geht.

Als Maßstab bei einer Bewertung der sozialen Wirksamkeit von Diversity-Management-Maßnahmen können beispielsweise die Veränderungen bei der Zuschreibung der Fähigkeiten von Minderheiten herangezogen werden. Durch eine Veränderung der regulierenden Normen kommt es zu einer schrittweisen Integration von »Fremdheit« in eine neue »Normalität« (Hagemann-White 2000). Aber: »Managing Diversity ist kein Konzept, das jetzt und gleich eine gesellschaftliche Veränderung von Dominanzverhältnissen bewirkt. Vielmehr setzt es eher auf die langfristigen und zähen Prozesse der Förderung von organisationaler Toleranz und Offenheit (Koall 2002,3).

Für die Praxis der Sozialen Arbeit ergeben sich vier grundlegende Strategien im Umgang mit Verschiedenheit: die der Beobachtung, der Minimierung, der Akzeptanz und der Maximierung (Kleve 2003). Diese Strategien können in meinem Modell der unterschiedlichen Ausprägungsgrade von Verschiedenheit (Ungleichheit, Vielfalt und Unterschiedlichkeit) zum Einsatz kommen. Beobachtung als Handlungsinstrument ist zunächst für alle drei Variationen der Verschiedenheit denkbar und bildet die Grundlage für weitere Entscheidungsprozesse. Minimierung verweist vor allem auf den Bereich der sozialen Ungleichheit, die es in Richtung auf ein »Recht auf Gleichheit« aufzuheben gilt. Akzeptanz stellt meiner Meinung nach die geeignete Strategie im Umgang mit Vielfalt dar, die es anzuerkennen, statt je nach Belieben zu tolerieren gilt. Maximierung als Strategie kann immer dann eingesetzt werden, wenn die Fokussierung auf bzw. die Erzeugung von Unterschieden Voraussetzung für Veränderungsprozesse ist. Diese, zumindest theoretisch einsetzbare Strategien im Umgang mit Vielfalt, werden allerdings in der Praxis der Sozialen Arbeit häufig nicht verwendet. Stattdessen wird auf inhaltlich wie organisatorisch isolierte Konzepte und Umsetzungsstrategien zurückgegriffen, wie zum Beispiel auf die interkulturelle Öffnung einzelner Fachabteilungen oder die Fortbildung in Genderthemen für ausgewählte Führungskräfte.

Es besteht deshalb die Chance, die im Unternehmensbereich verwendeten Instrumente zur Analyse und Implementierung von Diversity im Hinblick auf die Verwendbarkeit für den Sozialen Bereich zu überprüfen und ggf. einzusetzen. Angereichert durch die eingangs getroffene theoretisch-analytische Fundierung könnten diese zumindest teilweise übertragbar sein, ohne die Identität der Sozialen Arbeit zu sehr in Richtung Ökonomisierung, Output-Orientierung etc. zu verändern.

Nach Gardenswartz/Rowe (1994, zitiert nach Schwarz-Wölzl 2005) sollte der Leitfaden zur Strukturierung und Organisation der Ist-Analyse eines Unternehmens, die immer den Ausgangspunkt für die Einführung von Diversity-Management markiert, u.a. folgende Fragen beinhalten:

- Was wollen wir herausfinden?
- Wer muss einbezogen werden?
- Wo können wir die benötigten Informationen finden?
- Wie werden die Daten generiert, verwendet und für die Kommunikation aufbereitet?
- Wer soll die Analyse koordinieren und durchführen?

- Welche kulturellen Faktoren können die Analyse-Prozesse beeinflussen?
- Welches Budget steht zur Verfügung?

Wichtig im Vorfeld der Umsetzung des Diversity-Managements sind auch Fragen nach der Zielsetzung und dem *Mehrwert* von Diversity für die Organisation:
- Was sind die Zielsetzungen der Organisation?
- Mit welchen Strategien werden die Zielsetzungen verfolgt?
- Worin werden die Schlüsselfaktoren für den weiteren Erfolg der Organisation gesehen (Zufriedenheit, KundInnennähe etc.)?
- Welche Werte bilden die Identität der Organisation?
- Welchen Beitrag kann Diversity für die Organisation leisten?
- Wie kann die Organisation nachhaltig und messbar durch Diversity profitieren?
- Was sind Gründe für Diversity auf persönlicher und organisatorischer Ebene?
- Was sind die Grenzen, Herausforderungen und Chancen für Diversity?

Im Zuge der Förderung einer individuellen wie organisationsbezogenen Diversity-Kompetenz sollten zudem die nachfolgend aufgeführten vier Fragenkomplexe, die sich mit den beteiligten Personen, der Organisationskultur etc. beschäftigen, berücksichtigt werden:

1. Fragestellungen bezogen auf die betroffenen *Personen* (MitarbeiterInnen, StudentInnen, DozentInnen, StadtteilbewohnerInnen)
- Wie sind die sozio-demographischen Merkmale?
- Wie ist die vertikale Verteilung bestimmter Sozialgruppen?
- Wie groß ist die Fluktuation in der Organisation/ im Stadtteil?
- Welche Kosten entstehen durch Personalrekrutierung?
- Wie hoch sind die Kosten durch Diskriminierung und Belästigung?

2. Fragestellungen bezogen auf die *Organisationskultur?*
- Welche Werte werden im Leitbild repräsentiert?
- Gibt es Sozialgruppen, die weniger integriert sind?
- Sind die Geschäftspolitik und die Leistungsangebote attraktiv genug für bestimmte Sozialgruppen?

- Wie häufig kommt es zu Konflikten zwischen verschiedenen Teams, Individuen etc.?
- Verliert die Organisation wichtige LeistungsträgerInnen aufgrund mangelnder Wertschätzung und Berücksichtigung?
- Empfinden alle MitarbeiterInnen, BewohnerInnen etc, dass ihre Talente und Fähigkeiten wertgeschätzt werden?

3. Fragestellungen zu *bevölkerungsdemograhischen Trends*:
- Mit welchen sozio-demographischen Bevölkerungsentwicklungen werden wir in den nächsten 5 bis 10 Jahren zu rechnen haben?
- Welches Bildungsniveau werden beispielsweise Frauen oder Angehörige ethnischer Minderheiten in 5 bis 10 Jahren haben?
- Welche spezifischen Bedürfnisse werden die Angehörigen unterschiedlicher Sozialgruppen haben und wie werden diese Bedürfnisse die Organisation beeinflussen?

4. Fragestellungen bezogen auf die *KundInnen* der Organisation:
- Welche demographische Struktur weisen unsere StammkundInnen auf (Alter, Einkommen, Geschlecht, Bildung, kulturelle Herkunft etc.)?
- In welchen Ländern/Kulturen ist die Organisation engagiert?
- Welche Abteilungen oder Funktionen werden in den nächsten 5 bis 10 Jahren wichtiger/unwichtiger werden?
- Welche Kompetenzen werden in den nächsten 5 bis 10 Jahren gebraucht?

Aus diesen Fragebeispielen wird deutlich, dass Diversity-Management eine komplexe Strategie aus den Bereichen des Human Resource Management und der Organisationsentwicklung darstellt, die einen umfassenden Wandlungsprozess von Einzelnen, Gruppen und Organisationen bewirkt und erfordert. Da diese Wandlungsprozesse zwar in multinationalen Unternehmen, wie zum Beispiel der Ford AG, BMW oder Deutsche Bank, schon lange auf den Weg gebracht wurden, im sozialen Bereich aber nur zögerlich Fuß fassen, soll zum Schluss des Kapitels ein Best-Practice-Beispiel etwas ausführlicher vorgestellt werden. Die Abteilung Kindertagesbetreuung der Stadt Tübingen hat 2007 die »Standards zum Umgang mit Vielfalt und Differenz der Lebenssituationen von Kindern und deren Familien« formuliert und Überprüfungsfragen zu deren Umsetzung entwickelt, die nachstehend dargestellt werden:

Standard

Die Mitarbeiterinnen und Mitarbeiter unserer Kindertageseinrichtungen sind sich der Vielfalt und Differenz von Lebenssituationen bewusst und erweitern kontinuierlich ihren Blick dafür.

Die Ressourcen, die sich aus den Lebenssituationen der Familien ergeben, werden genutzt und kommen der gesamten Kindertageseinrichtung zugute.

Um die Auswirkungen der unterschiedlichen Lebenssituationen aufdecken zu können, reflektieren die Mitarbeiter/innen regelmäßig ihre eigene Haltung gegenüber den Kindern und ihren Familien und überprüfen ihren Wirkungsbereich auf ausgrenzende Faktoren.

Die Kindertageseinrichtung ist ein Spiegelbild der Vielfalt an Menschen, die sie nutzen und in ihr arbeiten. Die Anerkennung der Lebenssituationen der Kinder und ihrer Familien ist in der Gestaltung der Räumlichkeiten und in der Ausgestaltung der Arbeit der Einrichtung sichtbar.
Besondere Bedürfnisse der Kinder und ihrer Familien werden berücksichtigt.

Die Mitarbeiterinnen und Mitarbeiter erarbeiten sich eine wertschätzende Haltung gegenüber allen Kindern und Familien und respektieren die gewählten Lebensformen der Familien.

Alle Kinder und ihre Familien können die zur Verfügung gestellten Formen der Partizipation verstehen und nutzen.

Die Mitarbeiterinnen und Mitarbeiter der Kindertageseinrichtung reagieren auf Diskriminierungen und Vorurteile der Kinder oder Eltern in angemessener Weise.

Die Mitarbeiterinnen und Mitarbeiter der Kindertageseinrichtung können ihre spezifischen Kompetenzen, die sich aus der persönlichen Lebenssituation ergeben, einbringen und erfahren Wertschätzung im Kollegium.

Überprüfungsfragen

Welche Unterschiedlichkeiten erkenne ich? Woran erkenne ich sie?

Welche Ressourcen enthalten die Lebenssituationen? Wie kann ich diese Ressourcen nutzen?

Welche Reaktionen rufen die Unterschiedlichkeiten und ihre Ausdrucksformen bei mir hervor? Was berührt mich, welche Bilder, Erinnerungen und Ideen lösen sie bei mir aus? Lösen sie Vorurteile aus? Welches Machtgefälle entsteht auf Grund der Unterschiedlichkeiten zwischen mir in meiner Berufsrolle bzw. zwischen meiner Institution und meinem Gegenüber?

Wo in den Räumen und in der Ausgestaltung der Arbeit wird die Vielfalt der Lebenssituationen meiner Zielgruppe erkennbar?

Wie kann ich die Unterschiede berücksichtigen?

Welche Unterschiedlichkeiten kann ich wertschätzen, welche nicht? Wie kann es mir gelingen, die Unterschiedlichkeiten wertzuschätzen?

Welche Partizipationsformen kann ich für die Planung und Durchführung meines Vorhabens anbieten? Erreiche ich mit diesen Formen alle?

Welche unterschiedlichen Lebenssituationen und/oder ihre Ausdrucksformen führen zu Ausgrenzung und Benachteiligung?

Welche Unterschiedlichkeiten gibt es im Team und in der Abteilung und wie kann ich diese nutzen?

6. Ausblick: Thesen zur Sozialen Arbeit in von Diversity geprägten Kontexten

Trotz der zunehmenden Globalisierung der Dienstleistungen und Beziehungen fehlen in der Sozialen Arbeit richtungsweisende Konzepte für die Gestaltung des Zusammenlebens und -arbeitens in der Einen Welt. Diversity als Anerkennung der Vielfalt und Diversity-Management sind zwar keine grundlegend neuen Konzepte, könnten aber als Ausdruck einer sozialen Kompetenzentwicklung aller AkteurInnen und Institutionen in einer sich wandelnden Gesellschaft Querschnittscharakter erhalten. In diesem Sinne sollen die folgenden sieben Thesen verstanden werden:

■ Gegenwärtige globale Wandlungsprozesse erfordern ein Mehr an Sozialem und eine Neuausrichtung der Sozialen Arbeit in Theorie und Praxis.

■ Soziale Arbeit muss mit den Herausforderungen, die zum Beispiel weltweite Migration, internationaler Austausch, Inklusion von Menschen mit Handicaps in Arbeitsprozesse professionell umgehen können.

■ Zum Kernbestand Sozialer Arbeit gehört der Umgang mit Verschiedenheit in den Formen Ungleichheit, Vielfalt und Unterschiedlichkeit; Soziale Arbeit ist deshalb in ihrer professionellen Identität immer auch diversityorientierte Arbeit.

■ Diversity-Kompetenz von Einzelnen, Organisationen und Gesellschaften »passiert« nicht automatisch, sondern muss erlernt und gezielt gefördert werden.

■ Pflicht der Hochschulen ist es, ihre Studierenden auf ein kompetentes berufliches Handeln in pluralen und heterogenen Gesellschaften vorzubereiten; Diversity-Kompetenz ist deshalb als Querschnitts- und Kernkompetenz notwendig für eine zukunftsgerichtete Soziale Arbeit und muss in die Curricula eingebaut werden.

■ Die Umsetzung von Diversity-Orientierung für die Lehre, Forschung und den Wissenschafts-Praxistransfer erfordert eine konsequente Öffnung der Hochschulen. Diese leisten damit einen Beitrag für die notwendige Diversity-Orientierung aller sozialen Dienste und die Entwicklung bedarfsgerechter Strukturen für KlientInnen und Zielgruppen.

■ Diversity-Akzeptanz und Diversity-Management sind keine grundlegend neuen Konzepte; neu ist die systematische Integration vorhandener Teilbereiche in ein Gesamtsystem.

Diversity-Kompetenz und Diversity-Management unterliegen dynamischen Entwicklungsprozessen und sollten daher in Theorie und Praxis der Sozialen Arbeit je nach beteiligten Personen, Gruppen, Organisationen, Sozialräumen und deren Stand im Change-Prozess zielgenau ausgerichtet werden, um globale Verständigungsarbeit zu ermöglichen.

Literatur:
Aschenbrenner-Wellmann, B., Interkulturelle Kompetenz in Verwaltung und Wirtschaft. Theorie und Praxis eines Change-Prozesses von der Monokulturellen zur Globalen Kompetenz. Berlin 2003
Bauman, Z., Moderne und Ambivalenz. Hamburg 1999.
Callo, Ch., Handlungstheorie in der Sozialen Arbeit. München/Wien 2005.
Ellison, R., Der unsichtbare Mann. Reinbek b. Hamburg 1998.
Finke, M., Diversity Management. Förderung und Nutzung personeller Vielfalt in Unternehmen. 2. Aufl., München/Mering 2006.
Gardenswartz, L./Rowe, A.: Managing Diversity. A Complete Desk Reference and Planning Guide. New York 1998.
Habermas, J., Theorie des kommunikativen Handelns. Frankfurt a.M. 1981.
Hagemann-White, C., Krieg und Frieden im Geschlechterverhältnis – für eine neue Geschlechterkultur in Europa. In: Lenz, I./Mae, M./Klose, K. (Hg.): Frauenbewegungen weltweit. Opladen 2000.
Höher, F., Diversity-Training. Perspektiven – Anschlüsse – Umsetzungen. In: Koall, I. et. al. (Hg.): Vielfalt statt Lei(d)tkultur. Münster 2002.
Honnet, A., Kampf um Anerkennung. Zur moralischen Grammatik sozialer Konflikte. Frankfurt a.M. 1998.
Kleve, H.: Soziale Arbeit – Arbeit an und mit Differenz. In: Kleve, H./Koch, G./Müller, M. (Hg.): Differenz und Soziale Arbeit. Berlin/ Milow/Straßburg 2003.
Koall, I. et.al. (Hg.), Vielfalt statt Lei(d)tkultur. Münster 2002.
Koall, I./Bruchhagen, V., Zum Umgang mit Unterschieden im Managing Gender & Diversity – eine angewandte Systemperspektive. In: Hartmann, G./Judy, M. (Hg.): Unterschiede machen. Wien 2005.
Schwarz-Hölzl, M., Der Vielfalt eine Chance geben. Wegweiser für Managing Diversity im Betrieb. 2005. Verfügbar unter www.managing-diversity.at
Schwarz-Wölzl, M./Maad, Ch., Diversity und Managing Diversity: Theoretische Grundlagen, Fallbeispiele & Good Practices. 2004. Verfügbar unter www.managing-diversity.at
Stadt Tübingen, Fachabteilung Kindertagesbetreuung: Standards zum Umgang mit Vielfalt und Differenz der Lebenssituationen von Kindern und ihren Familien. Dokument freigegeben am 16.2.2007.
Staub-Bernasconi, S., Soziale Arbeit als Menschenrechtsprofession. In: Wöhrle, A. (Hg.), Profession und Wissenschaft Sozialer Arbeit. Pfaffenweiler 1998.
Stuber, M., Diversity – das Potential von Vielfalt nutzen. Neuwied 2003.
Thomas, R., Management of Diversity. Neue Personalstrategien für Unternehmen. Wiesbaden 2005.
Vedder, G., Personalstrukturen und Diversity Management in deutschen Unternehmen. Vortrag auf der Tagung: Personelle Vielfalt in Organisationen. Uni Trier 3/2003. S. unter www.uni-trier.de/uni/fb4/apo/tagungen/diversity/files/veddertextneu.pdf
Voigt, B., Measures and Benchmarks. Komparatives Diversity Measurement. Vortrag auf der 3. Internationalen Managing Diversity Konferenz. Potsdam 2001. S. unter www.uni-potsdam.de/db/orgapers/website/download/Managing_Diversity_Konfe renz/voigt_slides.pdf
Weth, H.-U./Barz, M., Soziale Arbeit: Potenziale erkennen, erschließen, entwickeln. In: Barz, M./Weth, H.-U. (Hg.), Potenziale Sozialer Arbeit. Stuttgart 2005.

Über die Konstruktion von Wirklichkeit: Systemisch denken im „Managing Diversity"

Michaela Judy & Walter Milowiz

Der systemisch-konstruktivistische Ansatz bringt in den Umgang mit Diversity Aspekte ein, die zunächst in erster Linie verunsichern. Verunsichern vor allem deshalb, weil Selbstverständlichkeiten aufgebrochen werden, die bisher Orientierung gaben.

„In irgend einem Moment habe ich realisiert, dass das zirkuläre Denken nicht meinen Verstand bedroht, sondern mein Verständnis erweitert. Auch die Überlegung, nicht mehr von einer externen Realität auszugehen, sondern von der eigenen Erfahrung, kann etwas zutiefst Befriedigendes und Beruhigendes besitzen" (Maturana 2002,37).

Zu sehen, dass wir selbst ständig an der Konstruktion der Unterschiede beteiligt sind, die wir nachher bewältigen müssen, ist einerseits frustrierend, birgt aber letzten Endes den Zugang zu einer gelasseneren Umgangsweise, die Unterschiede selbstverständlicher und handhabbarer erscheinen lässt. Auch das Erkennen der Allgegenwärtigkeit von Unterschiedlichkeit wirkt zuerst erschreckend, bevor es hilft, die meisten Konflikte als Resultate unterschiedlicher Sichtweisen und damit als prinzipiell verstehbar und handhabbar zu erkennen (siehe dazu auch Milowiz 2005).

Wir wollen hier die wichtigsten Thesen darstellen und erläutern, die dem systemischen Diversity-Ansatz zugrunde liegen:

1. Menschliches Handeln findet in einem sozialen Rahmen statt, in einem jeweils momentanen Prozess von Wechselwirkungen. Der Rahmen strukturiert (nicht determiniert) dieses Handeln insofern, als die Verhaltenserwartungen der handelnden Person dazu führen, dass sie ständig, ohne sich darüber in Klaren zu sein, die Umwelt im Sinne dieser Verhaltenserwartungen behandelt und damit zu beeinflusst. Die Perspektiven der Person erhalten sich unverändert, wenn die Verhaltensweisen, die die Person daraus ableitet, über die Rückkoppelung mit der Umwelt, also über die Reaktionen, die die Person auf ihre Verhaltensweisen erhält, diese Perspektiven bestätigen.

„Wir erzeugen die Welt, in der wir leben, buchstäblich dadurch, dass wir sie leben" (Maturana 1982,269).

Personen können nie eine von ihnen unbeeinflusste Wirklichkeit erkennen: Immer geht dem Erkennen das Handeln, gesteuert von einem schon vorhandenen Weltbild, voraus. Die Idee, ohne ein Weltbild, also ohne „Vor-Urteile" oder zumindest Vor-Annahmen, erkennen zu können, erweist sich als unmöglich:

„Man sieht etwas, man fühlt etwas – und die Korrelation zwischen den Empfindungen und der Gesamtheit der neuronalen Prozesse erzeugt eine Welt, die man einen Tisch, einen Würfel oder meine schöne Freundin mit den roten Haaren nennen kann" (von Foerster & Pörksen 1998,23).

2. Menschliches Handeln entfaltet sich weiters innerhalb von Beziehungen, in denen sozialpsychologische und soziologische Phänomene wie Einfluss, Interessen, Gefolgschaften, Kooperationen und Konkurrenzen in eine gemeinsame Struktur übergeführt werden, in eine Struktur, die nicht von allen gleich gesehen, aber übereinstimmend behandelt werden muss. Nur dann kann ein Zustand stabil sein.

„Als lebende Systeme existieren wir in vollständiger Einsamkeit innerhalb der Grenzen unserer individuellen Autopoiëse. Nur dadurch, dass wir mit anderen durch konsensuelle Bereiche Welten schaffen, schaffen wir uns eine Existenz, die diese unsere fundamentale Einsamkeit übersteigt, ohne sie jedoch aufheben zu können. (...) Wir können uns nicht sehen, wenn wir uns nicht in unseren Interaktionen mit anderen sehen lernen und dadurch, dass wir die anderen als Spiegelungen unserer selbst sehen, auch uns selbst als Spiegelung des anderen sehen" (Maturana 1987,117).

Je offener und weniger festgelegt die Beziehungen sind, desto mehr muss über sie „ver-handelt" werden. Dies geschieht teilweise verbal (Metakommunikation), hauptsächlich aber nonverbal – durch Handeln – und unbewusst. Soziale Beziehungen werden dadurch zwar vielfältiger und gestaltbarer, es vervielfältigen sich aber auch die Konfliktpotenziale: Was als geregelt erscheint, wird normalerweise hingenommen und lässt so Energien frei für andere Themen. Managing Diversity ist insofern Spannungsmanagement, als Unterschiedlichkeit vor allem dort zum Thema wird, wo sie Spannung erzeugt, wo das Hinnehmen bestehender formeller oder informeller Regelungen schwierig oder unmöglich wird.

3. Jede Interaktion beinhaltet notwendig die Zuschreibungen aller Beteiligten.

Denn niemand kann über eine andere Person mehr wissen, als seine Wahrnehmung einer konkreten Interaktion ihm zur Verfügung stellt. Das heisst, Menschen haben tatsächlich keine Ahnung, wie ihr Gegenüber denkt oder fühlt. Sie wissen nur, welche Gedanken und Gefühle Interaktionsangebote in ihnen selber auslösen, und können beobachten, welche Wirkungen ihre Beziehungsangebote haben. Mehr ist nicht möglich. Zugleich müssen Menschen aber, um kommunizieren zu können, von Berechenbarkeit ausgehen. Beziehungsstrukturen werden so in hohem Maße durch Zuschreibungen prozessiert. Jede Zuschreibung hat Wirkungen und strukturiert das weitere Geschehen mit. Soziale Beziehungen werden sehr stark durch (Selbst-)Beschreibungen bestätigt, aufrechterhalten, und schaffen so soziale Wirklichkeit.

„Wenn Menschen zum ersten Mal zusammentreffen und eine Beziehung beginnen, ist potenziell ein breites Spektrum von Verhaltensweisen zwischen ihnen möglich. ... Je nachdem, wie diese Menschen ihre Beziehung zueinander definieren, gestalten sie gemeinsam die Art des Kommunikationsverhaltens, das in dieser Beziehung herrschen soll. Aus allen möglichen Botschaften wählen sie bestimmte Arten aus und werden sich einig, dass diese Verwendung finden sollen. Diese Grenzen, die sie zwischen dem ziehen, was in die Beziehung aufgenommen bzw. nicht aufgenommen werden soll, kann man als gemeinsame Definition der Beziehung bezeichnen. Jede Botschaft, die sie untereinander austauschen, bekräftigt allein durch ihre Existenz entweder diese Grenze oder wirkt auf eine Verschiebung hin, durch die Botschaften anderer Art möglich werden. Die Beziehung wird also durch das Vorhandensein oder Fehlen von Botschaften, welche die Partner untereinander austauschen, wechselweise definiert" (Haley 1987,17 f).

4. Das in einem sozialen Gefüge wirksame Sample von Verhaltenserwartungen und Wirklichkeitsbeschreibungen zeigt sich unter anderem in Gestalt von Normen und Werten.

Normen und Werte erzeugen einerseits Berechenbarkeit und Orientierungsrahmen für individuelles Verhalten: Sie dienen als Entscheidungshilfe für das Verhalten in sozialen Situationen. Andererseits stellen sie Einengungen dar, verursachen Unbehagen, wo diese Entscheidungshilfe nicht mehr als dienlich erlebt wird, weil die Alternativen allesamt nicht akzeptabel erscheinen. Und sie verursachen (politische)

Konflikte, wenn sie – üblicherweise zunächst einseitig – aufgekündigt werden und/oder versucht wird, sie zu verändern.

Normen und Werte treten normalerweise in Sets auf, weil sie mit den Lebensgewohnheiten einer (Sub-)Kultur verknüpft sind. Die Übernahme einzelner Normen oder Werte dieser Kultur setzen im Allgemeinen – sowohl von der Umgebung wie auch von der übernehmenden Person selbst – die Erwartung frei, dass auch der Rest des Sets übernommen wird. Da aber die Veränderung von Werthaltungen sehr unterschiedlich leicht vonstatten geht, ja manchmal auch nur teilweise erwünscht ist, entstehen hier leicht intrapersonelle (Werte-)Konflikte wie auch neue Konflikte im Umgang mit den „Kultur"-Konflikten (s. Judy & Milowiz 2007).

Eine junge Frau, die mit ihrem gewalttätigen Mann aus Serbien nach Deutschland übersiedelt war, ließ sich hier von ihm scheiden. Sie zog ihr Kind alleine auf und lernte, sich als emanzipierte Frau zu verstehen. In Konflikt mit sich selbst kam sie, als sie bemerkte, dass sie einen Mann, der sie zum Essen ausführte, im Restaurant aber nicht einlud, nicht mehr respektieren konnte.

Veränderungen, die auf Zuschreibungen, Normen und Werte abzielen, sind besonders schwierig. Bestätigt die Rückkoppelung mit der Umwelt die bisherigen Verhaltenserwartungen, so bleiben sie bestehen, egal ob die Rückkoppelung durch Zustimmung oder Ablehnung erfolgt.

5. Jeder Kampf um die „richtige Sichtweise" verstärkt die bisherigen Perspektiven.

Solange über die „richtige" Behandlung von „Menschen mit besonderen Bedürfnissen" diskutiert wird, solange wird an sie gedacht als etwas, das anders ist – solange wird die Unterscheidung fortgeschrieben und die Frage der Zugehörigkeit zur einen oder anderen Gruppe bleibt bestimmend.

Für Diversity bedeutet dies, dass jeder Kampf um Zuschreibungen diese bestätigt: Die Aufmerksamkeit liegt weiterhin bei den Zuschreibungen. Dies ist die Crux z.B. bei aller Arbeit mit sogenannten „Minderheiten": Stellen einerseits rechtliche Bestimmungen einen unverzichtbaren Rahmen für Statusveränderungen dar, führt die Festschreibung als „AngehörigeR einer Minderheit" dazu, die je einzelne Person und ihr Verhalten v.a. im Raster dieser Zugehörigkeit zu sehen.

Ein Gesetz etwa, das explizit Frauen vor gewalttätigen Männern schützt, schreibt damit auch gesetzlich der Frau die schwache, dem Mann eine gewalttätige Rolle zu und unterstützt damit diese gesellschaftliche Rollenfestschreibung.

Der systemische Ansatz im Managing Diversity reagiert auf dieses prinzipielle Problem mit dem Fokus darauf, dass Wechselwirkungen veränderbar sind, wenn eine Person oder Personen, die eine relevante Rolle in dem Geschehen spielt/spielen, ihr Verhalten in Bezug auf die relevanten Kriterien ändert/ändern.

In der Straßenbahn pöbelt ein Mann einen Schwarzen an, beschimpft ihn als Drogendealer. Ein anderer Mann mischt sich ein: das sei bestimmt kein Dealer. Gefragt, woher er das wisse, antwortet er: „Ich bin selbst Dealer, wenn er auch einer wäre, wüsste ich das."

Ein anderes Beispiel:

In einer Trainingsgruppe zum Thema Diversity, wo die TeilnehmerInnen hauptsächlich ÖsterreicherInnen sind, wird heiß diskutiert und gestritten, ob „man" sich der Tatsache beugen müsse, dass OrientalInnen eine andere Vorstellung von Verlässlichkeit bei der Einhaltung von Terminen haben. Die Betroffenen „OrientalInnen" andererseits werfen den Übrigen Rassismus vor. Die Trainerin bestätigt, dass unterschiedlicher Umgang mit Zeit häufig zu Unstimmigkeiten führe und fragt, welche Erfahrungen mit unterschiedlichem Umgang mit der Zeit die Teilnehmer denn noch haben. Es stellt sich heraus, dass diese Probleme unter ÖsterreicherInnen ebenso auftreten. Das Thema verlagert sich auf diese Weise zunächst zum prinzipiellen Umgang mit Zeit, dann aber zu den zusätzlichen Arbeitsbelastungen, die einzelne Teilnehmer während des Trainings haben.

Systemisches Managing Diversity bezieht möglichst viele Dimensionen ein, in denen Unterschiede auftreten können. Eine nützliches Hilfsmittel dazu sind die *„Four Layers of Diversity""* von Lee Gardenswartz und Anita Rowe (1998).

„Statt ... über eine Dimension, wie etwa Geschlecht, Ethnie. Bildungshintergrund oder sexuelle Orientierung „homogene" Gruppen zu konstruieren, ermöglicht Managing Diversity die Unterschiedlichkeit aller am Prozess Beteiligten sichtbar zu machen. In hohem Maße geht es also hier um ein „Aushandeln", ... im Sinne von Verhandeln über Deutungen und Bedeutungen, die kulturelle Codes erfahren. Dies ist ein Verfahren, das Komplexität erhöht. während der übliche Prozess der Wahrnehmung Komplexität reduziert. Denn zunächst einmal muss unterschiedlichen Sichtweisen, Vorstellung und Erwartungen Raum gegeben werden. um daraus Ziele und Strukturen für Veränderungen zu entwickeln (Judy 2005).

Jedes noch so kleine Subsystem entwickelt eigene „Kulturen", Verhaltensweisen, deren Bedeutung den anderen nicht ohne weiteres zugänglich ist. Daher gibt es ebenso viele Unterschiede, wie es Menschen gibt. Denn Unterschiede „gibt" es nicht einfach, sie werden an sozial definierten Leitdifferenzen entlang „gebildet". Dies geschieht jedoch nicht voraussetzungslos, sondern die Wahrnehmung ist strukturiert durch bewusste und vorbewusste kulturelle Orientierungsmuster.

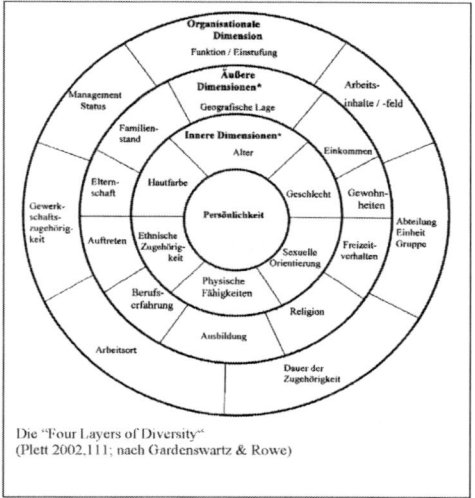

Die "Four Layers of Diversity" (Plett 2002,111; nach Gardenswartz & Rowe)

6. Diskriminierung und soziale Differenzierung erfüllen dabei die sozial wichtige Funktion der Regulierung, bzw. Reduktion von Komplexität.

Die Welt, in der Menschen sich vorfinden, ist in ihrer gesamten Komplexität niemals erfassbar. Um überhaupt handlungsfähig zu sein, müssen Menschen daher Komplexität reduzieren. Jede Reduktion an einer Stelle, die für andere aber „unpassend" ist, erzeugt jedoch Spannungen, die Komplexität wiederum erhöhen. Diese Komplexitätsreduktion bezeichnet Luhmann auch als Selektionszwang unter dem Blickwinkel der Reduktion einer Komplexität durch die andere.

„Unter dem Gesichtspunkt der (aus Komplexität folgenden) Reduktionsnotwendigkeiten hat man einen zweiten Komplexitätsbegriff gebildet. Komplexität in diesem zweiten Sinne ist dann ein Maß für Unbestimmbarkeit und Mangel an Information. Komplexität ist, so gesehen, die Information, die einem System fehlt, um seine Umwelt, bzw. sich selbst vollständig erfassen und beschreiben zu können. Aus der Sicht der Einzelelemente, z.B. für bestimmte Handlungen des Systems, wird Komplexität ... also nur als Selektionshorizont relevant" (Luhmann 1989,50 f).

Je mehr Unterschiedlichkeiten wahrnehmbar werden, desto mehr Komplexität und damit unvereinbare Wahrnehmungen werden sichtbar. Spannungen, Irritation, Verunsicherung und Abwehr sind in dieser Situation nachvollziehbare Reaktionen.

Wegen der "aus Komplexität folgenden Reduktionsnotwendigkeiten" erhalten sich Kulturen aufrecht über die ständige Reproduktion von „Selbstverständlichkeiten", über in einem bestimmten sozialen Rahmen funktionierende Sets von Verhaltenserwartungen und Verhalten.

Das Bestimmen von Verhaltens- und Verhaltenserwartungssettings (Moralen und Werten) kann dabei nicht betrachtet werden, ohne auf Machtverhältnisse zu rekurrieren – größere Macht führt automatisch dazu, dass die eigenen Normen und Werte sich leichter durchsetzen[1].

Jene, für die die dominierenden Verhaltensweisen nicht selbstverständlich sind, haben ständig (unsichtbare) Anpassungsleistungen zu erbringen, die ihre Energie für die Bewältigungen der alltäglichen Anforderungen schmälern.

„Wir haben kein Problem mit Homosexualität", sagte der Abteilungsleiter. „Denn bei uns in der Firma wird sowieso nicht über das Privatleben geredet, das ist kein Thema." Kurz nach dieser Aussage entschuldigte er sich – seine Frau sei nach einer kleinen Operation im Spital, er wolle sie noch besuchen.

Oder:

Eine Frau, die in Persien aufgewachsen ist, aber seit langer Zeit in Deutschland lebt, erscheint hier völlig unauffällig, selbst der Akzent ist kaum mehr zu hören. Nur wenn man sie sehr gut kennt, erfährt man manchmal, wie seltsam und unsinnig ihr noch immer manche Spielregeln und Konfliktlösungsstrategien vorkommen, die sie hier erlebt.

Systemisches Managing Diversity zieht es vor, die Diversität aller am Prozess Beteiligten sichtbar zu machen, statt über eine Dimension „homogene" Gruppen zu konstruieren. Dies ist ein Verfahren, das Komplexität erhöht, während der übliche Prozess der Wahrnehmung Komplexität reduziert. Dann wir erfahrbar, dass Menschen ständig eigene Vorstellungen, Erwartungen und Verhaltensweisen mit denen der anderen in Passung bringen müssen, und dass dies ein ständiges Ausbalancieren von Unterschiedlichkeiten erfordert.

---

1   Auf eine systemische Definition von Macht kann hier nicht vertiefend eingegangen werden, wesentlich ist jedoch, den Faktor der Wirksamkeit von Verhalten auf Andere und das Ausmaß der Bestätigung durch Andere zu berücksichtigen (vgl. Milowiz 2008).

Der Diversitybeauftragte einer kleinen Firma nimmt eine Coaching-stunde, um zu besprechen, wie er mit einem Gender-Konflikt zwischen der inhaltlichen Leiterin und dem wirtschaftlichen Leiter umgehen solle. Die Anamnese der Firmengeschichte ergibt folgendes Bild: vor einiger Zeit wurde der langjährige Leiter vom Aufsichtsrat gekündigt, und die geteilte Leitung installiert. Die Leiterin war schon länger im Betrieb, der Leiter wurde neu angeworben. Einige Mitarbeiter hatten das Unternehmen mit dem alten Chef verlassen. Zwischen den „Alten" und den „Neuen" herrschte eine Kultur tiefen Misstrauens und gegenseitiger Abwertung. Der Diversity-beauftragte ging aus dem Coaching mit der These, dass dieser Konflikt vorrangig zu bearbeiten sei.

Ein Folgegespräch ein Jahr später ergab, dass er erfolgreich an die-sem Thema gearbeitet hatte. Konflikte, die auf Frauen und Männer fokus-sierten, hatten sich aufgelöst, ohne je direkt bearbeitet worden zu sein.

Systemisches Managing Diversity ist oft anstrengend, sogar ent-täuschend, da alle Menschen mehr oder weniger erwarten, dass die eigenen Verhaltenserwartungen, Perspektiven, Zuschreibungen, Nor-men und Werte auch für alle anderen gelten. Der Umweg über die Erhö-hung von Komplexität ist aber nützlich, um den eingefahrenen Geleisen klassischer Zuschreibung nach Geschlecht, Ethnie etc. zu entkommen.

Und zu guter Letzt:

7. Der Satz von der Wirksamkeit „aller am Prozess Beteiligten" meint wirklich alle.

Auch BeobachterInnen wirken immer mit an den „Wirklichkei-ten", die sie beobachten, beschreiben und behandeln. In einem zwei-ten Schritt bildet diese Erkenntnis der Mitverflechtung aller an allen wahrnehmbaren Phänomenen die Grundlage, auf der Konstrukte von „Wir" und die „Anderen" zunehmend unmöglich, aber auch überflüssig werden.

Literatur:
Cecchin, G. (2002): Wie sich Voreingenommenheiten von Therapeuten nutzen lassen. In: Keller, T. & N. Greve : Systemische Praxis in der Psychiatrie. Bonn,209 - 214
Foerster, H. v. & B. Pörksen (1998): Wahrheit ist die Erfindung eines Lügners. Gespräche für Skeptiker. Heidelberg
Gardenswartz, L. & A. Rowe (1998): Managing Diversity: A Complete Desk Reference and Planning Guide, Revised Edition. Columbus
Haley, J. (1987): Gemeinsamer Nenner Interaktion. Strategien der Psychotherapie. München
Hartmann, G. und M. Judy, (Hrsg., 2005.): Unterschiede machen. Managing Gender & Diversity in Organisationen und Gesellschaft. Wien

Judy, M. (2005): Unterschiede machen. Systemisches Managing Gender & Diversity. In: Hartmann, G. und M. Judy (Hrsg.): Unterschiede machen. Managing Gender & Diversity in Organisationen und Gesellschaft. Wien, S. 57-80

Judy, M. & W. Milowiz (2007): Moralen - Wertekonflikte und ihre Folgen. In: Koall, I., V. Bruchhagen, F. Höher (Hrsg.): Diversity Outlooks. Managing Diversity zwischen Ethik, Profit und Antidiskriminierung. Hamburg, S. 280 - 287

Koall, I. (2001): Managing Gender & Diversity - von der Homogenität zur Heterogenität in der Organisation der Unternehmung. Münster

Koall, I., V. Bruchhagen, F. Höher (2002.): Vielfalt statt Lei(d)tkultur - Managing Gender & Diversity in Theorie und Praxis. Münster

Luhmann, N. (1998): Soziale Systeme. Frankfurt

Maturana, H. R. (1982): Erkennen. Die Organisation und Verkörperung von Wirklichkeit. Ausgewählte Arbeiten zur biologischen Epistemologie. Wissenschaftstheorie, Wissenschaft und Philosophie, Bd. 19. Braunschweig und Wiesbaden

Maturana, H. R. (1987): Kognition; in: Schmidt, S. J. (Hrsg.): Der Diskurs des Radikalen. Konstruktivismus,.Frankfurt am Main

Maturana, H. R. & B. Pörksen (2002): Vom Sein zum Tun. Die Ursprünge der Biologie des Erkennens. Heidelberg

Milowiz, W. (2005): Das Fremde ist immer und überall. In: Hartmann, G. und M. Judy (Hrsg.): Unterschiede machen. Managing Gender & Diversity in Organisation und Gesellschaft. Wien. S. 153-166.

Milowiz, W. (2008): Das „RvR" und die Macht. Auf der Internet-Seite http://www.asys.ac.at/Systemtheorie/rvr_und_macht.htm, 21.10.2008

Plett, A. (2002): Managing Diversity - Theorie und Praxis der Arbeit von Lee Gardenswartz und Anita Rowe. In: Koall, I., V. Bruchhagen , F. Höher (Hrsg.): Vielfalt statt Lei(d)tkultur. Managing Gender & Diversity. Münster, S. 99-112

Managing Diversity – Wie lässt sich der Umgang mit Vielfalt in der Organisation verstehen und anleiten?

Iris Koall

1. Was ist (Managing) Diversity?

Die soziale und damit organisationale Realität ist wesentlich diverser, als im Allgemeinen wahrgenommen wird. Unter Diversity wird zunächst eine soziale Vielfalt oder organisationale Buntheit der Belegschaft verstanden, die in ihrer bloßen Wahrnehmung weder etwas Positives noch etwas Negatives bedeutet. Problematisch wird es dann, wenn eine unterschiedliche MitarbeiterInnenschaft zwar vorhanden ist, aber nicht wahrgenommen wird. Diversity wird dann nicht »gemanagt« – und soziale Konflikte entstehen, die Unzufriedenheit und mangelndes Engagement auslösen können – anstatt die Unterschiede in einer produktiven Art und Weise zu nutzen. Im Folgenden kann von einer Definition ausgegangen werden, die Managing Diversity als eine personalwirtschaftliche und organisationale Orientierung des Managementhandelns ansieht, das die Vorteile einer elitären und dominanten Gruppe abbauen will um eine vorhandene personale Vielfalt betriebswirtschaftlich relevant zu entwickeln und zu nutzen. Das Management von Vielfalt oder Managing Diversity bezieht sich sowohl auf individuelle Unterschiede und Ähnlichkeiten als auch auf Gruppenzugehörigkeiten. Es relativiert und verstärkt soziale Differenzen; es fordert eine Gleichbehandlung des Ungleichen ein. Es erwartet Akzeptanz statt »Gleich-Gültigkeit«, mit dem Bemühen zu verstehen, auch was Intoleranz ausmacht.

Die Unterschiedlichkeit oder Diversity innerhalb und zwischen einer sozialen Gruppe kann entweder sehr speziell auf die gesellschaftlich anerkannten Merkmale diskriminierter Gruppen bezogen werden (Stella M. Nkomo 1996) oder in einer sehr weiten Fassung des Begriffs Diversity auf vielfältige individuelle Merkmale.

Die spezifischen oder sozial»anerkannten« Kriterien können national sehr unterschiedlich sein und in kulturellen Kontexten eine unterschiedliche Bedeutung haben. Die wesentlichen Kriterien in

Deutschland sind zurzeit die Unterscheidung nach Geschlecht (Frau - Mann) und nach sexueller Orientierung (homosexuell - bisexuell - transsexuell - heterosexuell). Zurzeit wird deutlich, wie eine religiöse Orientierung (beispielsweise im Rahmen des »Kopftuchstreits«[1]) oder das Kriterium *Alter* (60% der deutschen Betriebe beschäftigen keine Arbeitnehmer über 50 Jahre) relevant wird.

Die weiter gefasste Definition von Diversity bezieht sich auf alle definierbaren individuellen Unterschiede von Menschen in sozialen Kontexten (Gardenswartz/Rowe 1998). Diese Vielfalt kann systematisiert werden, wenn zwischen

- den unveränderlichen Merkmale: biologisches Geschlecht, Alter, Hautfarbe etc.

- den veränderlichen oder erworbenen Merkmale: sozialer Status, Ausbildung, Religion, lokale Zugehörigkeit,

- und den organisationalen Merkmalen: Hierarchie, Region, Erfahrung etc. unterschieden wird. Gardenswartz/Rowe beschreiben die menschliche Vielfalt, die in Organisationen vorhanden ist und die sich tagtäglich begegnet und gemanagt werden muss in dem folgenden, recht anschaulichen Modell, der vier Dimensionen von Diversity.

In der nötigen differenzierten Beobachtung und Verwendung der individuellen Vielfalt ist es sehr wichtig, zwischen der so genannten personenimmanenten und der verhaltensimmanenten Diversity (Thomas 2000) zu unterscheiden. Das heißt von personenrelevanten Merkmalen, wie beispielsweise der sexuellen Orientierung oder dem Alter, darf nicht unzulässig auf das Verhalten des Menschen geschlossen werden. Damit sollen Stigmatisierungen vermieden werden, die eine Person nur auf ein einziges - weil scheinbar markantes und verhaltensrelevantes - Merkmal reduzieren. So ist eine Frau mit Migrationshintergrund weder »nur weiblich« noch »nur Migrantin«, sondern verfügt über eine Vielzahl sozialer, biografischer und organisationaler Fähigkeiten, die für die Organisation relevant genutzt werden können.

---

1   Wir schließen uns der Auffassung iranischer Feministinnen an, die im Kopftuch kein religiöses Symbol sehen - weil es in den religösen Vorschriften des Korans keinen Hinweis auf die Verhüllung von Frauen gibt - sondern ein nachträglich inszeniertes, patriarchales Instrument zur Diskriminierung von Frauen. Das muslimische »Kopftuch« kann also nicht in der Anerkenntnis von Vielfalt toleriert werden, sondern wird von uns mit der Verurteilung von Frauenunterdrückung abgelehnt.

Die vier Dimensionen von Diversity

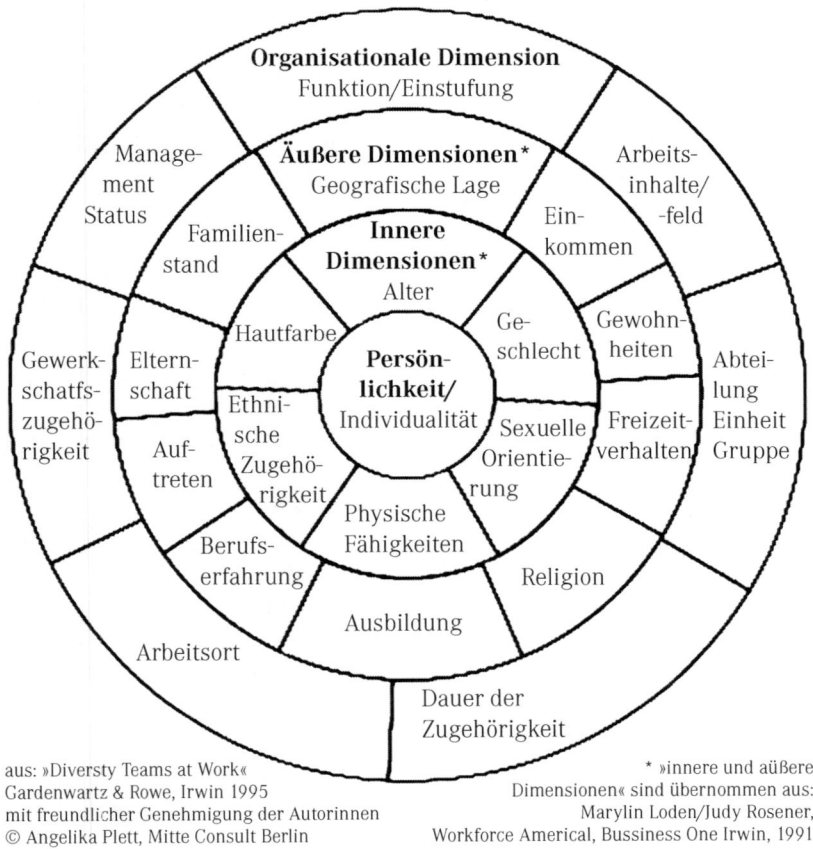

Organisationale Dimension
Funktion/Einstufung

Manage-
ment
Status

Äußere Dimensionen*
Geografische Lage

Arbeits-
inhalte/
-feld

Familien-
stand

Innere
Dimensionen*
Alter

Ein-
kommen

Gewerk-
schafts-
zugehö-
rigkeit

Eltern-
schaft

Hautfarbe

Persön-
lichkeit/
Individualität

Ge-
schlecht

Gewohn-
heiten

Abtei-
lung
Einheit
Gruppe

Auf-
treten

Ethni-
sche
Zugehö-
rigkeit

Sexuelle
Orientie-
rung

Freizeit-
verhalten

Berufs-
erfahrung

Physische
Fähigkeiten

Religion

Arbeitsort

Ausbildung

Dauer der
Zugehörigkeit

aus: »Diversty Teams at Work«
Gardenwartz & Rowe, Irwin 1995
mit freundlicher Genehmigung der Autorinnen
© Angelika Plett, Mitte Consult Berlin

* »innere und äußere
Dimensionen« sind übernommen aus:
Marylin Loden/Judy Rosener,
Workforce Americal, Bussiness One Irwin, 1991

Um diesen Prozess des Fehlschlusses von Person auf Verhalten zu vermeiden, ist es sinnvoll in sozialen Situationen nach den Herkünften und Funktionen möglicher Diskriminierung zu fragen. Soziale Differenzen werden in sozialen Systemen von den beteiligten Personen benutzt und in ihrer Möglichkeit einer Situation als sinnvoll zu gestalten und zu erleben genutzt. Unterschiede, die sozial wichtig werden, fallen also nicht vom Himmel und sind auch nicht nur »natürlich«, sondern was wir wahrnehmen, wird hochgradig von unseren Vorannahmen und der umgebenden (Organisations-)Kultur gestaltet. Im Rahmen unserer Weiterbildung »Managing Gender & Diversity« versuchen wir mir unseren Teilnehmenden zu erarbeiten, wie und warum Differenzen hergestellt werden und ab wann sie diskriminierend wirken. Dazu werden bei-spielsweise soziometrische Übungen durchgeführt, die verdeutlichen, dass Differenzen wann und warum »entlastende« Stereotype, basierend auf zweiwertigen Unterscheidungen benutzt werden? Warum asym-metrische Beziehungen unabhängig von den sozialen Situationen, in denen sie vielleicht eine sinnvolle Bedeutung haben so bruchlos in völ-lig andere Kontexte übertragen werden können?

Oder welche Funktionen haben Konstruktionen von Ähnlichkeiten / Verschiedenheiten in Gruppen- oder Teamprozessen? Diese und ähn-liche Fragen zielen darauf zu verstehen, wie wir unsere eigene Wirk-lichkeit gestalten und durch welche »Irritationen« wir dazu veranlasst werden können, unsere Sichtweise auszuweiten. Eine Ausweitung kann dann geschehen, wenn möglichst unterschiedliche Betrachtungsweisen an bestehendes Denken angeschlossen werden kann.

So ist zum Beispiel die Erfahrung für Personalverantwortliche wichtig:

- innerhalb der Gruppe der Frauen oder der Männer höchst unter-schiedliche Bewertungen (jedoch *nicht Typisierungen nach Karrie-refrauen, Phasenfrau ...*) vorzunehmen und

- die eigene Erfahrungsbasis (in *welchem eigenen Familienstand lebt er / sie selbst*)

- für diese Bewertungen (*ob ein klassisches patriarachales Modell der Arbeitsteilung bevorzugt wird oder ob die Familien- und Erwerbs-arbeit partnerschaftlich geteilt werden kann*) und

- eine Entscheidung (*ob es Mann oder Frau zugemutet werden kann, eine Familienorientierung und/ oder eine Karriereorientierung zu be-sitzen*) zu kennen und zu verstehen.

Diese so genannte konstruktivistische Perspektive des Managing Diversity, die wir bevorzugen, verdeutlich die Wertbehaftetheit von Wahrnehmungs- und Entscheidungsprozessen und befördert eine refle-xiven Umgang mit der eigenen – scheinbar so sicheren und normalen – Wirklichkeit. Erst die Öffnung und Ausweitung der eigenen Perspektive ermöglicht einen Blick auf andere soziale, kulturelle Normalitäten und die vielleicht verblüffende Verständigung darüber, dass sehr vieles, was uns selbst verständlich ist, nur deshalb »so natürlich« erscheint, weil wir uns mit Menschen zu umgeben pflegen, die diese Wirklichkeits-auffassung teilen. Häufig passiert es, dass ein »Angriff« auf die eigene Wirklichkeitsauffassung »persönlich« genommen wird, das heißt, die

Sicherheit der eigenen Normalität ist für die Einzelne /den Einzelnen ein höchst schützenswertes Gut, das nur im Falle einer Krisenhaftigkeit erschüttert wird – doch dann ist die Zeit bzw. sind die Ressourcen für Veränderungen zumeist sehr viel knapper.

Mananging Diversity denken zu lernen kann bedeuten sich auf die Komplexität sozialer Situationen einzulassen und den Versuch zu unternehmen, auf eine mögliche völlig andere Situationsdeutung vorbereitet zu sein. Dies bedeutet auch, einen geistigen Brückenschlag zu leisten, zwischen dem eigenen »Innenleben« und der sozialen Vielfalt der Umwelt.

2. Wie Verschiedenheit betriebswirtschaftlich und gesellschaftlich sinnvoll genutzt werden kann

Managing Diversity ist ein Konzept, das folgenden Entwicklungen von Wirtschaft und Gesellschaft entgegenkommt:

■ Die Internationalisierung der Wirtschaftsbeziehungen erfordert – neben der Vereinheitlichung durch betriebliche Instrumente der Zielsetzung, der Wirtschaftsreporte bzw. des Controllings – das Management der nicht standardisierbaren Abläufe in Organisationen, dazu gehört die interkulturelle Kommunikation in und zwischen den Unternehmenseinheiten zu beobachten und zu lenken (Stuber 1999, Womack 1988, Stoffel 1997).

■ Zur Erschließung neuer Marktpotenziale orientieren sich Unternehmen, unter dem Stichwort »Ethnomarketing« (Dalci 1999), an kulturell differenzierten Kundenwünschen und Interessen. Dabei ist es unter marktstrategischen Gesichtspunkten sinnvoll, Mitarbeiter dieser »Minoritätengruppe« zu integrieren, die ihr besonderes kulturelles Wissen zur Ausarbeitung der Unternehmens-präsentation, der Kommunikationsformen und der Produkte in die Unternehmung integrieren. In Hoffnung auf die hohe »Ethno-Kaufkraft« (z.B. bei Konsumenten türkischer Herkunft sind es 30 Mrd. DM) entwickelt sich eine neue Dienstleistungs- und Beratungsbranche in Deutschland (www.isoplan.de/ aid/2000-1/ ethn-marketing.htm). Deshalb wird es ökonomisch relevant, Mitarbeiter mit den besonderen Kenntnissen über bisher minorisierte gesellschaftliche Gruppen so zu integrieren, dass ihre Kenntnisse optimal genutzt werden können (Thomas/ Ely 1996).

■ Eine demografisch bedingte Heterogenisierung der Mitarbeiterschaft (Hansen/Dolff 2000) bedarf der Erhöhung der sozialen Kompetenz zum Umgang mit unterschiedlichen Kulturen, Lebensstilen und Verhaltensweisen (Gardenswartz/Rowe 1999, Maletzke 1996).

■ Die dominanten Arbeitsformen in Unternehmen beziehen sich immer noch auf das das Bild des männlichen Normalarbeitnehmers, tätig in den sogenannten 1 ½-Personen-Karrieren (Kramer 1988). Die unterschiedlichen Lebensentwürfe zur Vereinbarung von Beruf und Familie (Hansen/Goos 1997), nicht nur von Frauen, werden in homogenisierenden Organisationsstrukturen in zu geringem Umfang genutzt (Koall 2001). In den Medien ist dagegen eine Vielfalt an Arbeitsformen und Lebensbedürfnissen zu beobachten, die auf einem Kontinuum von traditionell bis hochindividualisiert gestaltet werden. Daraus resultieren Visionen über die Integration von Leben und Arbeit, die als Motivations- oder Innovationspotenzial in die Unternehmensperspektive integriert werden können, wenn die Möglichkeiten zum *Management des Sozialen* entwickelt werden.

■ Die technologischen Möglichkeiten begünstigen Prozesse der Individualisierung, Mobilisierung und Fragmentierung von Arbeit und Leben. Es verändern sich jedoch in individualisierten Organisationen die Anforderungen an die personalwirtschaftlichen Prozesse wie der Rekrutierung, Qualifizierung, Beurteilung und Führung von Mitarbeiterinnen und Mitarbeiter. Ein Managing Diversity bezieht Tendenzen der Individualisierung und Fragmentierung in die Organisation ein.

Aus der Sicht von Unternehmen ermöglicht ein Managing Diversity den effizienten Umgang mit folgenden Entwicklungen (Cox / Blake 1995):

■ Unternehmen müssen aufgrund der demografischen Entwicklung zunehmend mit einer diversen Mitarbeiterschaft rechnen. Unternehmen, die darauf nicht vorbereitet sind, werden höhere Kosten aufwenden oder Verluste hinnehmen müssen, zum Beispiel wird für die Personalrekrutierung ein höheren Aufwand erforderlich werden, die Kosten für unbearbeitete Konflikte, die aus einer nicht gemanagten Diversity entstehen oder durch die möglicherweise teure Anti-Diskrimierungs-Klagen auf die Unternehmen zukommen,

- Unternehmen, die einen Bedarf an unverwechselbaren Personalressourcen haben, die sich von den MitarbeiterInnen der Konkurrenz unterscheiden, weil sie in ihrer einzigartigen Zusammenstellung und Zusammenarbeit nicht kopierbar sind, benötigen eine diverse MitarbeiterInnenschaft, die zu einer konfliktniedrigen Zusammenarbeit fähig ist. Ein gutes Diversitymanagement ermöglicht einen guten Umgang mit Minoritäten und macht Unternehmen attraktiv für qualifiziertes Personal.

- Unternehmen, die sich nicht auf die Standard-, Allerwelts- oder Massenproduktmärkte beziehen wollen, benötigen eine kulturelle und sozial angemessene Produktpalette. Um sich die speziellen Märkte erschließen zu können, müssen diese Märkte in den Dimensionen von Lebenslagen, Lebensformen, funktionalen Anforderungen, symbolischen Selbstpräsentationen verstanden werden. Um diese externe Diversity als Produkt herstellen und präsentieren zu können, ist eine interne Diversity mit Kenntnis dieser spezifischen Merkmale erforderlich. Diversity-Marketing erschließt neue Kundengruppen nicht nur durch Ethnomarketing in der internen Spezifizierung der Konsumentengruppen.

- Managing Diversity steigert die Kreativität innerhalb der Teams, weil das Spektrum der Sichtweisen, Wissensspeicher, Netzwerkkontakte zu weniger Fehlentscheidungen führt, ein beengendes »group think« vermieden werden kann und sich daraus mehr Anregungen zum proaktiven Handeln ergeben.

- Eine zunehmend heterogene Umwelt erfordert es, dass Unternehmen eine adäquate Problemlösungskapazität entwickeln, die der Vielgestaltigkeit und Vieldeutigkeit gerecht wird. Probleme können nur gelöst werden, wenn sie wahrnehmbar und kommunizierbar gemacht werden können. Eine ungeordnete und undurchdringliche externe Vielfalt kann zwar erhebliche Probleme verursachen, ist aber nicht zu verstehen. Managing Diversity bietet an, die soziale Umwelt nach diversity-relevanten Kriterien zu verstehen und in die Organisation zu inkludieren.

- Wenn Unternehmen die Bereiche ihrer Standardisierung ausgeschöpft haben sind diverse Teams potenziell effektiver als homogene Teams – unter der Voraussetzung, dass diese Teams in einem Prozess des Managing Diversity den Umgang mit Vielfalt erlernt und trainiert haben.

- Die Abnahme des »organizational slack« verdichtete die Arbeitskontexte und verlagert die Entscheidungskompetenz an den Ort der Produktion von Gütern und Dienstleistungen. Die Bereitschaft der Mitarbeiter Verantwortung zu übernehmen, wird mit einer zunehmenden *Individualisierung* der Instrumente des Human Ressource Managements honoriert. Managing Diversity löst ein individualisiertes Personalmanagement aus der »Vereinzelungsfalle« und bindet Personalprozesse kulturell und organisational in einen unternehmerischen Gestaltungsprozess ein, der wieder eine Idee von Solidarität und Wir-Gefühl entstehen lässt. Wenn der Einzelne / die Einzelne in ihrer sozialen Vielfalt akzeptiert und respektiert wird, entsteht Commitment als akzeptable Übereinkunft – nicht als Verordnung.

- Eine eher theoretische, systemische Perspektive bescheinigt einem Managing Diversity eine erhöhte Systemflexibilisierung und eine höhere Systemdurchlässigkeit zu bewirken. Die bereits beschriebene höhere Binnendifferenzierung der Unternehmung ermöglicht eine komplexere Umweltwahrnehmung und im Falle einer systematischen Verwendung von Diversity-Kenntnissen eine Erhöhung der Reaktionsgeschwindigkeit. Durch die Nutzung diverser Wissens- und Informationspotenziale werden bisher nicht beachtete und ausgeschöpfte Potenziale nutzbar. Das Internet initiiert eher heterarchische und diskriminierungsfreie Kooperation und erfordert das Wissen um vielfältige Deutungs- und Wahnehmungskontexte, die im Managing Diversity eingeübt und trainiert werden.

Die betriebswirtschaftliche Nutzung der Vielfalt in Organisationen kann nicht in einem raschen Prozess geschehen bzw. »top down« verordnet werden. Die Ausgangssituation in der Organisation ist in den meisten Fällen von einer ziemlichen Unkenntnis über die eigenen Verfahren bzw. die möglichen Umgangsweisen mit Vielfalt gekennzeichnet. Zumeist sind auch kaum Erfahrungen über die Diversitypotenziale und -ressourcen, als der personalen bzw. informationellen Vielfalt der Organisation, vorhanden. Bevor Managing Diversity im Rahmen von möglicherweise strategischen Einführungsprozessen initiiert wird, ist es für die ProtagonistInnen wichtig zu wissen, wo eine Organisation aktuell in der Wahrnehmung und Nutzung der eigenen Vielfalt steht. Thoma/ Ely (1996) haben eine Vielzahl US-amerikanischer Unternehmen dahingehend untersucht, wie sie sich selbst in ihrer Wahrnehmung von Diversity einstufen. Sie haben drei unterschiedliche Paradigmen in der Nutzung von Vielfalt entdeckt, die sie mit dem Label Fairness und Antidiskriminierung, Zugangsrecht und Legitimität, Effizienz und Lernfähigkeit kennzeichnen.

3. Wie in Organisationen Vielfalt besser genutzt werden kann

Diskussionen und Erfahrungen mit Veränderungsprozessen in Organisationen weisen darauf hin, dass »Bombenwurfstrategien« zur Veränderung von Organisationen sehr hohe soziale Kosten durch Widerstände gegen Veränderungsprozesse aufweisen können. Eine systemische Perspektive des Managing Diversity ist, das Organisationen den Umgang mit Heterogenität oder Verschiedenheit durchaus lernen können, indem Personen in Organisationen in die Lage versetzt werden, unpassende Eigenschaften und Verhaltensweisen, die mit Abwertung von Anders-Sein und Aufwertung der eignen Normalität zu tun haben, zu verlernen. Statt einer normativen Orientierung wird eine Haltung angestrebt, die sich die Erfüllung organisationaler Aufgaben oder Funktionen durch unterschiedliche Herangehensweisen und Arbeitsstile denken kann (Koall 2001). Im Folgenden sollen unterschiedliche Paradigmen oder Phasen aufgezeigt werden, die ein Managing Diversity orientieren (Koall 2002).

3.1 Diversity-Handeln im Rahmen von Fairness und Antidiskriminierung

In dieser Organisation existieren bereits Normen von Fairness und Gerechtigkeit, wie die Übereinkunft, dass niemand wegen seines Geschlechtes, seiner sexuellen Orientierung, seiner Hautfarbe ... diskriminiert werden darf. Auch gibt es bereits aufgedeckte und verhandelte Fälle von sexueller Belästigung, die zur Zufriedenheit der Geschädigten/des Geschädigten geregelt werden konnten. Die formale Gleichstellung ist aber stets von der Fähigkeit individueller Konfliktbearbeitung abhängig, das heißt, sie muss zum Teil immer wieder neu in der bürokratischen Kleinarbeit von Gremiensitzungen und Verhandlungen zwischen den ProtagonistInnen und EntscheidungsträgerInnen geklärt werden. Es existiert in der Organisation eine so genannte »Dominanzkultur«, die unhinterfragt als die einzig gültige Normalität anerkannt ist und in die sich Minoritäten integrieren müssen / können / dürfen. Eine Dominanzkultur wird selten von ihren Mitgliedern erkennbar, zumeist nur deutlich aus einer fremden Perspektive. Wichtig ist, dass die Verstöße gegen die Dominanzkultur zumeist mit einer Vermutung sanktioniert werden, die oder derjenige sei nicht professionell (genug), um sich in diese Organisation zu integrieren. Zumeist wird das Andersein-Wollen /Müssen mit Widerstand gegen die Norm verwechselt und nicht mit einer anderen sozialen oder kulturellen Prägung. Ein Erlernen der anderen Kultur, wie in interkulturellen Trainings üblich, bleibt im Rahmen dieses Schemas von Normalität. Die ausländische MitarbeiterIn wird immer vor der Folie des Anders-Seins interpretiert und die eigene normative Konstruktion nicht hinterfragt. Eine Dominanzkultur lässt keine subkulturellen Deutungen zu, nimmt sie gar nicht wahr, sondern besteht auf dem Recht der Eindeutigkeit:

- Die Dominanzkultur äußert sich in einem organisationalen *Symbolsystem*: wie einer gemeinsam geteilten Unternehmenssprache, die aus Abkürzungen, Slang, Routineformulierungen, kulturellen Ausprägungen bestehen kann. Sie wird deutlich in der Anordnung von Büros, verwendeten Farben, der Abwesenheit oder Anwesenheit von Kunst, Dekoration, der Umgang mit legerer oder formeller Kleidung, kollektiven Signets, eines Layouts der Corporate Design & Identity, die Wahl der Firmenfahrzeuge – das alles kann Ausdruck eines gemeinsam geteilten kulturellen Symbolsystems sein.

- Es gibt unausgesprochene *Rituale*, wie gemeinsame Pausen, Begrüßungsregeln, der lockeren oder formellen Umgang mit Hierarchien, die offenen oder geschlossene Bürotüren. Rituale zum Feiern von Erfolgen oder den Umgang mit Niederlagen, dem Eintritt oder Austritt von Personen

- Im Rahmen von *Corporate Identity* werden Normen und Standards veröffentlicht, die Richtlinien für sozial adäquates Verhalten vorgeben. Hier existieren veröffentlichte Politiken und subversiver Widerstand in konflikthafter Koexistenz. Eine Organisation kann versuchen zum Beispiel »Diskriminierungsfreiheit« oder »Familienfreundlichkeit« normativ zu verordnen, in ihrem subversiven Bereich sind aber jede Menge Widerstände in Form von Witz und Abwertung vorhanden, häufig auch die Abwehr des »political/social correctness«. Was fehlt ist die Umsetzung bis zur Basis, um in dem instrumentellen Alltag eine Unterstützung für Konfliktfälle anzuleiten und Subversion als Teil des Prozesses zu verstehen.

■ Jede Organisation agiert auf Grundlage von *Basisannahmen*, die ein »optimales« Arbeitsergebnis ermöglichen sollen. In Dominanzkulturen sind diese Basisannahmen nicht reflektiert, das heißt, es ist kaum ein entspannter, situativer Umgang mit ihnen möglich, sondern sie werden sanktioniert. Diese rationalisierenden Erwartungen homogenisieren die Vielfalt, das heißt, sie sind in hohem Masse gegen individuelle Umdeutungen und Eingriffe resistent. Auch dass die Praxis häufig ein »Durchwursteln« bedeutet und Ausnahmen die Regel sind, bedeutet nicht, dass jede/r diese Basisannahmen verletzen darf. Gerade von Menschen mit »anderem« sozialen Hintergrund wird die regelgenaue Anpassung erwartet. Basisannahmen beziehen sich auf:

o *Zeitvorstellungen:* Es gibt in Dominanzkulturen einen vereinheitlichen Begriff dazu, was Pünktlichkeit oder zeitliche Gelassenheit bedeuten und in welchen Kontexten, welche Personen wie mit Zeit umgehen können (z.b. Sekretärinnen müssen pünklich sein, ChefInnen nie).

o *Effizienz- und Qualitätsvorstellungen*: Einsatz oder Fehlen von strategischen Entscheidungen und Soll-Ist-Vergleichen, Anwendung oder Vernachlässigung von standardisierten Arbeitsabläufen und Planungen; Erfassung und Lenkung von Kapital-, Personal-, Güterströmen und vieles mehr. Diese Basisannahmen bilden strukturell sichere Erwartungen und sollen der Organisation ermöglichen, kongruent und anschlussfähig zu bleiben. Neue Organisationsmitglieder müssen sich diesen ökonomisch rationalisierbaren Kriterien fügen oder verlassen die Organisation.

o Der *Führungsstil* ist in Dominanzkulturen eher autoriätär als partizipativ Es gibt nicht-begründete Annahmen über die natürliche Überlegenheit hierarchisch übergeordneter Personen, und Erfolge werden automatisch der führenden Person zugerechnet. Die Mitarbeiter haben der Führung zuzuarbeiten und nicht vice versa (s.u.). Die Komplexität muss zynisch reguliert werden: Macht ist informativ – Vertrauen ist naiv – Kommunikation ist manipulativ.

o *Sozialverhalten* und- kompetenz ist nicht von Wertschätzung der verschiedenen Einzelnen geprägt, sondern von der Anpassung an die Vorgaben einiger weniger ausgezeichneter Mitglieder der Organisation. Der respektvolle Umgang von Vorgesetzen, Mitarbeitern, Mitarbeiter untereinander mit Kunden und Lieferanten ist nicht Gegenstand von unternehmenskulturellen Überlegungen und Handlungen. Kompetent ist die Fähigkeit, sich in dem hierarchisch, dominanten Setting akzeptabel zu benehmen. Andere Wertvorstellungen gelten als unpassend, unprofessionell, naiv.

■ Die *Standardisierung von Erwartungen* und die Unterordnung der Person unter eindeutige unternehmenskulturelle Prinzipien ist eine Voraussetzung zur Aufrechterhaltung von Dominanzkulturen. Die Person wird nicht von den individuellen Ressourcen angereichert, sondern zu wesentlichen Teilen von den organisationalen Erwartungen bestimmt.

■ Die *Kernbelegschaft* ist hellhäutig, männlich, karriereorientiert. Die Randbelegschaft setzt sich häufig aus Mitgliedern anderer Ethnien, sozialer Herkunft, niedrigem oder nicht anerkanntem Bildungsabschluss zusammen. Diese horizontale und vertikale Segmentierung steht widerspruchsfrei zu den veröffentlichten Diskursen von Fairness und Antidiskriminierung. Gelegentlich werden Mitglieder sozialer Minoritäten in höheren Etagen zugelassen, zumeist bleiben sie aber in dem Ausnahme-Status, die mit verschiedenen Abwehrreaktionen verbunden sind, dem damit verbundenen Stress ausgesetzt (Moss Kanter 1977). Die Anerkennung der sozialen Hierarchien findet sich auch in konventionellen, geschlechtstypisierenden Rollenerwartungen wieder. Erwartet werden die Bestätigung konventioneller 1.5-Personen-Karrieren, das heißt der erwerbstätige Mann und die familienorientierte Frau. Ein Rollenerwarten, was sich mit realen gesellschaftlichen Bedingungen und den daraus resultierenden demografischen Problemen kaum noch vereinbaren lässt. Unternehmen mit einer dominanten, patriarchalen Kultur tragen zur Verschärfung dieser familiären und demografischen Konflikte bei.

Auf einer unternehmenspolitischen Ebene gibt es den Widerspruch zwischen typisierenden Gruppennormen trotz Gleichheitsanspruch Die unternehmenspolitischen Aussagen zur Fariness und der diskriminierungsfreien Arbeitssituation stehen allerdings in einem »luftleeren« Raum, sie sind nicht an Instrumente, Politiken, Arbeitsteilungen und -weisen angebunden. Die These »Frauen können genauso erfolgreich arbeiten wie Männer, wenn sie sich nur den Sachzwängen anpassen wollen«, ist untergründig als Legitimierung für den Ausschluss von Minoritäten vorhanden und wird nicht als Anlass zur Analyse seiner Bedingungen genommen.

3.2   Die Diversity-Phase des Zugangsrechts und der Legitimität

In der Organisation werden besondere Arbeitsbereiche für Minoritäten eingeführt. Dies geschieht teilweise durch Quotierungen oder Unternehmenspolitiken zur Vermeidung von Sanktionszahlungen (z.B Bankmitarbeiter mit türkischen Sprachkenntnissen, Call Center für MitarbeiterInnen mit besonderen körperlichen Befähigungen). Es werden Versuche unternommen, die funktionalen Besonderheiten der minorisierten Eigenschaften besonders zu betonen und für die Interessen der Organisation zu nutzen. Die bereits betonte Gleichsetzung von personenimmanenter und verhaltensimmanenter Diversity ist Bestandteil dieser Phase des Managing Diversity. Dies bedeutet, das eine, für die Diversity-Politik wichtige Merkmal, wird in der Belegschaft gefunden und diese Personen/-gruppen im Rahmen der Nutzung dieses einen »erkannten« Merkmals »gefördert«. Die Bildung von typisierten MitarbeiterInnen- bzw. KonsumentInnengruppen auf Basis des einen Diversitymerkmals (Migrationshintergrund, schwul/lesbisch, Senior) fördert die Stigmatisierung dieser Personengruppen. Die proportionale Repräsentation von »Minoritäten« in Sackgassenkarrieren führt zu einer Integration in Nischen, Reproduktion von Stereotypen. Andererseits kann dieses Herausheben und funktionale (Be-)Nutzen dieser Personen ermöglichen, dass in der Organisation andern mit bisher stigmatisierten Merkmalen umgegangen werden kann. Die oben genannten dominanzkulturellen Merkmale werden leicht verändert – in Bezug auf die Notwendigkeit der Integration von MitarbeiterInnen mit besonderen Merkmalen. Beispielsweise werden durchaus Fragen von Kleidung und Selbstpräsentation – in Organisationen, die ihren schwullesbischen MitarbeiterInnen ein Outing ermöglichen –, diverser gehandhabt. Die Anforderungen einer fairen Corporate Idendity werden in einigen wenigen Arbeitsbereichen – typisierend – eingelöst. Eine

107

These dieser Diversity-Phase könnte sein:»Frauen sind aufgrund ihrer geschlechtstypischen Sozialkompetenz besonders gut für den Personalbereich geeignet.«

3.3 Die Diversity-Phase zum Erlernen des effizienten Umgangs mit Verschiedenheit

In einem Unternehmen, das paradigmatisch und praktisch das Diversity-Management anwendet, gibt es viele Kulturen, die Verschiedenheit der MitarbeiterInnen wird sinnvoll genutz und lebbar gemacht, und diskriminierenden Haltungen und Handlungen werden unnötig. Es gibt eine hohe Identifikation der MitarbeiterInnen mit der Tätigkeit, die auf der möglichst freien Gestaltung von Arbeitstätigkeit, Arbeitsinhalt, Arbeitsmethode und -tempo beruht. Die Zusammenarbeit wird in wechselnden, den Aufgaben angepassten Teams organisiert, die Priorität auf die Funktion der einzelnen zu erledigenden Aufgaben verhindert, dass sich soziale Prozesse (Seilschaften, Mobbing, Gerüchte) in den Vordergrund drängen. Störungen des Arbeitsprozesses, ob es inhaltlicher, ressourcenrelevanter, sozialer oder individueller Art ist, werden sofort angesprochen und unter Zuhilfenahme der Kompetenz des Teams bearbeitet. Die MitarbeiterInnen arbeiten projektbezogen und sind über die Entwicklung des Unternehmens und die personalen, organisationalen, marktlichen Anforderungen so informiert, dass sie ihre individuellen Kapazitäten (Fähigkeiten, Kompetenzen, Wissen, Netzwerke) optimal einbringen können. Es gibt eine Mindestgarantie der Beschäftigungsdauer, jedoch die Arbeitsaufgaben und -weisen, -zeiten, -inhalte wechseln je nach den unternehmerischen Bedarfen. Die Flexibilität der Mitarbeiterinnen spiegelt die Flexibilität der Organisation wider. Hoch individualisierte personalwirtschaftliche Instrumente ermöglichen es den MitarbeiterInnen, ihre»Work-Life-Balance« zu leben – beispielsweise werden partnerschaftliche Paare, die beide in der Organisation tätig sind, in ihrer beruflichen und privaten Plänen unterstützt. Es gibt einen diskriminierungsfreien und professionell-freundlichen Umgang der MitarbeiterInnen untereinander und zum Management. Die MitarbeiterInnen fühlen sich in ihrer besonderen Persönlichkeitsstruktur geachtet und wahrgenommen. Die Eigenart der MitarbeiterInnen kann für das Unternehmen gewinnbringend eingesetzt werden, weil sich niemand scheut, die ihr/ ihm eigene Perspektive in den Arbeitsprozess einzubringen, ggf. die Perspektive aber auch wieder unterzuordnen. Entschieden wird nicht auf der Basis von dominanten Annahmen, sondern auf der Basis von grenzerweiternden Perspektiven. Führung hat die Funktion, dem Mitarbeiter die erforderlichen Ressourcen zur Verfügung zu stellen und die Arbeitsbedingungen (Aufgaben, Teamzusammensetzungen, Grenzen, Wissen) so zu managen, dass alle optimal zusammenarbeiten können. Dementsprechend sind Erfolge Teamerfolge. Persönliche – oder sich anbahnende – Misserfolge in der Ausübung der Tätigkeiten werden frühestmöglich im Team diskutiert, um aus der umfangreichen Ressource des Wissens aller Teammitglieder eine Lösung zu finden. Die Diversity-Spannungen werden identifiziert, analysiert und in einem neuen Kontext redefiniert. Das bedeutet, dass in einem ersten Schritt hinderliche Konzepte identifiziert werden und die Mitarbeiterinnen in Aufmerksamkeits- und Bewusstseinstrainings die Chance erhalten, diese zu verlernen. Diese diversity-hinderlichen Konzepte können besondere Vorlieben, Bequemlichkeiten, traditionelle Standards sein. Mitarbeiterinnen, die nicht in ein Diversity-Team passen, werden in eher standardisierte, bürokratische Arbeitszusammenhänge versetzt, die unter monokulturellen Bedingungen höchst effizient sind.

In der vielfältigen Zusammenarbeit ist eine Kenntnis über die unterschiedliche Konstruiertheit von Wirklichkeit, Wahrheit, Strategie, Lösungen und ihren Umsetzungen entstanden, so dass die Mitarbeiter-Innen und die Leitung in einem tiefen Wissen zwischen personen-immanenter Diversity (Alter, Geschlecht, Hautfarbe ...) und verhaltens-immanenter Diversity (Lebensstil, Temperament) unterscheiden können. Es wird also nicht mehr darauf geschlossen, was an stigmatisierten »Kenntnissen« vorhanden ist und was von einer Person erwartet werden kann. In dieser Phase unterscheidet sich Managing Diversity erheblich von interkulturellen Trainings, die in erster Linie die Erwartungen typisierten. Die individualisierten und projektorientierten Arbeitsvollzüge haben die »normalen« Arbeitsformen, -weisen, -teilungen, -zusammensetzungen durch situationsgerechte, effiziente Arbeitsbeziehungen und -strukturen ersetzt. Es wird akzeptiert, dass Unkonventionalität im Rahmen des betrieblich funktionalen zu neuen Sicht-, Denk- und Handlungsweisen führt. Die These:»Gemischte Teams sind besonders effizient in überraschenden Marktsettings und bei nicht klar strukturierten Aufgaben« weist darauf hin, dass Managing Diversity bedeutet, den Nutzen und den Nachteil von heterogenen personalem Potenzial und Organisationstrukturen einzuschätzen und adäquat zu verwenden.

4. Warum »braucht« Diversity Phasen?

Eine Untersuchung der Deutschen Gesellschaft für Personalforschung im Jahre 2000[2] weist darauf hin, dass die meisten der untersuchten Unternehmen sich in der ersten Phase des Managing Diversity, dem der Antidiskriminierungspolitik befinden. Es geht den in dieser Untersuchung angesprochenen Unternehmen vorrangig darum, ein öffentliches Bild zu vermeiden, das auf mögliche Diskriminierungen hinweist. Es werden aber zur Zeit. weder die Marktpotenziale erkannt noch wird die eigene Buntheit der Belegschaft als eine Ressource für die Organisation entwickelt.

Wir haben die Vorstellung, dass eine Organisation also eine Kenntnis über Diskriminierungsprozesse haben muss, um diese zunächst effizient beseitigen zu können; um in einem zweiten Schritt die Qualitäten der bisherigen Minoritäten nutzen zu können und in einem dritten Schritt die Vielfalt effektiv werden zu lassen (Höher 2001). Dabei geht es nicht lediglich um das moderne Bild einer dynamischen Organisation, die sich von den eher monokulturellen, über mulitkulturellen bis transkulturellen Unternehmenslei(d)tbildern bewegt, sondern um die organisationale Entwicklungsfähigkeit zur Nutzung der aktuellen, der real vorhandenen Ressourcen. Die Orientierung an den genannten Phasen des Managing Diversity geht davon aus, dass organisationaler Wandel evolutionär erfolgen muss und *immer* an bestehende Strukturen (z.B. Aufbau- und Ablauforganisation, Führungsgrundsätze, Beurteilungsverfahren) anschließen muss. Da Menschen in Organisationen den Wandel zu mehr Heterogenität (er)tragen, müssen sie von den Vorteilen überzeugt werden und in der Verunsicherung an der Komplexitätserhöhung reifen können. Das bedeutet auch, dass sozialen »Minoritäten« genügend Zeit und Raum gegeben werden muss, um die Kompetenz und den Selbstwert zu entwickeln um eigenwillige Positionen, Produkte, Strategien hervorzubringen und in die Unternehmenskultur integrieren zu können.

In diesem Sinne müssen wir erkennen, dass Managing Diversity durchaus eine Kulturtechnologie ist bzw. voraussetzt, dass Menschen sich über die Art und Weise, wie sie Werte und Normalität erfahren, klar werden wollen – und diese Erkenntnis auch in Handeln umsetzen können und wollen, obwohl es anstrengend, weil voraussetzungsreicher ist.

---

2   Deutsche Gesellschaft für Personalforschung 2000, www.dgfp.de/diversity

Literatur:
Cox, T.H./ Blake, St., Managing Cultural Diversity: Implications for Organizational Competitiveness, in: Harvey, C.P./ Allard, M.J.: Understanding Diversity, Haper Collins, New York 1995.
Ely, Robin J., The Power of Demography: Women's Social Construction of Gender Identity at Work, in: Academy of Management Journal, Vol. 38, No. 3, 1995, S. 589-634.
Gardenswartz, L./ Rowe, A., Managing Diversity – a Complete Desk Reference and Planning Guide, Rev. Ed., New York 1998.
Hansen K./ Dolff, M., Von der Frauenförderung zum Managing Diversity, in: Cottmann, A./ Kortendiek, B./ Schildmann, U.(Hg.) Das undisziplinierte Geschlecht, Opladen 2000.
Hansen, K./ Goos, G., Frauenorientiertes Personalmarketing, Sternenfels 1997.
Höher, F., Diversity Training – Perspektiven, Anschlüsse, Umsetzungen. In: Koall, Iris/Bruchhagen, Verena/Höher, F. (Hg.): Vielfalt statt Lei(d)tkultur – Managing Gender & Diversity. Münster, Hamburg 2001, S.53-98.
Koall, I., Managing Gender & Diversity – von der Homogenität zur Heterogenität in der Organisation der Unternehmung, Hamburg 2001.
Kramer, H., Der Androzentrismus in der Qualifikationsdebatte, in: Zeitschrift für Frauenforschung, Heft 4/1988, S. 48-61.
May, Th., Organisationskultur – zur Rekonstruktion und Evaluation heterogener Ansätze in der Organisationstheorie, Opladen 1997.
Maletzke, G., Interkulturelle Kommunikation – Zur Interaktion zwischen Menschen verschiedener Kulturen, Opladen 1996.
Moss Kanter, R., Men and Women at Work, New York 1977.
Nkomo, Stella M./ Cox, T. Jr., Diverse Identities in Organisations, in: Handbook of Organization Studies, hg. von Clegg, St./ Hardy, C./ Nord W.R, London, Thousand Oaks, New Delhi 1996, S. 338-365.
Stoffel, K., Controllership im internationalen Vergleich, in: Krystek/Zur, 1996, S. 333-352.
Stuber, M., Noch zu viele Monokulturen, in: Personalführung, hg. Deutsche Gesellschaft für Personalführung, 31. Jhg., 1999, S. 46-47.
Thomas, D./ Ely, Robin J., Making Differences Matter: A New Paradigm for Managing Diversity, in: Harvard Business Review, Sept/Okt. 1996, S. 79-90.
Womack, J.P., Multinational Joint Ventures in Motor Vehicles, in: International Collaborative Ventures in U.S. Manufacturing, Hg. V. David. C. Mowery, Cambridge/Massachusetts 1988.

111

»We are here, we are queer, get used to it.« Diversity-Management als professionelles Handeln in der sozialen Arbeit am Beispiel sexueller Orientierung

Eli Wolf

1. Persönliche Vorbemerkungen

Vielen Dank für die Einladung zu Ihrer Ringvorlesung, Ihr Programm hat mich neugierig gemacht. Ich bin ordinierte Pfarrerin und leite zurzeit das Frauenbegegnungszentrum der Evangelischen Kirche in Frankfurt. Diversity und Diversity-Management spielen in meinem Leben eine wichtige Rolle.

Zum einen habe ich zwei Jahre in New York City studiert und gearbeitet und so us-amerikanische Zugänge zu der interkulturellen Vielfalt einer Stadt und innerhalb einer theologischen Hochschule erlebt. Heute lebe ich in Frankfurt am Main. Es mag eine der interkulturellsten deutschen Städte sein und gewinnt daraus in den letzten Jahren zunehmend eine positive Identität. Ich lebe also alltäglich mit den Chancen und Herausforderungen urbaner Diversity.

Diese spiegelt sich auch in meinem beruflichen Kontext wider, da das Evangelische Frauenbegegnungszentrum Teil des Stadtkirchenverbandes in Frankfurt ist, verortet im Arbeitszweig »Interkulturelle Arbeit: Beratung, Bildung, Seelsorge«. Dort sind auch Angebote verankert, die sich gezielt an MigrantInnen wenden, wie zum Beispiel psychosoziale Angebote für Flüchtlinge in ihrer Muttersprache, so dass die MitarbeiterInnen, zwar nicht in meiner Einrichtung, aber insgesamt, sehr interkulturell zusammengesetzt sind. Managing Diversity gehört folglich auch beruflich zu meinem Alltag.

Die dritte Ebene meines Zugangs zum Thema berührt meine Lebensform als lesbische Pfarrerin und die Diversity Politik meiner Landeskirche. Anders als viele Kirchen verfährt die Evangelische Kirche von Hessen Nassau nach einer Handlungsmaxime, die in den USA als Diversity Policy bezeichnet wird: Die Zulassung einer Person zum Pfarramt wird ausschließlich nach der Qualifikation entschieden und nicht nach deren Lebensform. Das bedeutet, dass auch lesbische Pfarrerinnen und schwule Pfarrer offen zu ihrer Lebensform stehen können. Außerdem hat die Synode beschlossen, dass Segnungen für lesbische und schwule Paare in Gottesdiensten möglich sind.

Meinen Vortrag halte ich also aus der Perspektive einer Pfarrerin, die aus der praktischen Arbeit kommt, allerdings aus der Bildungs- und nicht der sozialen Arbeit, und selbst Diversity-Management erlebt, einmal als Teil der weißen Mehrheitskultur und zum anderen als offen lesbische Frau als Teil einer Minderheit.

Seit meiner Zeit in New York City bin ich von bewusst gestalteter Diversity überzeugt. Diversity ist lebendig und anregend, natürlich nicht immer einfach, sondern herausfordernd und sehr konfliktträchtig, aber ungeheuer bereichernd und belebend. Sie relativiert den eigenen Standpunkt, erweitert den Horizont, fördert die Ambiguitätstoleranz und macht schlicht Spaß.

2. Diversity-Management Konzepte und sexuelle Orientierung

Auch wenn Sie sich in dieser Ringvorlesung schon mit allgemeinen Definitionen und Ausführungen zu Diversity und Diversity-Management auseinandergesetzt haben, ist es nicht nur wichtig, sich die grundlegenden Aspekte in Erinnerung zu rufen, sondern auch notwendig, dabei die *Besonderheiten des Merkmals sexuelle Orientierung* herauszustellen. Nur so lassen sich die besonderen Kompetenzen und Handlungsfelder für Soziale Arbeit herausarbeiten.

2.1 Definition und Differenzierungsmerkmale

Diversity bezieht sich auf die Unterschiedlichkeit von Menschen, also auf ihre Vielfalt. Die Vielfalt und Unterschiede zwischen Menschen, die unter dem Begriff »Diversity« zusammengefasst werden, beziehen sich auf diejenigen Phänomene, die Konsequenzen für den gesellschaftlichen Status und folglich für die Lebensbedingungen von Menschen haben. Diversity erfasst mehrere Minderheiten, die in ihrer jeweiligen Besonderheit differenziert wahrgenommen werden. Darüber hinaus vereint Diversity mehrere »Gruppen« mit sehr vielfältigen Unterscheidungsmerkmalen in verschiedenen Dimensionen. Diversity bezieht sich insbesondere auf Unterschiede zwischen Menschen in Bezug auf: Geschlecht, Rasse[1], ethnische Herkunft, Nationalität, Bildungsstand, soziale Schicht, Alter, physische und geistige Fähigkeiten, Religion und sexuelle Orientierung.

Wichtig dabei ist, dass diese »Gruppen« in sich nicht homogen sind und innerhalb einer Gruppe hinsichtlich der anderen Merkmale eine Vielfalt existiert (Krell 2001, S. 19).

Diversity-Management ist eine Orientierung des Management-Handelns, das die vorhandene personale Vielfalt entwickelt und nutzt. Es bezieht sich sowohl auf individuelle Unterschiede zwischen Menschen als auch auf ihre Zugehörigkeiten zu bestimmten Gruppen. Managing Diversity beruht auf der gleichzeitigen Verschiedenartigkeit und Gleichheit von Menschen, wobei es darum geht, unterschiedliche Merkmale zu respektieren und zum Nutzen einer Organisation, der Beschäftigten und Akteure derselben, sowie derjenigen, die die Organisation bzw. ihre Leistungen oder Produkte in Anspruch nehmen, zu akzeptieren (vgl. Ohms 2003, S. 3f; Stahrenberg 2001, S. 46ff; Krell 2001, S. 19).

In der Literatur werden zum Thema Diversity-Management nicht immer alle Unterscheidungsmerkmale aufgeführt, dies gilt besonders für die betriebs-wirtschaftliche Literatur in den Bereichen Management und Personalwirtschaft, da es keine einheitlichen Definitionen von Diversity gibt (vgl. Ohms 2003 S.4). Es ist interessant zu sehen, welche Merkmale von welchen AutorInnen oder ReferentInnen weggelassen werden. So wurde bei einer Tagung der Evangelischen Akademie Loccum beispielsweise das Merkmal sexuelle Orientierung nicht erwähnt, während in schwul-lesbischen Zusammenhängen häufig Rasse, ethnische Herkunft oder Religion kaum Beachtung finden.

Spezifisch für das Merkmal sexuelle Orientierung ist:

■ In unserer Gesellschaft gilt die heterosexuelle Orientierung als *Norm*. Andere sexuelle Orientierungen werden diskriminiert.

---

1   In der deutschen Diskussion wird »Rasse« selten verwendet. Die Kategorie »Rasse« bezieht sich im angelsächsischen Raum nicht auf biologische Phänomene, sondern auf sozialpolitisch historisch gebildete Gruppen. Die Vermeidung des Begriffs Rasse im Deutschen verschleiert die historischen Zusammenhänge und Machtverhältnisse, in denen die »Rassen« konstruiert wurden und werden. Der Gebrauch der Kategorie »Ethnische Unterschiede« erklärt zu wenig, suggeriert vielmehr biologische Unterschiede und führt dazu, dass der Anschluss an Untersuchungen und Diskussionen über Rassismus und antirassistische Strategien verloren geht.

- Heterosexualität wird darüber hinaus als von allen Menschen geteilt vorausgesetzt. Ich möchte am Beispiel Behinderung veranschaulichen, was damit gemeint ist: Auch wenn Behinderung nicht der gesellschaftlichen Vorstellung von »normalem Menschsein« entspricht und diskriminiert wird, so ist sie doch als eine Möglichkeit präsent. Dies gilt nicht im gleichen Maße für homosexuelle Orientierung. Welche Eltern eines kleinen Kindes erwarten, dass ihre Tochter lesbisch wird? Homosexualität wird nur in Situationen längerer ausschließlicher Eingeschlechtlichkeit als Möglichkeit sexuellen Begehrens wie beim Militär, Klöstern, Internaten usw. angenommen.
- Nach sozialwissenschaftlicher Analyse wird heute davon ausgegangen, dass 5-10% der Menschen lesbisch oder schwul[2] leben. Sie sind verteilt auf alle Bevölkerungsgruppen, sind also in allen Organisationen, Familien, Kulturen usw. präsent (anders als beispielsweise ethnische Minderheiten).
- Anders als zum Beispiel viele Formen der ethnischen Zugehörigkeit oder der physischen Fähigkeiten ist die sexuelle Orientierung eines Menschen nicht unbedingt sichtbar oder erkennbar.
- Sexuelle Orientierung ist nicht statisch. Sexuelle Orientierung ist im Laufe des Lebens veränderbar und wird vom Menschen gestaltet.
- Bei sexueller Orientierung geht es um Begehren und Sexualität, also um elementare Aspekte der Identität einer Person.
- Gleichzeitig geht es um gelebte Sexualität und damit um Entscheidungen einer Person und ihre Handlungen. Eine Frau kann andere Frauen begehren und sich gegen sexuelle Kontakte mit Frauen entscheiden. Das Diversitymerkmal Alter dagegen liegt jenseits eigener Handlungsmöglichkeiten.
- Sexualität und sexuelle Orientierung ist ein kulturell und gesetzlich sehr hoch geregeltes und normiertes Gebiet, mit Tabus belegt und schambesetzt.

---

2 Dazu kommen noch Menschen, die bisexuell leben, Transvestiten und Transsexuelle. Ich konzentriere mich in meinem Vortrag auf Lesben und Schwule.

2.2 Funktionen von Diversity-Konzepten

Diversity-Management bezieht sich auf Handlungsoptionen inner-halb einer Organisation und ist eingebettet in allgemeine Vorstellungen von Anthropologie, Theologie und Politik. Anthropologisch beschreibt »Diversity« die Pluralität von Menschen (vgl. Arendt 1967), christlich-theologisch werden Menschen gerade in ihrer Vielfalt/Diversity als Ebenbilder Gottes betrachtet und in der politischen Dimension bezieht sie sich auf die Aufgabe, Menschenrechte aller Menschen zu achten sowie ein demokratisch geregeltes Gemeinwesen zu gestalten. Diversity-Management steht immer im Zusammenhang von all-gemeinen Diversity-Konzepten. Mir ist wichtig, zunächst zwischen zwei Funktionen von Diversity - Konzepten zu unterscheiden: Diversity kann und sollte einerseits der *Analyse* von Wirklichkeit dienen und kann zum anderen zu einer *Zielbestimmung werden, die Strategien des Handelns* bestimmt.

2.2.1 Analysefunktion
Konzepte von Diversity sind als analytische Konzepte hilfreich und sinnvoll, weil sie in die Lage versetzen, ineinander verwobene ge-sellschaftliche Strukturen und Stratifikationen in ihren komplexen Zu-sammenzuhängen wahrzunehmen und zu analysieren.

Die seit langem in den sozialen Bewegungen thematisierte und in den Sozialwissenschaften analysierte Trias von »Race, Class, Gen-der«, also »Rasse, Klasse, Geschlecht«, strukturiert nach wie vor unsere Gesellschaft. Die Zeiten, in denen diskutiert wurde, welches nun der Haupt- und welches der Nebenwiderspruch sei, sind zum Glück vorbei. Heute gilt es, die komplexe Verwobenheit, die Stratifikationen und Aus-grenzungsmechanismen sichtbar zu machen, damit Veränderungen möglich werden.[3]

Zu allen Diversity-Konzepten gehört darum die Ebene der Analyse von Macht, Einfluss, Status, Privilegien, Gewalt, Ausschluss und die kulturelle Ausbildung bestimmter Gruppen von Menschen. Dies wird in dem Konzept der *Dominanzkultur* von Rommelspacher (1995) sehr an-schaulich dargestellt. Dominanzkultur meint ein Geflecht unterschied-licher Machtverhältnisse, in denen Privilegien verteilt und Diskrimi-

---

3   Collins nimmt ein »Reconceptualizing race, class and gender as interlocking sys-tems of oppression« vor (1991, S.222ff). Gemeinsam bilden sie eine »matrix of domination« (S.225f).

nierungen bzw. Marginalisierungen vorgenommen werden. Rommelspacher spricht von *Kultur*, da es um mehr geht als um institutionelle Macht, zum Beispiel auch um Körpersprache, Alltagsgeschehen und andere Formen mikropolitischen Handelns.

Wichtig dabei ist auch, dass Personen verschiedene Orte auf den »Achsen der Unterscheidung« haben können, also sowohl zu ausgegrenzten diskriminierten Gruppen (z.b. als schwuler Mann mit einer Behinderung) und gleichzeitig zu einer machtvollen ausgrenzenden Gruppe gehören können (als Weißer, als Mitglied der dominanten Nationalität und als Mann). Die eigene Beteiligung an der Marginalisierung anderer wahrzunehmen und anzuerkennen, fällt in der Regel schwerer als die am eigenen Leib erlebten Diskriminierungen zu sehen (vgl. auch Collins 1991, S. 229f).

Diversity bezieht sich als *politisches Konzept* auf die Vielfalt und Unterschiedlichkeit von Menschen. Die Erkenntnis, dass Menschen unterschiedlich sind, wäre relativ banal. Diversity-Konzepte gehen weit darüber hinaus. Sie analysieren die Lebensbedingungen in unserer Gesellschaft, die unterschiedlich sind für Menschen, je nachdem, welcher Gruppe sie zugerechnet werden bzw. welche Merkmale sie haben.

Machtgeflechte werden um Menschen herum konstruiert, die nach bestimmten Merkmalen Gruppen zugeordnet werden. Zu dieser hochkomplexen Materie von Machtgeflechten gehören widersprüchliche Auswirkungen auf das Leben marginalisierter Gruppen. Zum Beispiel ist es so, dass trotz Frauendiskriminierung Mädchen mit Migrationshintergrund in Deutschland einen höheren Bildungsstand haben als Jungen derselben Gruppe. Darüber hinaus ist die historisch-politische Dimension von Gruppenzuschreibungen zu berücksichtigen. Machtgefälle, Ausgrenzung und Diskriminierungen lassen sich nicht pauschal und einfach beschreiben, ebensowenig können ihre Auswirkungen mit einfachen Lösungen beseitigt werden. Problematisch ist, dass die Ursachen der ungleichen Lebenslagen als Defizit der Betroffenen gedeutet werden.

Loden/Rosener (1991) unterteilen Merkmale der Diversity in innere und äußere Dimensionen. Koall (2005) spezifiziert diese Merkmale als veränderliche und unveränderliche. Diese Zuordnung ist eine Vereinfachung, da die Merkmale und ihre Bedeutung der »unveränderlichen Teile einer Person« immer der Interpretation und Wertung von Menschen unterliegen. Es gibt kein Merkmal eines Menschen ohne eine Deutung. Diese Deutungen sind historisch bedingt, kulturell geprägt, Veränderungen unterworfen und damit *veränderbar*.

Diese Veränderbarkeit der Deutung bestimmter Merkmale möchte ich am Beispiel »Physische Fähigkeiten« veranschaulichen, die nach den oben genannten Einordnungen zu den inneren bzw. unveränderlichen Dimensionen gehören. Wenn sie mich ansehen, werden sie mich höchst wahrscheinlich nicht als *behindert* einordnen – obwohl ich für alle sichtbar eine Brille trage, offensichtlich also in meiner Sehfähigkeit eingeschränkt bin. Dies wird, anders als vor einigen Jahrzehnten, bei uns nicht mehr als entscheidende Einschränkung meiner physischen Fähigkeiten wahrgenommen und eine Brille qualifiziert niemanden mehr als behindert. Anders ist es mit einem Rollstuhl. Rollstühle sind heute zwar mindestens so hübsch wie meine Brille, eine gute Mischung aus Funktionalität und Form, aber wer einen Rollstuhl fährt, wird als gehindert oder behindert wahrgenommen. Diversity-Management Konzepte, die von gegebenen und unveränderlichen Merkmalen sprechen, übersehen, dass die Bedeutung der Merkmale sich je nach veränderter Macht, technischen Bedingungen, usw. wandeln.

Diese Vorlesungsreihe bezieht sich auf Diversity im Zusammenhang mit sozialer Arbeit. Gerade hierbei ist es wichtig, die Unterschiede Ihres Klientels nicht nur deskriptiv zu kategorisieren, sondern auch aus der Analyse von Dominanzkultur eine Perspektive für Handlungsmöglichkeiten zu entwickeln. Diejenigen, die durch Strategien des Diversity-Management stärker ins Blickfeld gerückt, sensibler wahrgenommen und gestärkt werden sollen, erleben alltäglich die Auswirkungen von Machtgefällen und Ausgrenzungen. Darum braucht ein Diversity Ansatz innerhalb der sozialen Arbeit eine Analyse der Dominanzkultur, in der wir leben.

2.2.2 Strategiefunktion

Die zweite Ebene der Diversity-Konzepte bezieht sich auf die Zielbestimmung des strategischen Handelns, also auf Konzepte des *Managing* Diversity. In der betriebswirtschaftlichen Diskussion wird betont, dass es darum geht, die Unterschiede zwischen den Beschäftigten zu aktivieren und als sich ergänzende Potenziale zu nutzen. Anders sein soll nicht mehr als defizitär verstanden werden, sondern neue Chancen bieten. In den Belegschaften gab es schon immer Menschen, die sich nach den verschiedenen Merkmalen unterschieden, neben Geschlecht, Alter, Nationalität und gesellschaftlichem Status, Ausbildung, Einkommen, sexueller Orientierung auch nach Wertvorstellungen, Überzeugungen, Kompetenzen und Fertigkeiten. Die MitarbeiterInnen wurden allerdings meist formal gleichbehandelt und innerbetrieblich in Richtung einer zentralen Organisationskultur sozialisiert.

Diversity-Management als neues Paradigma bedeutet hingegen, dass die Vielfalt als besondere Chance wahrgenommen wird und ein Wandel in der Organisationskultur stattfindet (Krell 2001, S. 20). Die Arbeitgeberin/der Arbeitgeber fördert den Pluralismus im Unternehmen, hält für unterschiedliche Beschäftigtengruppen differentielle personalpolitische Angebote bereit, unterstützt die informelle Netzwerkbildung sowie den Abbau von Vorurteilen und Stereotypisierungen. Man muss nicht mehr Teile der eigenen Identität verleugnen, um sich mit dem Unternehmen zu identifizieren. Die Werte und Vorgaben der ehemals dominanten Gruppe dürfen bzw. sollen hinterfragt werden.

Ziel von Diversity-Management ist die angstfreie Integration und Akzeptanz von Menschen unterschiedlicher Eigenschaften im Unternehmen oder in der Einrichtung sowie das Einsetzen der mit diesen Eigenschaften verbundenen Potenziale für die Arbeit der Einrichtung oder des Unternehmens (Krell 2001, S.20ff).

Über Konzepte wie etwa des Gender Mainstreaming, aber auch über zielgruppenorientierte Minderheitenpolitik hinausgehend bezieht Diversity-Management verschiedene Kriterien ein, die heutzutage noch Anknüpfungspunkte für Diskriminierungen oder Ausgrenzungen sind. Ziel ist es dabei, die Handlungsoptionen aller Beteiligten zu erhöhen, die vielfältigen Bedürfnisse und Interessenlagen der Beschäftigten zu erkennen und zu managen, ohne diese jedoch auf eine Gruppenzugehörigkeit festzuschreiben. Dieser Ansatz beruht auf der Erkenntnis, dass die genannten Merkmale jeweils nur einen Aspekt von vielen darstellen und die meisten Menschen eben keiner gesellschaftlichen Gruppe alleine zugeordnet werden können (vgl. Hessisches Sozialministerium, Einleitung, 2003).

Diversity-Management strebt, betriebswirtschaftlich verstanden, unterschiedliche Ziele an: Gewinnung qualifizierter Arbeitskräfte, Verbesserung des Arbeitsklimas und der Arbeit, Erlangen eines ökonomischer Vorteils durch gezieltes Ansprechen einer Zielgruppe (siehe Ford-Werbung mit schwul wirkenden Darstellern).[4]

---

4   Wie Krell ausführt, erhöht Diversity-Management tatsächlich den ökonomischen
     Erfolg (S.2001, S.521).

2.2.3 Diversity-Politik

Obwohl man in Deutschland den Eindruck bekommen könnte, dass Diversity und Managing Diversity aus der Betriebswirtschaft entwickelt worden seien, so liegen die Ursprünge in politischen Bewegungen. Ohms (2003 S. 1) beschreibt es als Aufgabe moderner Gesellschaften, das Prinzip der Chancengleichheit zu verwirklichen, das heißt Diskriminierungen und Ausgrenzungen aufgrund von beispielsweise Geschlecht, sexueller Identität, Alter, Lebensweise, ethnischer Herkunft, Weltanschauung usw. durch eine *gezielte* Diversity Politik entgegenzuwirken.

Die Wurzeln der Diversity Politik in den USA liegen, wie Ohms richtig ausführt, in den politischen Kämpfen und Erfolgen der schwarzen Bürgerrechtsbewegung, von Black Power, der Frauenbewegung und in der Auseinandersetzung mit Rassismus, Sexismus und Alters- und Behindertenfeindlichkeit. Es wurden Affirmative Action Acts verabschiedet, die es Universitäten, Verwaltungen und Betrieben usw. ermöglichen, bzw. vorschreiben, bestimmte benachteiligte Gruppen der Bevölkerung zu fördern. Wesentlicher Bestandteil der Affirmative Action ist der Equal Employment Opportunity Act (EEO), der es Unternehmen, die sich um öffentliche Aufträge bemühen, verbietet, Menschen aufgrund von Rasse, Geschlecht, Religion, Hautfarbe oder Herkunft zu diskriminieren. Jedoch sind diese Maßnahmen nicht unumstritten. Die Auseinandersetzung um solche Maßnahmen führte in den 90er Jahren dazu, dass Affirmative Action Acts nicht länger präventiv eingesetzt werden dürfen, sondern nur dann, wenn Frauen oder Minderheiten in bestimmten Berufsgruppen unterrepräsentiert sind, obwohl dies nicht ihrer tatsächlichen Verfügbarkeit entspricht.

Die Europäische Union arbeitet schon lange der Benachteiligung von Frauen entgegen. Auch die Benachteiligung aufgrund der sexuellen Identität und der ethnischen Herkunft hatten schon immer einen relativ hohen Stellenwert in der Antidiskriminierungspolitik der EU (Ohms 2003, S.1).

Diversity ist ein politischer Ansatz, der auf grundlegende gesellschaftliche Veränderungen zielt. Durch Emanzipationsbewegungen, Antidiskriminierungspolitik, Affirmative Action und Zielgruppenpolitik sind bestimmte, bisher ausgeschlossene Menschen in Institutionen bzw. in Entscheidungspositionen gelangt. Nun sind die Institutionen nicht mehr so homogen wie früher und es müssen Strategien entwickelt werden, wie mit dieser neuen Vielfalt produktiv gelebt und gehandelt werden kann. Diversity-Konzepte sind ein positiver Ansatz, die veränderte Situation mit heterogenen Gruppen zu gestalten, ohne Assimilationsforderungen zu stellen.

Die Politik der Verschiedenheit stammt ursprünglich also nicht aus Unternehmen, sondern aus politischen und/oder sozialen Bewegungen. Um diese Beziehung zu verdeutlichen habe ich als Titel meines Vortrags »We are here, we are queer, get used to it« (Wir sind hier, wir sind anders, gewöhnt euch daran), einen Slogan der Queerbewegung in den USA, gewählt. Auch Südafrika zeigt den politischen Gehalt von Diversity, dort wurden Diversity-Konzepte, die in der Anti-Apartheidbewegung entstanden sind, in politische Programme übernommen.

Insofern geht es bei Diversity-Management nicht vorrangig darum, betriebswirtschaftliche Erfolge zu erhöhen, sondern darum, die Anliegen von Emanzipationsbewegungen umzusetzen und ihre Potenziale gesellschaftlich einzubinden. Diversity-Konzepte setzen voraus, dass die Gruppen, die nicht der herrschenden Norm entsprechen, eine Veränderung von Wirklichkeit anstreben und die herrschenden Normen verändern werden. Diversity-Management zielt auch auf Gerechtigkeit, den Abbau von Diskriminierung, die Stärkung der Identität von Angehörigen bestimmter Zielgruppen und ist eine Methode, Demokratie zu gestalten.[5]

2.3 Handlungsfelder

Managing Diversity als strategisches und politisches Handeln innerhalb der sozialen Arbeit bezieht sich auf folgende Handlungsfelder:

- Antidiskriminierungspolitik,
- aktive Förderung bestimmter diskriminierter Gruppen (Zielgruppenpolitik),

---

5   Dass international agierende Konzerne wie Ford, General Electric, Deutsche Bank oder IBM in Deutschland Diversity Richtlinien haben und Diversity-Management praktizieren, während Universitäten, Behörden usw. damit in Deutschland erst langsam beginnen, liegt am us-amerikanischen Einfluss auf die Konzerne, die in den USA aufgrund der Antidiskriminierungs-Rechtsprechung mit Diversity-Konzepten arbeiten und den ökonomischen Erfolg von Diversity-Management erkannt haben (Vgl. auch Stahrenberg 2001; Krell 2001). In den USA haben öffentlichen Behörden und Bildungseinrichtungen Diversity-Management integriert. In Europa öffnen sich die Bildungsinstitutionen erst sehr langsam für die Chancen von Diversity und erkennen, dass Diversity-Kompetenzen integrale Bestandteile der Ausbildung sein sollten.

- Empowerment,
- Paradigmenwechsel (Vielfalt als Stärke betrachten, d.h. die Besonderheiten bestimmter Gruppen als Bereicherung statt als Defizit zu begreifen),
- das Zusammenleben und Zusammenarbeiten der vielfältigen Gruppen gestalten.

Die fünf Handlungsfelder sollten gleichzeitig berücksichtigt werden. In ihrem Zusammenwirken liegt die Stärke des Diversity-Ansatzes. Ein gutes Diversity-Management integriert und vernetzt bewährte Formen von Zielgruppenpolitik wie Gender Mainstreaming und Interkulturelle Förderung. Diversity-Management sollte nicht auf Antidiskriminierung und Defizitausgleich reduziert werden. Das Ziel von Diversity-Management würde sich dann lediglich auf Akzeptanz beschränken. Dennoch ist gerade für professionelles Handeln innerhalb sozialer Arbeit eine sensible Wahrnehmung der Diskriminierungspraktiken unerlässlich.

2.4 Formen der Ausgrenzung von Lesben und Schwulen

Wir leben in einem System der Heteronormativität, das mit hierarchischen Geschlechterkonstruktionen eingerichtet und aufrechterhalten wird. *Heteronormativität* ist ein theoretischer Begriff, der feministische Analysen aufgreift und erweitert und wichtig ist in der »Queer Theory«. »Queer« als englischer Begriff meint verquer oder anders im Sinne von falsch und wurde als stigmatisierender Begriff für Menschen, deren Sexualität oder Geschlecht von der Norm abweichen, verwandt. Die Lesben, Schwulen, Bisexuellen, Transgendermenschen und Transsexuellen haben sich diesen negativen Begriff als Selbstbezeichnung gewählt und ihn positiv gewendet. Queer betont die Flexibilität und Durchlässigkeit von Identität und will über als starr erlebte Identitätspolitik hinausgehen (vgl. auch Scholz 2005, S. 216; Jäger 1998, S. 88f).

»Queer Theory« deckt auf, dass Heterosexualität nur *eine* mögliche Form menschlicher Sexualität ist und untersucht Heteronormativität. »In den Blick gerückt werden die Reproduktionsmechanismen, Vernetzungen und institutionellen Zwänge, die dafür sorgen, dass die Institution Heterosexualität als zeitlos, unveränderbar und ohne Geschichte erscheint. Analysiert wird, wie Heterosexualität in die soziale

Textur unserer Gesellschaft, in Geschlechterkonzeptionen und in kulturelle Vorstellungen von Körper, Familie, Individualität, Nation, in die Trennung von privat/öffentlich eingewoben ist, ohne selbst als soziale Textur bzw. als produktive Matrix von Geschlechterverhältnissen, Körper, Familie, Nation sichtbar zu sein« (Hark 2005, S.294). Eine von der Norm abweichende sexuelle Orientierung, die offen gelebt wird, stellt die Heteronormativität in Frage und damit die Geschlechterrollen für alle Menschen. Darin mag ein Grund liegen, dass Homosexualität so aggressiv stigmatisiert wird.[6] Denn es stellt sich ja die Frage, wieso Lesben und Schwule nicht als Minderheiten akzeptiert werden und es so vielschichtige Bereiche der Diskriminierung bis hin zu offen ausgelebter Gewalt gibt.

Es gibt verschiedene Formen der Ausgrenzung und Diskriminierung in Bezug auf sexuelle Orientierung:

Das gleichgeschlechtliche Begehren und die gleichgeschlechtliche Sexualität werden als unnatürlich, pervers, krank (insbesondere als psychologische Kategorie),

verbrecherisch (Gesetze), in religiösem Sinne sündig und unmoralisch und allgemein als unnormal konstruiert und stigmatisiert. Die Diskriminierung geschieht auf struktureller und auf interpersonaler Ebene.

Die Strafbarkeit von Homosexualität ist in Deutschland inzwischen abgeschafft. Die WHO hat Homosexualität inzwischen aus dem Index der psychischen Krankheiten genommen. Lesben und Schwule sind heute in den Medien präsent, unterstützt von Prominenten, die offen mit ihrer Lebensform umgehen. Insofern ist schon viel erreicht worden. Dennoch wird Homosexualität in Deutschland heute weiterhin diskriminiert. Es gibt viele unterschwellige Formen bis hin zu Hass und Gewalttaten. Offen gelebte und sichtbare Homosexualität gilt bei einem großen Teil der Bevölkerung noch immer als Tabubruch. Selbst Menschen, die Homosexualität tolerieren und akzeptieren möchten, diskriminieren häufig, sobald es um Angehörige geht. Homosexualität wird bei anderen Menschen toleriert, aber in der eigenen Familie soll niemand »so« sein. Für viele Menschen ist homosexuelle Orientierung schambesetzt. Ein schwuler Außenminister (Guido Westerwelle) ist für die Mehrheit nicht vorstellbar (»Deutschland würde sich blamieren«),

---

6   Diskriminierungen gehen besonders häufig von fundamentalistischen religiösen Kreisen aus, die eine sehr normative Vorstellung von Geschlechterrollen haben.

genauso wenig wie eine möglicherweise lesbische Ministerpräsiden-
tin (Annette Schawan). Auch Angehörige von Homosexuellen erleben
selbst Diskriminierung. Es wird gefragt, was sie falsch gemacht oder
versäumt haben.

Die Diskriminierung von andersartiger sexueller Orientierung
kann sehr unterschiedlich aussehen: sie erfolgt durch diskriminierende Taten und Strukturen (Ehegesetz, Rente, Steuerrecht usw.), sie ist in
vielen Kirchen noch heute ein Kündigungsgrund, Gewalttaten erfolgen
aus homophoben Motiven, innerhalb der Familien wird durch Gewalt,
Enterbung, Ausgrenzung und Leugnung diskriminiert. Im Alltagshan-
deln finden vielfältige Verletzungen statt, sei es durch Schwulenwitze
oder harmlos klingende Sprüche wie »Jetzt bist du ja verloren für die
Männerwelt« (anlässlich einer Begründung einer Lebenspartnerschaft),
»Bist wohl ´ne Lesbe« (bei Nichtreaktion bzw. Gegenwehr auf männli-
ches übergriffiges Verhalten), »Schade, dass er schwul ist« (Bemerkung
einer Frau über einen Mann), »Solche Freundschaften sind mit Heteros
nicht möglich« (Bemerkung über eine berufliche Beziehung). Dies geschieht teilweise ohne dass die Personen bewusst homophobe Motive
oder Überzeugungen vertreten.

Häufig wird bei der Feststellung über die Homosexualität bestimmter Menschen gleichzeitig deren Geschlechtsidentität in Frage
gestellt. Homosexualität wird nicht als Lebensform begriffen, sondern
als rein sexuelle Spielart oder Perversion, die durch Verführung »Un-
schuldiger« ansteckend wirken kann. Häufig werden Schwule mit Pädo-
philen gleichgesetzt. Schwule seien keine »echten Männer«. Lesbischen
Frauen wird ihr Frausein abgesprochen und häufig unterstellt, dass
sie aufgrund negativer sexueller Erfahrungen mit Männern lesbisch
wurden. Andersherum meinen manche Männer, sie könnten lesbische
Frauen durch Sex »kurieren«.

Die Identitätsfindung ist innerhalb einer Kultur der Heteronormativität nach wie vor sehr schwierig und wird durch diese Diskriminierungen nicht leichter. So verwundert es nicht, dass die Suizidge-
fährdung bei homosexuellen Jugendlichen wesentlich höher ist als bei
heterosexuellen Gleichaltrigen.

Lesbisches und schwules Leben soll es nicht sichtbar geben, es
darf die Norm nicht in Frage stellen. Dabei ist die Norm entscheidend:
nicht nur die Überschreitung durch lesbische oder schwule Sexualität wird sanktioniert, sondern auch heterosexuelle Menschen, die die
Norm aufbrechen wollen. Zum Beispiel wurde kürzlich in der lettischen

Lutherischen Kirche ein heterosexueller Pfarrer exkommuniziert, der für und mit Lesben und Schwulen gearbeitet hat.

In weiten Teilen der Welt gibt es heute noch schwulendiskriminierende Strafgesetze und Verfolgungen von Lesben und Schwulen. Wenn auch nicht explizit, sind die Gesetze auch gegen Lesben gerichtet, aber wegen des gesellschaftlichen Status von Frauen männlich formuliert.

In außereuropäischen Kulturen gestaltet sich lesbisches und schwules oder Transgenderleben anders als bei uns. So sind häufig frauenliebende Frauen verheiratet und haben Kinder und leben gleichzeitig ihre Liebe zu Frauen. Für Menschen, die in der sozialen Arbeit tätig sind, ist es darum wichtig, achtsam und offen für viele mögliche Lebensformen zu bleiben und nicht das europäische Modell lesbischen oder schwulen Lebens auf alle Menschen zu übertragen.

Obwohl die Massenmedien das Thema Homosexualität immer häufiger auch positiv besetzen, wird vielfach noch unterschwellig diskriminiert, zum Beispiel durch die Frage in einer Talkrunde»Darf ich Sie fragen: Sind Sie eine praktizierende und bekennende Homosexuelle?«. Hier wird die oben beschriebene Heteronormativität praktiziert und durchgesetzt, da keiner Heterosexuellen je solch eine Frage gestellt würde.

Neben der unmittelbaren und mittelbaren Diskriminierung ist die sogenannte *sekundäre Viktimisierung* zu beachten, die gerade in Bezug auf die sexuelle Orientierung nicht selten vorkommt. Häufig sind die Reaktionen auf bestimmte Diskriminierungen verletzender oder kränkender als der Ursprungsakt selbst.

Die sekundäre Viktimisierung kann sich in folgenden Formen äußern und kann jedem und jeder leicht selbst passieren:

- Erleben und Deutung der Person, die diskriminiert wurde, leugnen,
- Bagatellisieren und Verharmlosen,
- reißerischer voyeuristischer Umgang durch die Medien, Nuancen und Uneindeutiges wird eingeebnet, eigene Interpretationen werden nicht zugelassen, komplexe Wirklichkeit wird vereinfacht,
- Ursache und Schuld in die Person, die diskriminiert wurde, verlagern,
- die Verantwortung für das Abschaffen von Diskriminierung in die diskriminierten Personen legen.

In vielen Diskussionsrunden in den Medien oder bei Podiums-diskussionen zum Thema Kirche und Homosexualität finden leider alle Formen statt. Ich erlebe in solchen Runden häufig eine Art »Vorführen« von diskriminierten Menschen, in denen sie nicht nur ihre Betroffen-heit zeigen, sondern auch noch vermitteln sollen, warum es falsch ist, sie zu diskriminieren. Schließlich sollen sie auch noch Lösungsmöglich-keiten anbieten.

In der heteronormativen Kultur ist eine Überlebensstrategie von Menschen mit gleichgeschlechtlichen Neigungen, dass sie sich selbst unsichtbar machen, tarnen und ihre Lebensform verschweigen. Dieses Unsichtbarsein, Nichtvorgesehensein wird als diskriminierend erlebt.

Bei der Förderung von Diversity in Bezug auf Heterosexualität und Homosexualität geht es folglich um

- die Anerkennung von Homosexualität als einer Möglichkeit des Menschseins bzw. des Lebens,
- Unterstützen des Sichtbarwerdens und des Coming out (siehe jährliche Paraden und Demonstrationen zum Christopher Street Day – CSD – in vielen Städten),
- die Erkenntnis, dass Lesben und Schwule Teil der Organisationen sind (z.b. geht es in der Kirche nicht darum, sich »für sie zu öff-nen«, da sie schon längst Teil der Kirche sind),
- Bereitschaft zur Wahrnehmung von Heteronormativität,
- Beteiligung am Abbau derselben und allen Formen der Homopho-bie und Diskriminierung.

2.5 Bezug zum Gender Mainstreaming Konzept

Lesben sind nicht nur aufgrund ihrer sexuellen Orientierung »di-versitybetroffen«, sondern auch aufgrund ihres sozialen Geschlechts sowie vielleicht anderer Merkmale.

Ohms (2003 S. 12) weist zu Recht auf die Gefahr hin, dass in der Auseinandersetzung um Diversity in Bezug auf sexuelle Orientierung die spezifischen Erfahrungen lesbischer Frauen zwischen den Inte-ressen von Schwulen und den Interessen der Frauenbewegung zerrie-ben werden. Männliche Homosexuelle zeigen kein großes Interesse, lesbische Frauen aktiv anzusprechen und Kooperationen aufzubauen, während vielen heterosexuellen Frauen gleichermaßen der Blick für lesbische Lebensweisen fehlt.

Diversity-Konzepte gehen über lesbisch-feministische Ansätze hinaus, in denen zwar verschiedene Diskriminierungstatbestände benannt werden, die Solidarität aber auf das eigene Geschlecht bezogen bleibt. Eine grundsätzliche Auseinandersetzung mit Diskriminierungspraktiken aus den eigenen Reihen heraus findet selten statt. Darüber hinaus wurde in lesbisch-feministischer Theorie ein in allen Zeiten und Kulturen vertretenes lesbische Kollektivsubjekt postuliert, das es unmöglich macht, kulturelle Besonderheiten und historische Bedingungen frauenliebender Frauen wahrzunehmen (Jäger 1998, S. 141). Demgegenüber können Diversity-Konzepte reale Lebensbedingungen und Unterschiede von Menschen in ihrer Widersprüchlichkeit berücksichtigen.

Ausgehend von der Internationalen Frauenkonferenz in Peking hat die Europäische Union das Konzept des Gender Mainstreaming in ihre Mitgliedsstaaten getragen. Gender Mainstreaming verfolgt den Abbau von Frauendiskriminierung und die Berücksichtigung der Dimension Geschlecht auf allen Ebenen. Diversity geht insofern auch über Gender Mainstreaming hinaus. Ein gutes Diversity-Management braucht als integrale Bausteine Frauenförderung und Gender Mainstreaming. Aber die Chance von Diversity ist ja das Zusammenspiel unterschiedlicher Merkmale von außerhalb der Norm stehenden Gruppen und Menschen, so dass nicht nur nach Geschlecht gefragt wird, sondern auch andere Kriterien einbezogen werden. Es ist schon manchmal verwunderlich, dass sich Diversity-Management nicht durchsetzt und es vielerorts beim eindimensionalen Genderkriterium bleibt. Krell hebt die Chancen des Diversity-Management gegenüber Maßnahmen der Frauenförderung hervor, die gerade im integrativen Charakter des Konzeptes liegen (2001, S. 21).

In schwul-lesbischen Zusammenhängen findet dagegen Gender Mainstreaming häufig nicht statt. So müssen beispielsweise bei Gewalt oder Diskriminierung aufgrund der vermeintlichen oder tatsächlichen sexuellen Identität einer Person zusätzlich geschlechtsspezifische Aspekte sowohl in der Ausübung von Diskriminierungen und Gewalt als auch in dem Erleben und der Verarbeitung der Diskriminierungs- bzw. Gewalterfahrung durch die Betroffenen berücksichtigt werden. Untersuchungen der Londoner Polizei zeigen, so Ohms (2003 S. 13f), dass Schwule häufiger als Lesben Anzeige erstatten. Die Gründe, warum Lesben seltener als Schwule Anzeige erstatten, seien ebenfalls geschlechtsspezifisch markiert. So äußerten lesbische Frauen häufig Bedenken, dass ihnen das Sorgerecht für ihre Kinder entzogen werden würde. Des Weiteren erlebten lesbische Frauen in der Regel Diskriminierung und/ oder Gewalt allgegenwärtig, während Schwule häufiger dazu neigten, diese bestimmten Orten zuzuordnen (z.B. Cruising Gebieten). Dieses Beispiel zeigt, dass eine Sensibilität für Geschlechterunterschiede und die daran anknüpfende Politik von Frauenförderung und Gender Mainstreaming alle anderen Diversity Bereiche durchdringen muss.

In der *Antidiskriminierungspolitik*, häufig von Schwulen und Lesben vorangetrieben, wird jetzt der *horizontale Ansatz* verfolgt, das heißt auch andere Kategorien und Merkmale werden einbezogen – wie auch in der EU-Politik, die alle Kriterien zusammenbringt.[7]

Für Ohms nimmt das Geschlecht eine »übergeordnete Stellung ein«, da die Geschlechterfrage »die einzige ist, die in ausnahmslos alle übrigen Diskriminierungsfelder eingeschrieben ist« (2003, S.11). In ihrem Vorschlag für ein Kompetenzzentrum Diversity bildet folglich ein Modul zum Geschlecht die Grundlage aller weiterer Module. Sicherlich durchzieht das Merkmal Geschlecht die anderen Dimensionen (einer alten Frau wird anders begegnet als einem altem Mann), aber die Forderung nach einer »übergeordneten Stellung« teile ich nicht. Auch »Rasse« oder soziale Schichtung durchziehen alle anderen Dimensionen (selbst wenn dies vielleicht weißen Frauen der Mittelschicht nicht unmittelbar zugänglich sein mag[8]). Ohms betont zu Recht die Notwendigkeit

---

7   In der EU finden Kampagnen zur Förderung von Diversity statt. Ihre Internetseiten sind eine Fundgrube an Material. Sie verbinden ihren Ansatz mit praktischen und hilfreichen Anregungen zum Thema Diskriminierung wie z.B. folgende Fragen: »Haben Sie jemals empfunden, dass Ihnen eine Arbeitsstelle aufgrund Ihres Alters, Ihrer Behinderung, ethnischer Herkunft, sexueller Orientierung oder Religion vorenthalten wurde? Wissen Sie, was Sie tun sollten, falls Sie diskriminiert wurden? Verstehen Sie, was Diskriminierung ist? Kann eine Organisation, welche diskriminiert, bezogen auf allgemeines Management und Leistung überhaupt gute Arbeit verrichten? Was können ArbeitgeberInnen tun, um Diskriminierung zu bekämpfen und für Vielfalt zu werben? Wie kann das Thema ‚Diskriminierung' auf die Tagesordnung gesetzt werden? Lesen Sie die Antworten zu diesen und vielen anderen Fragen in unserem ‚Stop-Discrimination-Handbuch'. Hier finden Sie Definitionen direkter und indirekter Diskriminierung sowie Antworten auf häufig gestellte Fragen rund um verschiedene Themen zur Antidiskriminierung. Darüber hinaus gibt unsere digitale Toolbox praktische Hilfe dabei, wie Arbeitgeber/Innen Rechtsvorschriften zu Vielfalt einführen und Diskriminierung in ihren Unternehmen vermeiden können. Auch berät die Webseite potentielle Opfer von Diskriminierung.« (www.stop-discrimination.info).

8   Es gehört zur rassistischen Konstruktion von »Weiß-sein«, dass die grundlegenden rassistischen Kategorien und Ausgrenzungen nicht wahrgenommen werden. Folglich werden sie als »additiv« und nicht als »alles durchziehend« betrachtet. Dies

für Gender-Mainstreaming-Maßnahmen, dies sollte aber als Teil eines Diversity-Management ebenso geschehen wie antirassistische Maßnahmen oder Förderungen von interkultureller Kompetenz. Die Chance eines Diversity Ansatzes liegt genau darin, dass alle Dimensionen gleichzeitig und gleichrangig berücksichtigt werden und die verschiedenen Maßnahmen miteinander vernetzt werden.

Ein weiterer Vorteil von Diversity-Konzepten gegenüber Gender Mainstreaming ist der im Diversity immanente Paradigmenwechsel von der Defizitärbetrachtung zur Positivbesetzung der Vielfalt. Zum einen wird dadurch das Frausein als Stärke (und nicht Schwäche) gesehen und zum anderen können auch Unterschiede zwischen den Frauen ernst genommen und entsprechend gewürdigt werden.

3. Managing Diversity in sozialen Organisationen und in der Gesellschaft

Wie schon erwähnt, ist es Aufgabe moderner Gesellschaften, das Prinzip der Chancengleichheit zu verwirklichen und Diskriminierungen und Ausgrenzungen entgegenzuwirken. Eine Politik der Verschiedenheit und ein entsprechendes Managing Diversity ist, wie schon heraus gearbeitet, eine Methode, um dieser Verwirklichung näherzukommen.

In Deutschland wurde Managing Diversity zunächst als betriebswirtschaftliches Managementkonzept bekannt und praktiziert, das heißt es ist in erster Linie zugeschnitten auf Firmen und Unternehmen gewerblicher Art. Hier zielt es auf Beschäftigte und Firmenstrategien zur Effizienz des Organisationshandelns sowie bessere Vermarktung der Produkte (vgl. Krell 2001; Stahrenberg 2001).

Aber die Diversity-Management-Konzepte sind auch auf Non-Profit-Orga-nisationen, Verwaltungen, Gebietskörperschaften (z.B. Stadt Amsterdam) übertragbar und teilweise schon, zumindest in Ansätzen, verwirklicht. In diesen Organisationen ist es wichtig, über die betriebswirtschaftliche Betrachtungsweise hinauszudenken, das heißt nicht nur die Belegschaft sowie die Kundschaft zu betrachten. Wie auch im Gender Mainstreaming gilt es, alle Maßnahmenbereiche, das heißt (Re-)

ist für Menschen, die von rassistischen Diskriminierungen selbst betroffen sind, leichter zu erkennen (vgl. auch Collins (1991), S.222-238). Zu der Konstruktion von »Weiß-sein« siehe auch Frankenberg (1996) und Kalpaka/Rätzel (1990).

Organisation, Verbesserung, Entwicklung und Evaluierung der Entscheidungsprozesse, so zu gestalten, dass die an politischer Gestaltung beteiligten AkteurInnen den Blickwinkel Diversity in allen Bereichen und auf allen Ebenen einnehmen (vgl. Ohms 2003, S.6f). Damit ist Diversity auch anwendbar auf soziale Organisationen. Im Fokus stehen nicht nur die Beschäftigten, sondern auch die KundInnen, KlientenInnen, Hilfebedürftigen, die Gesellschaft als Ganzes. In Deutschland findet dies seine rechtliche Grundlagen im Grundgesetz (Sozialstaatsprinzip, Grundrecht auf freie Entfaltung der Persönlichkeit) sowie im Sozialgesetzbuch VIII (Jugendhilfegrundsatz, wonach jeder junge Mensch ein Recht auf Förderung seiner Entwicklung und auf Erziehung zu einer eigen-verantwortlichen und gemeinschaftsfähigen Persönlichkeit hat und Benachteiligungen zu vermeiden sind) (Schmauch 2003, S.18).

4. Diversity-Management als professionelles Handeln in der Sozialen Arbeit

4.1 Diversity-Kompetenz

Inzwischen ist unbestritten, dass in der Sozialen Arbeit neben umfangreichen Fachkompetenzen auch weitere Kompetenzen gefordert sind. Hier sind in erster Linie Genderkompetenz und interkulturelle Kompetenz, aber auch die (inzwischen als wichtig anerkannte) Regenbogenkompetenz zu nennen. Aus diesen bereits vorhandenen Ansätzen sollte eine umfassende Diversity-Kompetenz entwickelt werden.

Schmauch (2003) entwarf weiterführende Perspektiven für die Einbeziehung von Diversity in die Arbeit der Jugendhilfe und von Wohltätigkeitsorganisationen. Ihrer Ansicht nach gelte es einerseits, sozialen Fachkräften Kompetenzen für den Umgang mit Diskriminierten zu vermitteln; andererseits wurzele diskriminierendes Verhalten zumeist in eigenen Ängsten und mangelndem Selbstwertgefühl. Es komme deshalb darauf an, das Selbstbewusstsein der einzelnen Akteure zu stärken und dadurch Ängste und Vorurteile abzubauen.

Wichtige Bausteine einer zu entwickelnden Diversity-Kompetenz sind:

1. Analyse von Zusammenhängen der Dominanzkultur,
2. Wissen über diskriminierte Gruppen,
3. Diskriminierungen abbauen,
4. Vielfalt fördern,
5. Veränderungen zulassen und mitgestalten,
6. Positives Empowerment.

Diversity-Kompetenz ist ein Zusammenspiel aus *Achtung, Respekt, Wissen* und *Fähigkeiten* (Schmauch, S.17). Wertschätzung und Respekt setzen etwas sehr Grundlegendes voraus: zum einen die Benennung von Verschiedenheiten und zweitens das Vermögen, alle Unterschiedlichkeiten als gleichwertig anzusehen. Hinter dem Aspekt des Benennens steht die Frage, welche Verschiedenheiten wir überhaupt als solche wahrnehmen. Für welche Unterschiede haben wir Begriffe, für welche nicht? Als Beispiel sei der Unterschied »Geschlecht« genannt. Er meint »natürlich« Frauen und Männer, zwei Schubladen. Aber es gibt nicht nur Frauen und Männer, es gibt intersexuelle Menschen und transsexuelle Menschen und Menschen, die biologisch gesehen weder Frauen noch Männer sind.

Professionelles Handeln im Sinne einer Diversity-Kompetenz bedeutet aber auch, sich der hochkomplexen Materie von Machtgeflechten zwischen verschiedenen und innerhalb der gleichen Gruppen, ihren Widersprüchen, ihren historischen Dimensionen, heutigen Auswirkungen und möglichen Lösungsansätzen zu widmen.

Um professionell handeln zu können, ist es gut, die eigenen Standorte in den »Achsen der Dominanz« und die eigene Beteiligung an der Dominanzkultur zu reflektieren. Es wäre allerdings eine Illusion, diesen eigenen Verstrickungen durch eine Willensentscheidung entgehen zu können. Kein Mann ist weniger sexistisch gegen Frauen, nur weil er dies nicht mehr sein will. Zur Überwindung von diskriminierenden, zum Beispiel homophoben Strukturen bedarf es längerer Prozesse, einer Bereitschaft zur Auseinandersetzung und eines kontinuierlichen Dialoges.

Es ist hilfreich, Stereotypen aufzudecken und beispielsweise die Vielfalt homosexuellen Lebens aufzuzeigen und Menschen darin zu bestärken, ihre Vereinzelung aufzubrechen und generalisierende Urteile zu hinterfragen. Menschen bestimmter marginalisierter Gruppen werden häufig als RepräsentantIn ihrer gesamten Gruppe gesehen. So wird diese Gruppe zu einem homogenen monolithischen Block gemacht und echte Begegnung zwischen Menschen erschwert. Ein weiteres diskriminierendes Phänomen zeigt sich im Umgang mit Minderheiten, wenn zwar die Diskriminierungen erkannt und benannt werden, aber die Betroffenen auf eine Art »Opferstatus« festgeschrieben und sie nicht mehr als Subjekte mit Handlungsmöglichkeiten anerkannt werden.

4.2 Zur Relevanz sexueller Orientierung für das Klientel

Die sexuelle Orientierung stellt einen wichtigen Faktor der Persönlichkeitsentwicklung dar. Sie ist die Basis der Existenz. Daher ist sie insbesondere bei Jugendlichen von grundlegender Bedeutung. Häufig fällt in diese Lebensphase das für normabweichende sexuelle Orientierungen absolut bedeutsame Coming-Out. Es ist für die sexuelle Selbstbestimmung von Lesben und Schwulen ein wichtiger Schritt. Dies gilt noch viel mehr für Jugendliche, da Kinder in der Regel nicht so aufwachsen, dass Hetero- und Homosexualität gleichermaßen als Möglichkeiten erscheinen. Die Integration von Diversity-Kompetenzen in die Arbeit mit Kindern und Jugendlichen ist darum nötig.

Der Diversity Ansatz bietet auch innerhalb der Gruppen die Möglichkeit, Normierungszwänge und Anpassungsdruck zu überwinden. Stereotypen werden Minderheitengruppen nicht nur von außen zugeschrieben, sondern auch innerhalb der Gruppen gebildet. So war es beispielsweise lange Zeit schwierig, in Lesbengruppen lange Haare oder Kinder zu haben bzw. bisexuell zu sein. Der Normtyp war die mitteleuropäische androgyne (nicht feminine) Kurzhaarlesbe, die weder Kinder hat noch Beziehungen zu Männern pflegt.

4.3 Managing Diversity durch Heterosexuelle und Homosexuelle

Bei der Betrachtung des professionellen Handelns in der sozialen Arbeit ist für das Diversity-Merkmal sexuelle Orientierung zu unterscheiden, ob die professionell Handelnden zu der betroffenen Gruppen gehören oder nicht.

Für Heterosexuelle gilt es, auf Risiken im Geschlechterverhältnis zu achten, die in beruflichen Beziehungen in der sozialen Arbeit auftauchen können und dabei an mögliche Homosexualität zu denken. Hier ist wichtig, das oben erwähnte Unsichtbarsein mitzudenken und ggf.

darauf einzugehen. Das Wahrnehmen und Mitreflektieren der Lebenssituation von Lesben und Schwulen sollte erkennbar erfolgen. Dies gilt gegenüber der Klientel als auch gegenüber den KollegInnen. Bei letzteren sollte deren (wahrscheinlich vorhandene) Regenbogenkompetenz ernst und ggf. in Anspruch genommen werden.

Das Erlernen von fundamentalem Fakten- und Erklärungswissen über Schwule, Lesben und Transgendermenschen ist die Basis allen Handelns. Auch wenn dies banal klingt, fehlt es häufig gerade an dieser Voraussetzung, um die notwendigen Kompetenzen hinsichtlich der sexuellen Orientierung zu entwickeln.[9]

Für Homosexuelle und Transgendermenschen stellt sich die Situation völlig anders dar. Sie haben mit der oben beschriebenen Heteronormativität zu leben und zu arbeiten, wobei sich die Diskriminierungspotenziale in der Sozialen Arbeit durchaus verstärken können. Gerade im Kinder- und Jugendbereich, aber auch sonst bei der Arbeit mit Abhängigen verschärfen sich die Vorurteile der Gleichsetzung von Homo- und Pädosexualität, hieraus entstehen reale Comig-Out-Risiken.

Schmauch (2003, S.19ff) vermag auch Besonderheiten des professionellen Arbeitens Homosexueller in der sozialen Arbeit im psychischen Bereich zu erkennen. Sie neigten zu spezifischen Gegenübertragungen und Verstrickungen, seien besonders defensiv und anpassungsbereit und hätten einen verinnerlichten Druck. Ihre erklärbare Bedürftigkeit führe zu emotionalen Verstrickungen mit KlientInnen. Solcherlei Zuschreibungen setzen meines Erachtens zwar aufgrund der besonderen Lebenssituation vermeintlich erklärbare, aber dennoch stereotype negative Zuschreibungen voraus, die selbst schon wieder diskriminierend und empirisch nicht belegt sind. Andersherum könnte genauso einleuchtend erklärt werden, dass Homosexuelle für die Soziale Arbeit besonders gut geeignet sind, weil sie aufgrund ihrer ansonsten schwierigen Lebenssituation besonders gefestigte Persönlichkeiten haben. Beide Annahmen sind spekulativ, wahrscheinlich ist die psychische Befindlichkeit bei Homosexuellen nicht anders als bei Heterosexuellen.

---

9   Viele Lesben und Schwule sind bereit, auf Einladung in Organisationen zu kommen und über ihre Lebensform und Lebendbedingungen zu informieren. Sie tragen dazu bei, das nötige Wissen zu vermitteln, besonders weil viele Menschen meinen, keine Lesben und Schwule zu kennen. Eine Lesbe hat diese Form der Informationsveranstaltung über die Lebenssituation von Lesben, Schwulen und Transgendermenschen einmal mit Brehm's Tierleben verglichen.

Einen Vorteil können allerdings Lesben und Schwule in sozialen Organisationen haben: Als professionell Handelnde leben sie nicht normkonform. Wenn sie dies auch noch öffentlich machen, bestätigen sie einerseits andere Lesben und Schwule und ermutigen darüber hinaus andere »AußenseiterInnen«, zu ihren Besonderheiten zu stehen. Wenn eine das Schweigen bricht und offen zu etwas steht, was »peinlich ist«, werden andere als »unnormal« Stigmatisierte angesprochen. Es schafft das für Soziale Arbeit nötige Vertrauen und ermutigt Menschen, zu ihren besonderen Seiten zu stehen.

4.4 Handlungsoptionen in einer Organisation

Für die Umsetzung haben sich folgende Managementstrategien herauskristallisiert, die in sozialen Organisationen angewandt werden sollten:

- Eine diversityfördernde Personalentwicklungspolitik,
- Förderung der individuellen Diversity-Kompetenz der MitarbeiterInnen,
- Umsetzung des Leitbildes der Diversity in der Organisationsstruktur, zum Beispiel bei Einstellungen und Beförderungen,
- Berücksichtigung gruppenspezifischer Aspekte von Diversity,
- Verankerung einer partnerschaftsorientierten Kultur in den Unternehmensleitlinien,
- Institutionalisierung von diversityfördernden Prozessen und Strukturen.

Schmauch benennt dabei sinnvolle konkrete Handlungsoptionen für die Erhöhung der Diversity-Kompetenz in Bezug auf sexuelle Orientierung: mit den Gefühlen und Biographien der Beteiligten verknüpfen, praktisch üben, kontinuierlich reflektieren und evaluieren (2003, S.17, siehe auch Emmerich/Krell 2001).

Darüber hinaus ist es wichtig, den jeweils gruppenspezifischen Aspekt zu berücksichtigen, kulturelle Erfahrungen wertzuschätzen, subkulturelle Werte zu akzeptieren und Netzwerke zu fördern (vgl. Ohms 2003, S.9f; Emmerich/Krell 2001, S. 423).

4.5 Veränderung von Organisationen durch Diversity-Management

Im Folgenden sollen zwei Beispiele verdeutlichen, dass Diversity-Management die Kultur einer Organisation auch hinsichtlich der sexuellen Orientierung verändern kann. In der Evangelischen Kirche von Hessen und Nassau gab es einen längeren Prozess, in dem darüber diskutiert wurde, ob es einen Segnungsgottesdienst für lesbische und schwule Paare geben solle.[10] Bei dem mehrjährigen Beratungsprozess wurden Vorurteile abgebaut, Wissen über Homosexualität und über die Bedeutung des Segens vermittelt und Begegnungen mit geouteten Lesben und Schwulen initiiert. Der entsprechende Beschluss wurde schließlich gefasst. Die Veränderung im Klima zeigte sich Jahre später bei der Bewerbung einer lesbischen Pfarrerin um ein leitendes Amt. Wie ihre heterosexuellen Konkurrenten erwähnte sie ihre Lebensform scheinbar nebensächlich. Bei den Beratungen um die Kandidatur in der Landessynode wurde ihre Lebensform wie die ihrer Mitkandidaten nicht erwähnt. Sie wurde tatsächlich gewählt.

Ein zweites Beispiel kommt aus einer öffentlichen Behörde in Nordrhein-Westfalen. Dort erhielt eine offen lebende lesbische Frau über einen längeren Zeitraum anonyme diskriminierende Briefe unter anderem mit folgenden Äußerungen:»Einen Scheißdreck bist du wert. Nichts und viel mehr wirst du auch nie wert sein. Lesben sind nun mal nichts wert. (...) Früher wärst du dafür verbrannt worden. Doch auch du wirst deine Strafe erhalten, sei dir dessen gewiss. Sei dir dessen gewiss du Schlampe.« In NRW gibt es institutionalisiert Gleichstellungsbeauftragte. Die Betroffene wandte sich an die Gleichstellungsbeauftragte der Behörde. Diese nahm die Briefe sehr ernst und machte den Vorfall zu ihrer Sache. Nach mehreren Gesprächen konnte der Fall anonymisiert der Behördenleitung vorgetragen werden, die Maßnahmen einleitete. Die Briefe wurden nicht bagatellisiert, sondern öffentlich gemacht und von allen leitenden Kräften sowie der Personalvertretung als inakzeptables Verhalten verurteilt. Dem/der Täter/in wurden harte Konsequenzen angedroht und die Diversity-Politik der Behörde betont. Darüber hinaus wurden für alle Führungskräfte und interessierte MitarbeiterInnen Fortbildungen zu den Themen sexuelle Orientierung, sexuelle Belästigung und Mobbing angeboten. Dieses Bündel an Maßnahmen

---

10   Siehe auch Kirchenleitung der EKHN (1996).

veränderte insgesamt das Betriebsklima, so dass sich einige MitarbeiterInnen outeten, eine sogar ihre Lebensgefährtin regelmäßig zu Betriebsfesten mitbrachte.

5. Theologische Perspektiven

Abschließend sei noch auf einige theologische Perspektiven hingewiesen. Aus christlicher Perspektive ergeben sich einige Anknüpfungspunkte zu den Konzepten des Diversity-Management. Zum einen glauben wir, dass Menschen in ihrer Vielfalt als Ebenbilder Gottes geschaffen sind und ihnen so eine inhärente Würde zukommt. Die erste Schöpfungsgeschichte der Bibel (Genesis 1, 27f) beschreibt die gleichzeitige Einheit und Vielfalt des Menschengeschlechts. Jeder Mensch ist Mensch, nicht der eine mehr als der andere. Die Unterschiedlichkeit der Menschen führt nach biblischem Verständnis nicht dazu, dass einige wertvoller seien als andere.

Jesus von Nazareth lebte mit Menschen am Rande der Gesellschaft und predigte gerade ihnen das Evangelium. Die ersten christlichen Gemeinschaften haben sich nach seinem Tod nicht von ihm abgewandt, obwohl sein Tod am Kreuz ihn zu einem stigmatisierten Außenseiter machte. Sie haben in ihm den auferstandenen Christus erkannt, in dem sich Gott mit den Menschen solidarisiert (vgl. 1.Korinther 1,18-31).

Kirche kann in der Nachfolge versuchen, von den stigmatisierten AußenseiterInnen zur Gemeinschaft der Ebenbilder Gottes zu werden. Die alte Taufformel aus Galater 3, 28:»Hier ist nicht Jude noch Grieche, hier ist nicht Freier noch Sklave, hier ist nicht männlich noch weiblich, denn ihr seid alle einer in Christus Jesus« beschreibt eine Vision von Kirche, in der die Vielfalt der Menschen gelebt und gewürdigt wird, indem die aus den Unterschieden entstandenen Hierarchien und Diskriminierungen überwunden werden. Paulus benutzt im 1. Brief an die Gemeinde in Korinth (Kapitel 12) dafür das Bild von einem Körper mit vielen Gliedern, die sich unterscheiden, aber nicht in ihrer Wertigkeit unterschieden werden sollten. Denn alle Teile eines Körpers werden gebraucht.

Literatur:
Arendt, H., Vita Activa. Vom tätigen Leben. München 1967.
Collins, P., Black feminist thought. Knowledge, Consciousness, and the Politics of Empowerment. New York 1991.

Emmerich, A./Krell, G., Diversity-Trainings: Verbesserung der Zusammenarbeit und Führung einer vielfältigen Belegschaft. In: Krell, G., Chancengleichstellung durch Personalpolitik. (3.Auflage) Wiesbaden 2001, S. 421-441.

Europäische Union: www.stop-discrimination.info

Frankenberg, R., »When we are capable of stopping, we begin to see« Being White, Seeing Whiteness. In: Thompson, B./Tyagi, S., Names we call home. Autobiography on racial identity. New York, 1996, S. 3-18.

Hessisches Sozialministerium (Hg.), Diversity. Dokumentation der Fachtagung des Hessischen Sozialministeriums am 25. April 2003 in Wiesbaden.

Hark, S., Queer Studies. In: von Braun, Christina/Stephan, Inge (2005) (Hg.): Gender@Wissen. Ein Handbuch der Gender Theorien. Köln 2005, S. 285-300.

Jäger, S., Doppelaxt oder Regenbogen: zur Genealogie lesbisch-feministischer Identität. Tübingen 1998.

Kalpaka, A./Räthzel, N., Die Schwierigkeit nicht rassistisch zu sein, 2 Aufl. Leer 1990.

Kirchenleitung der Evangelischen Kirche in Hessen und Nassau, Schwule, Lesben...- Kirche. Homosexualität und kirchliches Handeln. EKHN-Dokumentation Band 2. Frankfurt/Main 1996.

Koall, I., Heterogenität und Organisation: Managing Diversity. Folien der Vorlesung in der FH Reutlingen – Ludwigsburg WS 2005/2006.

Krell, G. (Hg.), Chancengleichstellung durch Personalpolitik. Gleichstellung von Frauen und Männern in Unternehmen und Verwaltungen, 3. Aufl., Wiesbaden 2001.

Krell, G., Chancengleichstellung durch Personalpolitik: Von »Frauenförderung« zu »Diversity Management«. In: Krell, G., Chancengleichstellung durch Personalpolitik. (3.Auflage) Wiesbaden 2001, S. 17-37.

Loden, M./Rosener, J., Workforce Amerika. Irwin (USA) 1991.

Ohms, C., Diversity – Vielfalt als Politikansatz in Theorie und Praxis: Von einer Zielgruppenpolitik hin zu einer »Politik der Verschiedenheit« (Policy of Diversity). In: Diversity. Dokumentation der Fachtagung des Hessischen Sozialministeriums am 25. April 2003 in Wiesbaden.

Rommelspacher, B., Dominanzkultur. Texte zu Fremdheit und Macht. Berlin 1995.

Schmauch, U., Berufsrolle, sexuelle Orientierung und professionelles Handeln in der Sozialen Arbeit. In: Dokumentation der Fachtagung des Hessischen Sozialministeriums am 25. April 2003 in Wiesbaden, S. 16-34.

Scholz, R., Differenzen der Krise – Krise der Differenzen. Die neue Gesellschaftskritik im globalen Zeitalter und der Zusammenhang von »Rasse«, Klasse, Geschlecht und postmoderner Individualisierung. Bad Honnef 2005.

Stahrenberg, C., Praxisbeispiel General Electric: Diversity-orientierte Beurteilung von Führungskräften. In: Krell, G. (2001) (Hg.), Chancengleichstellung durch Personalpolitik. (3.Auflage) Wiesbaden 2001, S. 45-50.

Menschenrechte als zentrale Werte in Europa – Teilhabe und Vielfalt statt Ausgrenzung

Volker Kaufmann

1. Einleitung

Nationalismen gipfelten im »alten« Europa in zwei verheerenden Weltkriegen. Unendliches Leid führte schließlich zur Einsicht: Nie mehr Krieg! Die Allgemeine Erklärung der Menschenrechte der Vereinten Nationen und die Europäische Menschenrechtskonvention des Europarates leiteten eine Kehrtwende ein. Der Schutz der Menschenwürde wurde zum universellen Wert proklamiert, den die Menschenrechte garantieren sollen. Individuen und Minderheiten werden geschützt. Die Europäische Union begann als Wirtschaftsgemeinschaft zwecks Sicherstellung der Freizügigkeit von Arbeitskräften, Gütern, Dienstleistungen und Kapital. Allmählich erkannte sie, dass zu ihrer Fortentwicklung die bürgerlichen, politischen und sozialen Grundrechte nicht länger ein Schattendasein fristen dürfen. Hieraus resultierte die Antidiskriminierungskampagne der Europäischen Union. Deutschland hat verspätet die europäischen Vorgaben durch das Allgemeine Gleichbehandlungsgesetz umgesetzt. Ist dieses Gesetz europarechtstauglich? Inwieweit kann Recht Diskriminierung tatsächlich verhindern oder sind grundsätzlich außergerichtliche Formen der Streitbewältigung wie Mediation zu bevorzugen?

Wie alle anderen Handlungswissenschaften auch gehört die Soziale Arbeit zu den Menschenrechtsprofessionen, die sich an den Menschenrechten orientiert (siehe Dr. Stefan Spatscheck). Menschenrechte sind Utopien, die in der Realität immer wieder neu erkämpft werden müssen. Die International Federation of Social Work als Dachverband der Sozialen Arbeit proklamierte im Jahre 2001: »The principles of human rights and social justice are fundamental to social work«. Die Soziale Arbeit unterstützt ihre Adressaten bei der Erreichung ihrer legitimen Bedürfnisse. Die Menschenrechte sind der universell gültige Maßstab für die Befriedigung dieser Bedürfnisse.

2. Europa als Wertegemeinschaft

Europa versuchte über Jahrhunderte seine zahlreichen Konflikte mit kriegerischen Mitteln zu lösen. Ganz allmählich wuchs die Erkenntnis: Gewalt stellt kein angemessenes Mittel dar, Konflikte dauerhaft und nachhaltig zu lösen. Nur eine gemeinsame und demokratische Entwicklung nützt allen Ländern Europas. Grundlage der Wertegemeinschaft bildet die Europäische Menschenrechtskonvention, die wiederum in der Tradition der Allgemeinen Menschenrechtserklärung der Vereinten Nationen und anderer Abkommen steht.

Europarat und Europäische Union konnten sicherlich leider nicht alle Kriege in Gesamteuropa verhindern, sie haben aber eine bis dato beispielhafte friedensstiftende Wirkung, die für andere unbefriedete Regionen der Welt Hoffnung macht, bei gutem Willen aller Beteiligten alte Gräben zuzuschütten und neue Wege beschreiten zu können.

2.1 Europarat

Der Europarat ist (im Gegensatz zur EU) eine gesamteuropäische Organisation und besteht zurzeit aus 47 Mitgliedstaaten:

Albanien, Andorra, Armenien, Aserbaidschan, Belgien, Bosnien-Herzegowina, Bulgarien, Dänemark, Deutschland, Estland, Finnland, Frankreich, Georgien, Griechenland, Irland, Island, Italien, Kroatien, Lettland, Liechtenstein, Litauen, Luxemburg, Malta, »die ehemalige jugoslawische Republik Mazedonien«, Moldawien, Monaco, Montenegro, Niederlande, Norwegen, Österreich, Polen, Portugal, Rumänien, Russische Föderation, San Marino, Schweden, Schweiz, Serbien, Slowakische Republik, Slowenien, Spanien, Tschechische Republik, Türkei, Ukraine, Ungarn, Vereinigtes Königreich, Zypern.

Mit der Gründung des Europarates am 5. Mai 1949 wurden die Weichen für eine dauerhafte Friedensordnung in Europa gestellt. Der Europarat war von Beginn an eine Wertegemeinschaft. Im Mittelpunkt stehen:

- Schutz von Menschenrechten
- Förderung von Demokratie
- Betonung von Rechtsstaatlichkeit
- Wertschätzung der kulturellen Vielfalt
- Gemeinsames Handeln gegen Diskriminierung, Intoleranz etc.

Chancengleichheit und Vielfalt zwecks Verhinderung von Ausgrenzung und Benachteiligung waren seit jeher die tragenden Pfeiler des Europarates. Die »European Commission against Racism and Intolerance« (ECRI) ergreift Maßnahmen gegen Rassismus und Intoleranz.

2.2 Europäische Union (EU)

Der Europäischen Union gehören zurzeit 27 Staaten an:
Belgien, Bulgarien, Dänemark, Deutschland, Estland, Finnland, Frankreich, Griechenland, Irland, Italien, Lettland, Litauen, Luxemburg, Malta, Niederlande, Österreich, Polen, Portugal, Rumänien, Schweden, Slowakische Republik, Slowenien, Spanien, Tschechische Republik, Ungarn, Vereinigtes Königreich, Zypern.

Die Verträge zur Gründung der Europäischen Gemeinschaft für Kohle und Stahl (1951), der Europäischen Atomgemeinschaft (1957; später umbenannt in: EUROATOM) und der Europäischen Wirtschaftsgemeinschaft (1957; EWG) werden als sogenannte Römische Verträge bezeichnet. Am bekanntesten ist die EWG. Die EWG strebte einen gemeinsamen Markt an. Arbeitskräfte, Dienstleistungen und Güter sollten der Freizügigkeit unterliegen.

Der Vertrag von Maastricht im Jahre 1992 fasste die Gemeinschaften zusammen, weitete die Gemeinschaftszuständigkeiten über den wirtschaftlichen Bereich hinaus aus und verdeutlichte das durch Gründung der Europäischen Gemeinschaft (EG). Auf der EG fußt wiederum die Europäische Union (EU). Der Vertrag von Amsterdam im Jahre 1997 führte diesen eingeschlagenen Weg konsequent fort und ermöglichte der EU eine aktive Antidiskriminierungspolitik.

Am 7. Dezember 2000 proklamiert die EU in Nizza die Charta der Grundrechte, ein wahrer Meilenstein, denn in der Charta der Grundrechte der Europäischen Union ist zum ersten Mal in der Geschichte der Europäischen Union in einem einzigen Text die Gesamtheit der individuellen, politischen, wirtschaftlichen und sozialen Rechte der europäischen Bürgerinnen und Bürger anschaulich zusammengefasst.

Diese Rechte sind in sechs große Kapitel unterteilt:
- Würde des Menschen (Kapitel I)
- Freiheiten (Kapitel II)
- Gleichheit (Kapitel III)
- Solidarität (Kapitel IV)

- Bürgerrechte (Kapitel V)
- Justizielle Rechte (Kapitel VI)
- Allgemeine Bestimmungen (Kapitel VII)

Sie beruhen auf internationalen Übereinkommen der Vereinten Nationen und der Internationalen Arbeitsorganisation, der Europäischen Menschenrechtskonvention und der Europäischen Sozialcharta des Europarates sowie den Verfassungstraditionen der Mitgliedstaaten der Europäischen Union.

Hinsichtlich Sicherstellung von Chancengleichheit und Vermeidung von Ausgrenzung sind insbesondere Kapitel I, II und III von Bedeutung: Würde des Menschen, Freiheiten und Gleichheit.

3. Minderheitenperspektive oder ganzheitlicher Ansatz

Die Antidiskriminierungsarbeit unterscheidet im Wesentlichen zwischen zwei Ansätzen: dem *vertikalen* und dem *horizontalen* Ansatz.

Der *vertikale Ansatz* betrachtet die Lebenssituation einzelner oder mehrer Diskriminierungsopfer und geht hierbei von den Diskriminierungsmerkmalen Alter, Behinderung, Geschlecht, ethnische Herkunft/ Rasse, Religion/Weltanschauung, sexuelle Identität (Ausrichtung bzw. Orientierung) aus. Er hat die Defizite im Blick. Opfer werden so eher als Objekte betrachtet.

Der horizontale Ansatz richtet hingegen das Augenmerk auf die Ursachen schlechthin, die Diskriminierung auslösen, also weniger auf einzelne Diskriminierungsmerkmale. Er verlässt die Minderheitenperspektive zu Gunsten eines ganzheitlichen Ansatzes. Der horizontale Ansatz entspricht den Konzeptionen, die sich mit den Begriffen Inklusion oder Diversity verbinden. Strukturelle Rahmenbedingungen verhindern oder begünstigen Ausgrenzung, dabei spielt nur eine untergeordnete Rolle, welche Zielgruppe von Diskriminierungsopfern konkret betroffen ist. Im Vordergrund stehen die Rahmenbedingungen, die Minderheiten und die Mehrheit gleichermaßen herausfordern:

- Erkennen und Wertschätzen von Vielfalt, Unterschiedlichkeit und Ungleichheit,
- Austausch von Erwartungen und Einigung auf Regeln im Umgang mit Interessengegensätzen (Konflikten),

■ Integration von bewährtem Alten und Fremden zu einem neuen gesamtgesellschaftlichen Miteinander (Konsens).

Die EU mag in der Antidiskriminierungsgesetzgebung zwischen horizontalem und vertikalem Ansatz schwanken, in den begleitenden Aktionsprogrammen und Informationskampagnen setzt sie jedoch eindeutig auf eine ganzheitliche Betrachtung. Diversity ist – so gesehen – eine Weiterentwicklung und die positive Kehrseite von Antidiskriminierung. Inklusion ist bekanntlich das Gegenstück zu Exklusion und zielt in die gleiche Richtung. Ob Diversity oder Inklusion als Oberbegriff bezeichnet wird, hängt vom jeweiligen Betrachter ab.

Resümee: Antidiskriminierung ist eher defizit- und zielgruppenorientiert und somit die Kehrseite von Diversity, das eher ursachenorientiert und ganzheitlich ausgerichtet ist.

4. Begriffsbestimmung »Diskriminierung«

Der Begriff »Diskriminierung« kommt aus dem Lateinischen und bedeutet »trennen, scheiden, unterscheiden«. Ursprünglich ist der Begriff neutral. Heutzutage hat er aber meistens einen negativen Beigeschmack im Sinne von »aussondern und herabsetzen«. Dessen ungeachtet ist festzuhalten: Es gibt sowohl erwünschte als auch unerwünschte »Diskriminierung«. Förderprogramme für benachteiligte gesellschaftliche Gruppen (z.B. Behinderte, Frauen, Jugendliche und Migranten) machen durchaus Sinn und gehören zu den gerechtfertigten Diskriminierungen, um Nachteile bei der Teilnahme am gesellschaftlichen Leben auszugleichen.

5. Grundgesetz der Bundesrepublik Deutschland

Artikel 3 des Grundgesetzes der Bundesrepublik Deutschland beinhaltet die Gleichheit vor dem Gesetz, die Gleichberechtigung und Antidiskriminierungsverbote:
1. Alle Menschen sind vor dem Gesetz gleich.
2. Männer und Frauen sind gleichberechtigt. Der Staat fördert die tatsächliche Durchsetzung der Gleichberechtigung von Frauen und Männern und wirkt auf die Beseitigung bestehender Nachteile hin.

3. Niemand darf wegen seines Geschlechts, seiner Abstammung, seiner Rasse, seiner Sprache, seiner Heimat und Herkunft, seines Glaubens, seiner religiösen oder politischen Anschauungen benachteiligt oder bevorzugt werden. Niemand darf wegen seiner Behinderung benachteiligt werden.

Artikel 1 Schutz der Menschenwürde, Artikel 2 Freie Entfaltung, Artikel 14 Sozialbindung des Eigentums und Art. 33 Staatsbürgerliche Rechte und Pflichten sei ebenfalls erwähnt; weitere Bezüge lassen sich mühelos im Grundgesetz finden.

Das Sozialgesetzbuch (SGB) bezieht deutlich Position, zum Beispiel:
SGB VIII, § 1, Abs. 1 Recht auf Förderung, Abs. 3, Satz 4 Schaffung positiver Lebensbedingungen, § 5 Wunsch- und Wahlrecht, § 8 Beteiligung, § 11 Interessenorientiertheit, Mitgestaltung und Mitverantwortung, SGB XII (Sozialhilfe) § 1 Würde des Menschen, SGB (Behinderte) § 1 Rechte auf Selbstbestimmung und Teilhabe ohne Benachteiligung.

Das Bürgerliche Gesetzbuch gebietet seit jeher Gleichbehandlung und verbietet Ausgrenzung in etlichen Paragrafen.
Die Antidiskriminierung ist als Gleichbehandlungsgebot bereits seit Jahrzehnten in vielen Abkommen, Erklärungen und dergleichen verankert:

- Deklaration der Menschenrechte (1776 – US-Verfassung)
- Allgemeine Erklärung der Menschenrechte (1948)
- Internationaler Pakt über bürgerliche und politische Rechte (1966)
- Internationaler Pakt über wirtschaftliche, soziale und kulturelle Rechte (1966)
- Abkommen gegen Rassendiskriminierung (1966)
- Frauenrechtsübereinkommen (1979)
- Kinderrechtskonvention (1989)
- Europäische Menschenrechtskonvention (Art. 14)
- Europäische Sozialcharta (1961)
- Charta der Grundrechte der Europäischen Union (Art. 20 und 21).

Einschlägige Vorgaben im Völkerrecht, EU-Recht und nationalem Recht stellen die Gleichbehandlung und den Abbau von Benachteiligungen (Antidiskriminierung) gezielt in den Vordergrund. Die EU hat zudem ein Aktionsprogramm der Gemeinschaft zur Bekämpfung von Diskriminierung für die Jahre 2001 bis 2006 proklamiert. Das Bundesministerium für Arbeit und Sozialordnung ergriff in einer Auftaktveranstaltung am 21.09.2001 für die Bundesrepublik Deutschland die Initiative und startete eine diesbezügliche Kampagne, an der sich Regierungsstellen und Nichtregierungsorganisationen beteiligten.

Zusammenfassend lässt sich sagen:

- Internationale Abkommen verpflichten die Bundesrepublik Deutschland zum Schutz der Menschenrechte.

- Europarat und Europäische Union untersagen ihren Mitgliedsstaaten, also auch der Bundesrepublik Deutschland jedwede Ausgrenzung und Benachteiligung.

- Grundgesetz der Bundesrepublik Deutschland und innerdeutsches Recht (Sozialgesetzbuch und Bürgerliches Gesetzbuch) bekennen sich unmissverständlich zum Gleichbehandlungsgebot.

6. Das Allgemeine Gleichhandlungsgesetz (AGG) und seine Vorgeschichte

Im Grundgesetz der Bundesrepublik Deutschland und im Bürgerlichen Gesetzbuch sind Antidiskriminierungsverbote seit Langem verankert. Das Gleichbehandlungsgebot des Grundgesetzes schützt Bürgerinnen und Bürger hauptsächlich in Bezug auf den Staat und seine Gliederungen; das Bürgerliche Gesetzbuch enthält viele positive Absichtserklärungen. Vom Ergebnis her fehlt aber ein wirksamer Antidiskriminierungsschutz im Privatrecht. Diese Schutzlücke versuchen die Vorgaben der Europäischen Union zu schließen.

Seit Beginn der Diskussionen um die Umsetzung der EU-Richtlinien ist ein ideologischer Streit entbrannt: Ist das Recht geeignet, Diskriminierung zu verhindern bzw. zu beseitigen? Handelt es sich beim Allgemeinen Gleichbehandlungsgesetz nur um einen weiteren Eingriff in die Privatsphäre und die (Vertrags-)Freiheit des Einzelnen? Ist Chancengleichheit am ehesten durch das sogenannte freie Spiel der Kräfte zu erreichen? Die Antworten auf diese Fragen hängen vom jeweiligen Standpunkt der Antwortenden ab.

Unstreitig ist die Ausgangslage: In einer Welt der zunehmenden Globalisierung mit der Tendenz zur Liberalisierung, das heißt, Abbau von sozialen Schutzbestimmungen und der Betonung der individuellen Vorsorge gegen die Risiken des Lebens ist der Abbau von Barrieren von grundlegender Bedeutung. Ansonsten ist wirksame individuelle Daseinsvorsorge ein Privileg von Angehörigen von Mittelschichten, deren Zahl tendenziell abnimmt. Vorrang hat der freie Zugang zu allen Dienstleistungen und Gütern; Nachrang hat das Recht auf Diskriminierung. Die aktuelle Finanzkrise zeigt anschaulich, wie wichtig und unerlässlich Regeln sind. Freiheitsrechte hören dort auf, wo schützenwerte Individual- und Gruppenrechte ansonsten in Gefahr geraten könnten.

6.1 Leitziel des Allgemeinen Gleichbehandlungsgesetzes (AGG)

Das Allgemeine Gleichbehandlungsgesetz (AGG) verbietet Diskriminierung wegen nachstehender Merkmale:
- Alter
- Behinderung
- Geschlecht
- ethnische Herkunft/Rasse
- Religion/Weltanschauung
- sexuelle Identität (Ausrichtung bzw. Orientierung).

An erster Stelle steht die Verhinderung von Benachteiligung, an zweiter Stelle die Beseitigung (§ 1 AGG), was kein Zufall ist. Der Schwerpunkt wird somit eindeutig auf Vorbeugung gesetzt. Informations- und Schulungskampagnen sowie Trainingsprogramme sollen verhindern, dass Diskriminierung überhaupt entsteht und dann notgedrungen an den Symptomen herumkuriert wird. Dieser zentrale Gedanke durchzieht das ganze Allgemeine Gleichbehandlungsgesetz.

6.2 Unmittelbare Benachteiligung

Erfährt eine Person wegen eines geschützten Diskriminierungsmerkmals eine weniger günstige Behandlung als eine andere Person in vergleichbarer Situation (§ 3 Abs. 1 S. 1 AGG), liegt eine unmittelbare Benachteiligung vor. Eine unmittelbare Benachteiligung setzt keine bewusste, zielgerichtete Benachteiligung voraus. Die objektive Möglichkeit der Benachteiligung reicht völlig aus.

6.3 Mittelbare Benachteiligung

Benachteiligen dem Anschein nach neutrale Vorschriften, Kriterien oder Verfahren, Personen wegen eines geschützten Diskriminierungsmerkmals gegenüber anderen Personen in besonderer Weise, wird das als mittelbare Benachteiligung bezeichnet. Ausnahmen sind nur zulässig, wenn die betreffenden Vorschriften, Kriterien oder Verfahren durch ein rechtmäßiges Ziel sachlich gerechtfertigt und die Mittel zur Erreichung dieses Ziels angemessen und erforderlich sind (§ 3 Abs. 2 AGG). Eine prozentual wesentlich stärkere Belastung einer Gruppe gegenüber einer anderen durch an sich neutrale Vorschriften, könnte hierfür ein Anzeichen sein. Eine mögliche Benachteiligung kann schon ausreichen.

6.4 Belästigung

Als Benachteiligung ist (§ 3 Abs. 3 AGG) auch eine Belästigung anzusehen, falls diese im Zusammenhang mit einem geschützten Diskriminierungsmerkmal stehen und unerwünschte Verhaltensweisen bezwecken oder bewirken, die die Würde der betreffenden Person verletzen oder eine feindliche Umgebung schaffen.

Belästigung kann sowohl verbal als auch nonverbal erfolgen (ausgestreckter Mittelfinger). Dazu zählen beispielsweise Verleumdung, Beleidigung und abwertende Äußerungen, Anfeindung, Drohungen und körperliche Übergriffe im Zusammenhang mit einem geschützten Diskriminierungsmerkmal.

6.5 Sexuelle Belästigung

Sexuelle Belästigungen sind nach dem AGG untersagt (§ 3 Abs. 4 AGG). Eine solche sexuelle Belästigung besteht in einem unerwünsch-

146

ten, sexuell bestimmten Verhalten, das bezweckt oder bewirkt, dass die Würde der betreffenden Person verletzt wird, insbesondere wenn ein von Einschüchterungen, Anfeindungen, Erniedrigungen, Entwürdigungen oder Beleidigungen gekennzeichnetes Umfeld geschaffen wird. Zum sexuell bestimmten Verhalten gehören unerwünschte sexuelle Handlungen und Aufforderungen zu diesen, sexuell bestimmte körperliche Berührungen, Bemerkungen sexuellen Inhalts sowie unerwünschtes Zeigen und sichtbares Anbringen von pornographischen Darstellungen.

6.6 Anweisung zu einer Benachteiligung

Auch die Anweisung, eine Person wegen eines Diskriminierungsmerkmals zu benachteiligen, ist Diskriminierung (§ 3 Abs. 5 AGG). Die Anweisung muss vorsätzlich erfolgen; die Verbotswidrigkeit braucht dem Handelnden nicht bewusst zu sein. Es kommt nicht darauf an, ob die Anweisung tatsächlich umgesetzt wird.

6.7 Privatrechtliches Diskriminierungsverbot

Der privatrechtliche Teil des AGG ist deutlich weniger ausgestaltet als der arbeitsrechtliche Teil. Im Gegensatz zum Arbeitsrecht ist die Weltanschauung überhaupt nicht geschützt. Ein umfassendes Diskriminierungsverbot gilt im Privatrecht lediglich bei Diskriminierung aus Gründen der ethnischen Herkunft/Rasse. Jede Benachteiligung wegen dieser Gründe ist bei Begründung, Durchführung und Beendigung privatrechtlicher Verträge untersagt (§ 19 Abs. 2 AGG). Für alle anderen Diskriminierungsgruppen gilt das Benachteiligungsverbot nur für sogenannte Massengeschäfte und privatrechtliche Versicherungen (§ 19 Abs. 1 AGG). Massengeschäfte sind solche, die typischerweise ohne Ansehen der Person zu vergleichbaren Bedingungen in einer Vielzahl von Fällen zustande kommen (Massengeschäfte) oder bei denen das Ansehen der Person nach der Art des Schuldverhältnisses eine nachrangige Bedeutung hat und die zu vergleichbaren Bedingungen in einer Vielzahl von Fällen zustande kommen (§ 19 Abs. 1 Nr. 1 AGG).

Das AGG gilt grundsätzlich nicht bei:

- familien- und erbrechtlichen Fragen (§ 19 Abs. 4 AGG),
- besonderem Nähe- oder Vertrauensverhältnis der Beteiligten zueinander (§ 19 Abs. 5 Satz 2 AGG).

Das AGG greift nicht, sofern Angehörige Wohnraum auf demselben Grundstück nutzen wollen. Darüber hinaus sind Vermietungen vom Diskriminierungsschutz ausgenommen, wenn der Vermieter weniger als 51 Wohnungen vermietet (§ 19 Abs. 5 Satz 3 AGG).

7. Europäischer Gerichtshof

Das AGG hat die EU-Richtlinien umzusetzen. Diese Richtlinien sind Mindeststandards, die überboten, aber nicht unterboten werden dürfen. Die Frage der Europarechtstauglichkeit stellt sich in Bezug auf das AGG in mehrfacher Hinsicht:

- Massengeschäfte
- Nähebereich
- Vermietung
- Selbstbestimmungsrecht bzw. Tendenzschutz
- Fristen
- Beweislast
- Verbandsklagerecht
- Kündigungsschutz.

Der Europäische Gerichtshof in Luxemburg wacht darüber, ob die europäischen Vorgaben tatsächlich in den Mitgliedstaaten in vollem Umfang angewandt werden. Urteile sind rechtlich bindend. Die Gerichte der Mitgliedstaaten können sogar selber den Europäischen Gerichtshof anrufen.

8. Amsterdamer Vertrag

Der Amsterdamer Vertrag aus dem Jahre 1997 ergänzt die Römischen Verträge (Verträge zur Gründung der Europäischen Union im Jahre 1957) und gibt im Artikel 13 die Richtung vor. Der Rat kann geeignete Vorkehrungen treffen, »um Diskriminierungen aus Gründen des Geschlechts, der Rasse, der ethnischen Herkunft, der Religion oder der Weltanschauung, einer Behinderung, des Alters oder der sexuellen Ausrichtung zu bekämpfen«.

In Ausgestaltung dieser Vorgabe hat der Rat in den Jahren 2000, 2002 und 2004 Richtlinien beschlossen, die in innerstaatliches Recht der EU-Mitgliedsländer zwingend umzusetzen sind:

- Richtlinie 2000/43 des Rates vom 29.06.2000 zur Anwendung des Gleichbehandlungsgrundsatzes ohne Unterschied der Rasse oder der ethnischen Herkunft.
- Richtlinie 2000/78/EG des Rates vom 27.11.2000 zur Festlegung eines allgemeinen Rahmens für die Verwirklichung der Gleichbehandlung in Beschäftigung und Beruf.
- Richtlinie 2002/73/EG des Rates vom 23.09.2002 der Gleichbehandlung von Männern und Frauen zur Änderung der Richtlinie 76/207/EWG des Rates zur Verwirklichung des Grundsatzes der Gleichbehandlung von Männern und Frauen hinsichtlich des Zugangs zur Beschäftigung, zur Berufsausbildung zum beruflichen Aufstieg sowie in Bezug auf die Arbeitsbedingungen.
- Richtlinie 2004/113/EG des Rates vom 13.12.2004 der Gleichbehandlung von Männern und Frauen beim Zugang zu und bei Versorgung mit Gütern und Dienstleistungen.

Laut den Richtlinien sollen sowohl unmittelbare als auch mittelbare Diskriminierungen geahndet werden. Letzteres meint Gesetze und Verordnungen, die objektiv für alle gelten, aber subjektiv in ihren Auswirkungen bestimmte Gruppen benachteiligen. Es geht allerdings nicht nur um Benachteiligungen, die von Institutionen oder vom Staat ausgehen, sondern auch um solche, die sich im privaten oder gesellschaftlichen Bereich abspielen. Dies ist eine neue Dimension, die über den bisherigen rechtlichen Rahmen weit hinausgeht.

Die Richtlinien sehen ein besonderes Beweislastverfahren vor, das Opfern – zu Ungunsten von Tätern – eine stärkere Position einräumt als das sonst üblich ist; zumindest in besonders schweren Fällen von Diskriminierung sind so genannte Verbandsklagen angezeigt. Begründete Beschwerden müssen in einem geordneten Verfahren untersucht werden. Die Einrichtung von entsprechenden Stellen in den Mitgliedsländern ist ausdrücklich vorgesehen.

Zudem hat die EU-Kommission am 02.07.2008 einen Vorschlag für eine neue Richtlinie angenommen, die für den Schutz vor Diskriminierung wegen des Alters, einer Behinderung, der sexuellen Ausrichtung, der Religion oder der Weltanschauung außerhalb des Arbeitsmarktes sorgt. Diese neue Richtlinie gewährleistet Gleichbehandlung in den Bereichen Sozialschutz (soziale Sicherheit und Gesundheitsdienste inbegriffen), Bildung sowie Zugang zu und Versorgung mit Gütern und Dienstleistungen, die von allen Bürgern erworben werden können, einschließlich Wohnraum.

Vladimír Špidla, EU-Kommissar für Beschäftigung, Soziales und Chancengleichheit umreißt anschaulich das Problem: »Das Recht auf Gleichbehandlung ist von grundlegender Bedeutung, doch noch immer sind Millionen Menschen in der EU täglich Diskriminierungen ausgesetzt. Und auch das Gemeinschaftsrecht ist lückenhaft, da die Menschen außerhalb des Arbeitsmarktes bislang nur vor Diskriminierung wegen des Geschlechts, der Rasse oder der ethnischen Herkunft geschützt sind. Wir müssen alle Diskriminierungsgründe gleichermaßen in unseren Rechtsvorschriften abdecken.«

Agency for Fundamental Rights (FRA) überwacht als Nachfolgeorganisation von European Monitoring Centre on Racism and Xenophobia (EUMC) die Einhaltung der Menschenrechte und die Verhinderung von Ausgrenzung in Europa.

Die EU-Richtlinien werden in Deutschland durch das Allgemeine Gleichbehandlungsgesetz, das am 18.08.2006 in Kraft getreten ist, umgesetzt.

9. Antidiskriminierungsnetzwerk in Baden-Württemberg »mittendrinundaussenvor.de«

Die Evangelischen Landeskirchen und die Diakonie in Baden und Württemberg beteiligen sich aus ihrem christlichen Selbstverständnis heraus an der Antidiskriminierungskampagne der Europäischen Union. Aus diesem Grund ist das Antidiskriminierungsnetzwerk in Baden-Württemberg mit dem Namen »mittendrinundaussenvor.de« mit dem Ziel gegründet worden, Vielfalt zu fördern und Ausgrenzung zu verhindern. Das Pilotprojekt erstreckt sich zunächst auf eine fünfjährige Erprobungsphase und soll auf Dauer fortgeführt werden. Das Bundesamt für Migration und Flüchtlinge fördert das Projekt.

Menschen mit Migrationshintergrund, die wegen ihrer Abstammung, ihrer Hautfarbe, ihrer Herkunft, ihrer Religion, ihrer Weltanschauung, ihres Geschlechts, ihrer Behinderung, ihres Alters, ihrer sexuellen Orientierung diskriminiert werden, können sich an die Ombudsstelle wenden. Bildungseinrichtungen, Betriebe, Behörden und Versorgungsunternehmen sind eingeladen, sich am Netzwerk zu beteiligen, sich zu informieren und bei Bedarf Menschenrechts-Schulungen und Antidiskriminierungstrainings-Programme gemeinsam zu planen und durchzuführen.

Ombudsstelle und Netzwerk bilden die beiden Säulen des Projekts:

9.1 Ombuds-Stelle

Die Ombudsstelle nimmt Beschwerden per Internet, E-Mail oder per Telefon entgegen und klärt ab, ob aus ihrer Sicht eine Diskriminierung vorliegt, die nicht hinzunehmen ist. Sie vermittelt Hilfen für die Beschwerdeführenden (auch »Opfer« genannt) vor Ort, pflegt das Netzwerk, leistet einzelfallübergreifend Lobbyarbeit und Bewusstseinsbildung. Die Diskriminierungsverursacher (auch »Täter« genannt) sollen sensibilisiert werden, Diskriminierung wegen der Abstammung, der Hautfarbe, der Herkunft, der Religion, der Weltanschauung, des Geschlechts, der Behinderung, des Alters, der sexuellen Orientierung zu unterlassen.

Die Ombudsstelle besteht aus einem Team von sozialpädagogischem, seelsorgerlichem und juristischem Fachpersonal.

9.2 Netzwerk

In den Regionen werden vorhandene Initiativen, Organisationen, Dienste und Einrichtungen zu einem Netzwerk gebündelt, das in Einzelfällen für die Beschwerdeführenden Lösungen herbeiführt. Die regionalen Dienste schärfen ihren Blick für menschenrechtsbezogene Standards und entwickeln auf diese Weise ihr Leistungsangebot qualitativ weiter.

9.3 Projekt »Diversity-Management zwecks Inklusion« (DMI)

Das geplante neue Projekt »Diversity-Management als Inklusionsstrategie« (DMI) hat eine Laufzeit von drei Jahren. Es deckt die Strukturen auf, die Diskriminierung verursachen, indem alle Diskriminierungsmerkmale (Abstammung, Herkunft und Hautfarbe; Alter; Behinderung; Geschlecht; Religion und Weltanschauung; sexuelle Ausrichtung) gemäß Amsterdamer Vertrag in den Blick genommen werden, insbesondere liegt der Fokus auf »Diskriminierung von Menschen mit Migrationshintergrund«.

Folgende Ziele werden umgesetzt:
- Bestandsaufnahme
- Erstellung von Publikationen
- Entwicklung von Präsenz- und Online-Trainingsmodulen
- Implementierung von betrieblichen Antidiskriminierungsvereinbarungen
- Initiierung von regionalen Projekten.

10. Bildung und Sprache in der Einwanderungsgesellschaft

PISA-Studie und Bildungsbericht der Kultusministerkonferenz und des Bundesministeriums für Bildung und Forschung haben die Benachteiligung von Migranten im hiesigen Bildungswesen bestätigt. In diesem Zusammenhang ist auch der Besuch des UN-Sonderberichterstatters für Bildung, Vernor Munoz, im März 2006 zu sehen, der die Aufmerksamkeit auf die Menschenrechtsstandards des Bildungssystems in Deutschland lenkte. Aus der Perspektive des Menschenrechtes auf Bildung ist der diskriminierungsfreie Zugang zu Bildung zu gewährleisten, denn:
- Bildung ist ein Menschenrecht.
- Vorenthaltung von Bildung und Muttersprache stellt eine Diskriminierung dar.

Inakzeptabel ist die Tatsache, dass viele Schülerinnen und Schüler die Schule ohne Abschluss verlassen. Die Kompetenzen in den Herkunftssprachen der Kinder spielen in den Bildungseinrichtungen keine Rolle. Diese Missachtung mehrsprachiger Kompetenzen steht im Widerspruch zu Zielsetzungen europäischer Bildungspolitik, nach denen Mehrsprachigkeit als Chance gesehen wird und in der Schule gefördert werden soll.

Die Bildungsmisserfolge von Kindern mit Migrationshintergrund sind erschreckend. Sie sind an den Haupt- und Sonderschulen überrepräsentiert und an Gymnasien und in Ausbildungsverhältnissen unterrepräsentiert. Selbst bei Vorliegen eines Hauptschulabschlusses werden Migranten benachteiligt, wie eine Studie des Bundesinstituts für Berufsbildung und der Bundesanstalt für Arbeit aus dem Jahre 2002 belegt: 43 % der deutschen Bewerber mit Hauptschulabschluss, aber nur 23 % der ausländischen Gleichaltrigen fanden eine Lehrstelle.

Unzureichende Deutschkenntnisse werden häufig zu generellen Lernschwierigkeiten umdefiniert und nicht als mögliche Ursachen für Lernprobleme erkannt. Gäbe es verstärkt Förderprogramme, bekämen mehr Kinder mit Migrationshintergrund eine Empfehlung für das Gymnasium. Ein Schulsystem, das zu früh mit der Selektion der Kinder beginnt, führt zu Benachteiligungen von Migrantenkindern.

Der viel beschworenen Bildungsoffensive müssen Taten folgen. Beim Integrationsgipfel unter Leitung von Bundeskanzlerin Dr. Merkel am 14.07.2006 hoben alle Teilnehmenden die Bedeutung von Bildung und Ausbildung von Migranten hervor. Dies setzt interkulturelle und menschenrechtsbildnerische Kompetenzen der künftigen sozialen Fachkräfte und Lehrkräfte voraus. Nur so kann es gelingen, den spezifischen Bedürfnissen von Migranten gerecht zu werden und schulische Defizite dieses Klientels abzubauen.

Laut Statistischem Jahresbuch 2008 hat sich der Trend fortgesetzt, dass viele Migranten keinen Schulabschluss schaffen. Die erfreuliche Nachricht in diesem Bericht, wonach 21 % der Migranten die Hochschulreife (im Gegensatz zu 18 % der Einheimischen) erfolgreich erwerben, ändert nichts an dieser dramatischen Entwicklung.

11. Mediation als alternative Form der Streitbewältigung

Vielfalt gehört zu unserem Alltag. Die damit verbundene Verschiedenheit kann zu Spannungen, zuweilen sogar zu Konflikten führen. Die Antidiskriminierungsrichtlinien der Europäischen Union und das

Allgemeine Gleichbehandlungsgesetz der Bundesrepublik Deutschland streben an, Ausgrenzung oder Benachteiligung zu verhindern bzw. zu beseitigen. Nicht zuletzt ist damit eine Kultur gemeint, die konstruktiv mit Unterschiedlichkeit umgeht und neue Formen des Miteinanders einübt. Hierzu gehört auch die außergerichtliche Streitbeilegung und eine ihrer bekanntesten Methoden, die Mediation.

Die Ursprünge der Mediation liegen in Europa und reichen weit in die Geschichte zurück. Seit den achtziger Jahren des 20. Jahrhunderts werden insbesondere in den angelsächsische Ländern wie USA, Australien und Kanada diese Verfahren verstärkt in der heutigen Form angewendet. Die Mediation unterscheidet sich grundlegend von dem Rechtsanwalts- und dem Gerichtsvergleich sowie der Schlichtung und dem Schiedsspruch. Bei diesen Konfliktlösungsmodellen sind nur bedingt Einflussnahmen durch die Betroffenen möglich. Es gibt eine eindeutige hierarchische Ordnung: Rechtsanwältinnen/Rechtsanwälte und Richter/innen nehmen Partei und machen konkrete Lösungsversuche zu den jeweiligen Streitfällen; Schlichter/innen und Schiedspersonen haben sogar die Kompetenz, ein Lösungsergebnis zu verfügen.

Ganz anders verhält es sich bei der Mediation. Der Mediator verhält sich neutral und ist unabhängig und unparteiisch bzw. allparteilich sowohl in der anstehenden Sachfrage als auch als handelnde Person. Der Mediator hat keinerlei Entscheidungsbefugnis und steuert im Einvernehmen mit den Beteiligten das Verfahren, an dessen Ende eine für alle tragfähige Lösung stehen soll. Mediation ist absolut freiwillig und kann jederzeit von einem der Beteiligten beendet werden. Mediation möchte nicht nur das aktuelle Problem lösen, sondern verfolgt den Anspruch, eine befriedende Wirkung auf das weitere Miteinander der Beteiligten zu entfalten. Bei einem herkömmlichen Gerichtsverfahren entscheidet der Richter in seiner hoheitlichen Kompetenz, ohne die gesamte Lebenswirklichkeit berücksichtigen zu können. Die unterlegene Partei wird mit einiger Wahrscheinlichkeit nach Möglichkeiten suchen, in weiteren Prozessen doch noch »sein« Recht zu erstreiten.

Haft/Schlieffen bringt den Vorteil von Mediation auf den Punkt: »Die Definition macht die Mediation nicht von einem Ergebnis abhängig. Mediation liegt demzufolge auch dann vor, wenn keine wertschöpfende Entscheidung zustande kommt.«

Bei interkultureller Mediation geht es vorrangig um kulturbedingte Eigenheiten eines Konflikts. Die kulturelle Zugehörigkeit der Konfliktpartner/innen ist daher ein wesentliches Element im Lösungsprozess, das konstruktiv einzusetzen ist.

12. Rassismus in Deutschland

Die UN-Experten im »Committee on the Elimination of Racial Discrimination« (CERD: UN-Ausschuss zur Beseitigung von rassistischer Diskriminierung) untersuchten, inwieweit Deutschland seinen Verpflichtungen aus der Internationalen Konvention zur Abschaffung von Rassismus nachkommt. Wie alle 173 Mitgliedstaaten des Abkommens ist Deutschland verpflichtet, regelmäßige Berichte vorzulegen.

Positiv wertete CERD die Einführung des Allgemeinen Gleichstellungsgesetzes sowie die Islamkonferenz des Bundesinnenministeriums. Ansonsten kritisierte CERD Form und Umfang der Rassismus-Bekämpfung in Deutschland. Diskriminierung erleiden auch Einheimische, dennoch sind Menschen mit Migrationshintergrund in besondere Weise betroffen. CERD-Berichterstatter für Deutschland, Patrick Thornberry hob hervor, 20 Prozent der Bevölkerung in Deutschland (18,4 % laut Statistischem Jahrbuch 2008) habe einen Migrationshintergrund, rund 8 Prozent hiervon seien »Ausländer ohne deutschen Pass«.

Im Einzelnen wurde bemängelt:

- Der Sprachgebrauch sei nicht optimal.
- Die Statistiken seien zu wenig differenziert.
- Der Schulbesuch von Asylbewerber-Kindern sei mancherorts nicht gewährleistet.
- Sinti und Roma würden auf dem Arbeitsmarkt benachteiligt.
- Der Anteil von Migrantenkindern in Sonderschulen sei besonders hoch.
- Rassistische Überfälle auf Juden, Muslime, Sinti und Roma sowie Afrikaner hätten zugenommen.
- Rassistische Motivation würde im deutschen Strafrecht nicht ausdrücklich als strafverschärfend angesehen werden.
- Opfern von rassistischen Gewalttaten würde meist weniger Geld nach dem Opferentschädigungsgesetz als Deutschen zugesprochen werden.
- Einbürgerungswillige Migranten (zum Beispiel Muslime in Baden-Württemberg) würden durch spezifische Fragen stigmatisiert.

Das Bundesjustizministerium will die Empfehlungen des Ausschusses prüfen und sorgfältig auswerten. Für eine Stellungnahme sei es noch zu früh. Bundesjustizministerin Brigitte Zypries hatte während des deutschen EU-Ratsvorsitzes im Jahr 2007 einen europäischen Rahmenbeschluss gegen Rassismus und Fremdenfeindlichkeit angeregt. Demnach sollten europaweit Gefängnisstrafen für Aufrufe zu Hass und Gewalt angedroht sowie Leugnen oder Verharmlosung von Völkermorden unter Strafe gestellt werden.

Die Internationale Liga für Menschenrechte kritisierte die Missstände in Deutschland: Es sei klar geworden, dass die Bundesregierung nicht entschieden genug gegen Rassismus vorgehe. Bereits vor sieben Jahren habe die Bundesregierung bei der Weltrassismuskonferenz versprochen, einen Nationalen Aktionsplan gegen Rassismus aufzustellen, sagte Vizepräsident Yonas Endrias.

13. Vielfalt als gesellschaftliche Wirklichkeit und Herausforderung

Der 6. Bericht über die Lage der Ausländerinnen und Ausländer in Deutschland der Bundesregierung für Migration, Flüchtlinge und Integration beschreibt präzise die aktuelle Entwicklung in unserem Land (Berlin, 23.06.2005):

»Nicht nur unsere Gesellschaft, auch die Migrantenbevölkerung selbst ist vielfältiger und ausdifferenzierter geworden. Längst handelt sich nicht mehr um eine reine Gastarbeiterpopulation, auch in der ausländischen Wohnbevölkerung haben wir es mit einer zunehmenden sozioökonomischen Differenzierung von Lebenslagen zu tun, der sehr unterschiedliche kulturelle, religiöse und politische Orientierungen entsprechen. Kulturelle und religiöse Vielfalt werden das Leben in unserer alternden Gesellschaft von Generationen zu Generationen stärker kennzeichnen.«

Gelingende Integration setzt die Bereitschaft aller Beteiligten voraus, sich einem wechselseitigen Lernprozess zu öffnen und sich in seinen jeweiligen Prägungen zu respektieren. Rechte und Pflichten müssen allgemein verbindlich sein.

14. Bewertung

Die weltweiten Wanderungsbewegungen und die Erweiterung der EU können erhebliche soziale Spannungen in den EU-Mitgliedsländern hervorrufen, wenn der theoretische Anspruch auf Gleichbehandlung nicht auch faktisch Wirklichkeit wird. Ungerechtfertigte Diskriminierung kann Einheimische, Minderheiten und Migranten gleichermaßen treffen und ist für alle Betroffene, unabhängig von der Herkunft, schmerzlich. Antidiskriminierung kann durch das Allgemeine Gleichbehandlungsgesetz begünstigt, jedoch nicht hergestellt werden. Hierzu bedarf es gemeinsamer Anstrengungen aller gutwilligen Kräfte in Gesellschaft und Staat. Antidiskriminierungsarbeit kann einen nachhaltigen Beitrag zum Zusammenwachsen der unterschiedlichen Gesellschaftsgruppen leisten, indem es das zwischenmenschliche Miteinander fördert. Das ist vor allem in Zeiten des Sozialabbaus ein unverzichtbarer Beitrag zum inneren Frieden einer Gesellschaft. Davon abgesehen könnte es ein selbstkritisches Qualitätsmerkmal der Verantwortlichen in Staat und Gesellschaft werden, eigenes Handeln dem Leitziel der Antidiskriminierung unterzuordnen und so zum Entstehen neuer Gemeinschaftswerte beizutragen.

Das Postulat der Antidiskriminierung darf nicht in einem rein formalistischen Sinn angewandt werden, sondern muss den jeweiligen Gesamtzusammenhang angemessen berücksichtigen: Ungleiche Tatbestände bedingen auch unterschiedliche Behandlungen und stellen dennoch keine Diskriminierung im Sinne der EU-Antidiskriminierungskampagne dar. Antidiskriminierung soll nicht zu einem Schlagwort verkommen, das neue Tabus schafft und kritische Hinterfragungen unterbindet, sondern soll – im Gegenteil – den gesellschaftlichen Diskurs, wie mit Minderheiten menschenwürdig umzugehen ist, beflügeln.

Praxisbeiträge und Umsetzungsstrategien

Interkulturelle Öffnung sozialer Einrichtungen

Josef Minarsch-Engisch

1. Grundgedanken

Die homogene Gesellschaft ist eine Fiktion, die unser Denken beherrscht.

Die Bundesrepublik Deutschland ist ein Einwanderungsland, eine multiethnische, multikulturelle, multireligiöse, nichthomogene Gesellschaft. Und das ist sie nicht erst seit kurzem. Migration hat es immer gegeben, und es wird sie weiterhin geben. Es geht also nicht darum, nachzuweisen, dass wir in einer Einwanderungsgesellschaft leben. Vielmehr müssen wir uns fragen, wie gehen wir damit um?

Heterogenität beschreibt den Normalfall, die Realität in Deutschland. Auch ohne jede Migration wäre dieses Land multikulturell. »Wir leben heute in der Bundesrepublik Deutschland in einer Gesellschaft, die mit Begriffen wie Multikulturalität, Mehrsprachigkeit, ethnische, sprachliche, kulturelle, geschlechts- und altersspezifische Heterogenität beschrieben werden könnte. Diese Heterogenität, die eigentlich den Normalfall darstellt, wird zu einer Ausnahme bzw. zu einem vorübergehenden Phänomen erklärt. Es wird als ein neues Phänomen ausgegeben, das erst seit der jüngsten Migrationsgeschichte zu existieren scheint, so als wäre Homogenität jemals gesellschaftliche Realität gewesen« (Kalpaka 1999).

Die Herausforderung durch Migration besteht darin, die neuen Mitglieder der Gesellschaft einzubeziehen und nicht auszugrenzen.

Gleichberechtigte Teilhabe in allen gesellschaftlichen Bereichen – von Wirtschaft, Politik, kulturellen Institutionen bis hin zu Verwaltung/Behörden, Polizei, medizinischen Einrichtungen, Bildungseinrichtungen und sozialen Diensten – ist das Gebot für eine demokratische Gesellschaft. Notwendig ist eine interkulturelle Öffnung unserer Gesellschaft und all ihrer Institutionen. Öffnung bedeutet zunächst ganz elementar, dass diese Gesellschaft offen ist für Einwanderung und ihre Institutionen für alle hier lebenden Menschen öffnet.

Öffnung impliziert aber auch, von MigrantInnen nicht eine bedingungslose Anpassung als Vorleistung für ihre gesellschaftliche und politische Integration zu fordern. Öffnung heißt nicht zuletzt, offen zu sein für eine kritische und konstruktive Auseinandersetzung über Unterschiede und Gemeinsamkeiten, um darin notwendige gesellschaftliche Übereinkünfte immer wieder neu zu bestimmen. Migration und Globalisierung erfordern nun, in diesen Prozess auch die neuen Mitglieder der Gesellschaft einzubeziehen.

Interkulturelle Öffnung ist eine institutionelle, zukunftsweisende Aufgabe, die sich quer durch die Gesellschaft zieht. Sie betrifft alle Bereiche des gesellschaftlichen Lebens. In all diesen Institutionen muss ein Umfeld gestaltet werden, das Migrantinnen nicht benachteiligt, sondern ihren spezifischen Bedürfnissen gerecht wird. Erste Aufgabe ist dabei, bestehende Zugangsbarrieren abzubauen.

2. Was verstehen wir unter Interkultureller Öffnung?

(Plaßmann 2005, S.17)

Interkulturelle Öffnung hat das Ziel, dass alle Menschen, unabhängig von ihrer sozialen oder ethnischen Herkunft, an den gesellschaftlichen Möglichkeiten in gleicher Weise teilhaben und teilnehmen können. Als Interkulturelle Öffnung bezeichnen wir[1] den Veränderungsprozess von Institutionen, diesem Ziel näherzukommen.

Interkulturelle Öffnung berücksichtigt dabei nicht nur die kulturelle Vielfalt der Gesellschaft, sondern nimmt insbesondere die gesellschaftlichen Bedingungen des Einwanderungslandes Deutschland und deren Auswirkungen auf die MigrantInnen und die Mehrheitsgesellschaft in den Blick. Im folgenden Schaubild sind einige Anregungen für soziale Einrichtungen zusammengefasst.

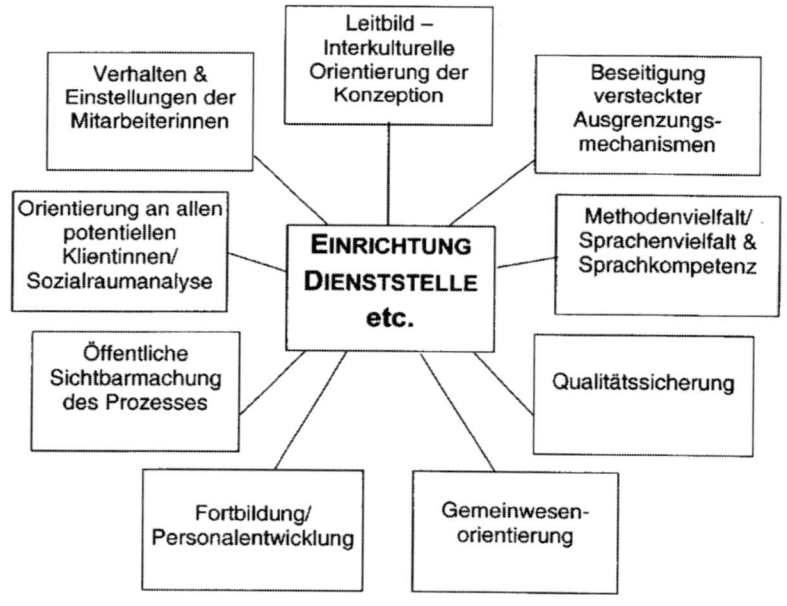

(Handbuch 2001)

---

1   Wir, das ist die Arbeitsgruppe im Diakonischen Werk Württemberg, die das Trainings- und Methodenhandbuch. Bausteine zur interkulturellen Öffnung entwickelt hat. Grafik und nachfolgende Erklärungen sind aus diesem Handbuch.

2.1 Interkulturelle Orientierung der Einrichtungsgrundsätze und der Konzeption (Leitbild)

»Interkulturalität« bedarf einer institutionellen Verankerung. Sie muss sich in der Konzeption der Einrichtung ebenso wie in der konkreten Praxis niederschlagen. Träger und Mitarbeiterinnen müssen sich auf entsprechende Ziele verständigen, mit deren Hilfe die Arbeit gemessen, überprüft und eventuell verbessert werden kann.

2.2 Beseitigung versteckter Ausgrenzungsmechanismen

Jede Form Sozialer Arbeit grenzt bestimmte Personen oder Personengruppen – bewusst oder unbewusst – aus. Das Ziel professioneller Arbeit muss es sein, die unbewussten Ausgrenzungsmechanismen bewusst zu machen und sie einer kritischen Reflexion zu unterziehen. Gerade in der Arbeit mit Menschen aus anderen Kulturen gibt es eine Fülle von versteckten Hindernissen. Es ist wichtig, genau hinzusehen. Was ist zum Beispiel die Ursache für die unterschiedlich hohen Migrantenkinder-Anteile in kommunalen, evangelischen und katholischen Kindertagesstätten? Liegt es nur an der Lage der Einrichtungen – oder spielt auch Diskriminierung eine Rolle?

2.3 Qualitätssicherung

Wenn es gelingt, interkulturelle Fragestellungen zu integrieren, sie also explizit zum Thema zu machen, sind Qualitätssicherungsverfahren ein sehr geeignetes Mittel, aus dem Leitbild abgeleitete »interkulturelle Ziele« in konkretes und überprüfbares Handeln zu übersetzen.

2.4 Gemeinwesenorientierung

Interkulturelles Arbeiten ist ein Stück Vernetzung der Hilfeangebote, denn nie können alle Kompetenzen in einer Einrichtung konzentriert werden - man denke allein an die Vielfalt der Sprachen. Vielmehr sollte ein Netz gegenseitiger Unterstützung der Einrichtungen in einem Gemeinwesen aufgebaut werden. Gerade die interkulturelle Öffnung von sozialen Diensten kann nur gelingen, wenn gleichzeitig eine Öffnung in das Gemeinwesen hinein erfolgt.

2.5 Fortbildung der MitarbeiterInnen

Die Aus- und Fortbildung der MitarbeiterInnen ist von zentraler Bedeutung. Es lassen sich mehrere Ebenen unterscheiden: Ohne dass man einen besonderen Rahmen schaffen müsste, findet gegenseitige interkulturelle Fortbildung innerhalb eines multikulturellen Teams statt. Im kollegialen Austausch wird voneinander gelernt. Dies berührt die Einstellungspolitik der Einrichtung.

Auf einer weiteren Ebene findet Fortbildung in Form von Supervision, Praxisberatung oder Organisationsentwicklung statt. Hier muss jede Einrichtung ihr spezielles »Mix« entwickeln. Wichtig ist es allerdings, dass interkulturelle Themen regelmäßig dabei zur Sprache kommen.

Fortbildung meint darüber hinaus auch die kontinuierliche Arbeit am eigenen Verhalten sowie die Weiterentwicklung des Wissens um die soziokulturellen Hintergründe der Hilfesuchenden und die zur Verfügung stehenden professionellen Arbeitsmethoden.

2.6 Öffentliche Sichtbarkeit der interkulturellen Öffnung/ Öffentlichkeitsarbeit

Die Öffnung der Einrichtung für MigrantInnen sollte nach außen hin sichtbar gemacht werden. Das hat Signalwirkung, und schon kleine Veränderungen haben große Wirkungen: die sprachliche Gestaltung der Hinweisschilder, ein mehrsprachiger Prospekt, ausländische Periodika im Wartezimmer einer Beratungsstelle, eine vielsprachige Plakatwand in der Kindertagesstätte – der Phantasie sind keine Grenzen gesetzt. Die Einrichtungen sollten so sein, dass MigrantInnen sich in ihnen wohl fühlen können, und sie sollten so arbeiten, dass sie von ihnen überhaupt wahrgenommen werden.

2.7 Orientierung des Angebots an den Bedürfnissen aller potentiellen KlientInnen

Das Umfeld der Einrichtung sollte genau analysiert und die potenzielle Klientel erfasst werden (Sozialraumanalyse). Die MitarbeiterInnen und der Träger sollten sich immer wieder die Frage stellen: Für wen ist die Einrichtung da, und erfordern evtl. Teile dieser Zielgruppe eine besondere praktische und konzeptionelle Berücksichtigung? Denn allzu leicht geraten gerade kulturelle Minderheiten aus dem professionellen Blick, wenn diese die Einrichtung nicht unaufgefordert aufsuchen.

2.8 Verhalten, Einstellungen und Überzeugungen der MitarbeiterInnen

Verhalten und Einstellungen sind nicht nur eine Aufgabe für die Aus- und Fortbildung, sondern es spielt auch eine Rolle, welche grundsätzlichen Dispositionen jemand mitbringt. Persönliche Offenheit ist eine Bedingung für die Hinwendung zu MigrantInnen. Es ist wichtig zu versuchen, sich die eigenen, zum Teil sehr tief sitzenden Vorurteile bewusst zu machen und ihre Einflüsse auf das professionelle Handeln aufzuspüren. Hierfür sollte der Träger Unterstützung anbieten.

3. Exkurs zu Interkultureller Kompetenz

»Für die Weiße, die wissen möchte,
wie sie meine Freundin sein kann.

Vergiss, dass ich schwarz bin
und vergiss nie, dass ich schwarz bin.«[2]

Interkulturelle Öffnung ist nicht zuletzt eine Aufgabe für die jeweilige interkulturelle Kompetenz aller Beteiligten. Interkulturell kompetente Mitarbeiterinnen alleine können aber diese institutionelle Öffnung nicht ersetzen.

---

2   Pat Parker zitiert nach Kalpaka 1997, S.65.

Interkulturelle Kompetenz ist die Fähigkeit, angemessen und erfolgreich in einer fremdkulturellen Umgebung oder mit Angehörigen anderer Kulturen zu kommunizieren (vgl. Hinz-Rommel 1994).

Kultur ist im Wesentlichen zu verstehen als ein universelles, für eine Gesellschaft, Organisation oder Gruppe sehr typisches Orientierungssystem aus spezifischen Konzepten, Überzeugungen, Einstellungen, Wertorientierungen und Symbolen, die in der jeweiligen Gesellschaft, Gruppe usw. tradiert werden. Sie beeinflusst das Wahrnehmen, Denken, Werten und Handeln aller Mitglieder (Maletzke 1996).

Die Kultur des anderen sehen wir immer durch unsere eigene »Brille«, das heißt aufgrund unserer eigenen erlernten Kulturmechanismen. Wir verstehen uns nicht automatisch, Missverständnisse sind eher die Regel.

Die Beschäftigung mit der fremden Kultur setzt voraus, sich mit der eigenen zu beschäftigen, sich ihrer bewusst machen. Die fremde Kultur provoziert zur kritischen Auseinandersetzung mit der eigenen Fähigkeit zur Reflexion der eigenen wie kollektiven kulturellen Kompetenz. Die eigene Sichtweise, das eigene Regelsystem, kann so als *eine* Perspektive unter anderen möglichen auf der Basis der Anerkennung von Vielfalt als Normalität angesehen werden.

Unser interkultureller Ansatz geht von einem dynamischen und individualisierten Kulturbegriff aus: Kultur ist nicht als homogenes Gebilde zu verstehen. In jeder Gesellschaft existiert eine Vielzahl von Kulturen. Jede/jeder Einzelne kann sich mehreren Kulturen zurechnen. Sie sind offene und veränderbare Systeme.

Jede/jeder wird von kulturellen Einflüssen geprägt und trägt diese Prägungen meist unbewusst in sich. Erlebbar werden sie häufig in der Begegnung mit fremdartigen, unvertrauten und unverständlichen Verhaltensweisen.

Kulturelle Deutungsmuster sind dynamisch und vielfältig, vor allem nicht eindeutig, sondern widersprüchlich und lassen unterschiedliche Interpretationen zu.

Sie sind abhängig von der Entwicklung der sozialen, ökonomischen und politischen Rahmenbedingungen.

4. Projekt TRAFO

Das Projekt TRAFO – TRAining und FOrtbildung – startete im Juli 2003 mit einer Laufzeit von drei Jahren. TRAFO läuft im XENOS-Programm und wird unterstützt durch den Europäischen Sozialfonds, dem Bundesministerium für Wirtschaft und Arbeit und dem Bundesministerium für Familie, Senioren, Frauen und Jugend. TRAFO will diakonische und andere soziale Dienste bei der interkulturellen Öffnung und beim Erwerb interkultureller Kompetenz unterstützen.

4.1 Interkulturelle Öffnung als Profil diakonischer Dienste?

Interkulturelle Öffnung ist ein Prozess und bedeutet eine Herausforderung für Träger, Mitarbeitende und Vorgesetzte. Kompetentes Handeln in der Einwanderungsgesellschaft erfordert Qualifikationen, die erlernt und immer weiter ausgebaut werden können. Entsprechend den Grundsätzen der Diakonie sollten alle Mitarbeitenden interkulturelle Kompetenzen erwerben.

Dies erfordert:

■ eine bewusste Auseinandersetzung mit den eigenen Kulturen
■ eine bewusste Entscheidung, die Mehrheitskultur nicht zum alleinigen Maßstab zu machen,
■ bestehende Zugangsbarrieren und damit Diskriminierungen und Benachteiligungen abzubauen und besondere Problemlagen von MigrantInnen zu berücksichtigen.

4.2 Ziele des Projekts

■ Die Versorgung von MigrantInnen durch die diakonischen und sozialen Dienste zu verbessern.
■ MigrantInnen zu fördern und ihnen den Zugang zu sozialen Berufen zu erleichtern.
■ Somit Ausgrenzung und Diskriminierung von MigrantInnen in Ausbildung und Beruf zu bekämpfen.
■ Das Thema »Interkulturelle Kompetenz« als Querschnittsthema in der Ausbildung für soziale Berufe zu verankern.
■ Die Arbeitssituation in den Einrichtungen zu verbessern – und davon profitieren alle.

4.3 Drei Arbeitsfelder als Schwerpunkte

- Interkulturelle Erziehung in Tagesstätten für Kinder
- Interkulturelle Jugendsozialarbeit
- Interkulturelle Öffnung in der Altenhilfe.

4.4 Konkrete Maßnahmen

In Ausbildungseinrichtungen werden Unterrichtseinheiten zum interkulturellen Lernen und zur interkulturellen Erziehung in Kooperation mit Lehrkräften entwickelt. Die Lehrenden werden dafür qualifiziert, diese Unterrichtsmodule in den Fachunterricht einzubauen und auch Einrichtungen beratend zu unterstützen.

Durch Fortbildungen und Beratung für Leitung und Fachkräfte in den Einrichtungen der oben genannten Arbeitsfelder werden Prozesse zur interkulturellen Öffnung initiiert und begleitet. In allen Arbeitsfeldern werden berufsbegleitend MultiplikatorInnen dafür qualifiziert, um ExpertInnen- und TrainerInnenpools zu bilden. Entsprechende Qualitätsstandards werden gemeinsam entwickelt. Durch eine Lernreise in ein Hauptherkunftsland werden Selbstreflexion und Sensibilisierung der Teilnehmenden geschärft.

5. Erste Erfahrungen aus dem Projekt

5.1 Arbeitsfeld Altenhilfe

(Diakonisches Werk 2005,S.35)

168

5.2 Ein Beispiel aus einer Altenhilfeeinrichtung

Eine Altenpflegeeinrichtung macht ihren BewohnerInnen und ihren Angehörigen besondere Angebote. Unter anderem kommt seit einem Dreivierteljahr regelmäßig ein islamischer Geistlicher, Herr D., in die Einrichtung, um Koranvorlesungen für die muslimischen BewohnerInnen abzuhalten. Der von der Leitung eingerichtete muslimische Gebetsraum wird sowohl von den Bewohnerinnen und ihren Angehörigen, als auch von Auszubildenden und PraktikantInnen besucht. Keine/keiner der SeniorInnen geht alleine in den Gebetsraum.

Kurze Zeit nach der Einführung des Gebets fiel der Leitung auf, dass einige muslimische Bewohnerinnen genau an den Tagen, als Herr D. da war, morgens nicht mehr aus dem Bett aufstehen wollten und über Bauchschmerzen klagten. Bei mehrmaligem Nachfragen stellte sich heraus, dass die türkischen Frauen eigentlich gar keine Lust hatten, am Gebet teilzunehmen (Friebe/Zalucki 2003).

Ein gut gemeintes Angebot wurde nicht angenommen. Was war schief gelaufen? Bedürfnisse wurden nicht abgefragt. Nachfragen, das Gespräch suchen ist wichtig, wie dieses Beispiel zeigt. Sonst besteht vielmehr die Gefahr, dass ich Menschen in Schubladen packe und aus einer fürsorglichen Haltung heraus zu wissen glaube, was der einzelne Mensch für sein Wohlergehen benötigt.

Hilfreich sind Sensibilität und die Fähigkeit zur Kommunikation unter Beachtung der besonderen gegenseitigen Beziehungen zwischen PflegerIn und PatientIn einerseits und Einrichtung und KlientIn auf der anderen Seite.

Ende 2000 lebten 625 000 Ausländer über 60 Jahre in Deutschland. Schon 2010 werden 1,3 Millionen Personen ausländischer Herkunft über 60 Jahre in Deutschland leben, und bis 2030 wird diese Personengruppe auf 2,8 Millionen ansteigen (Beauftragte für Ausländerfragen 2002, S.278). Gemessen an diesen Zahlen ist die Inanspruchnahme der Regelversorgungsangebote der Altenpflege und Altenhilfe durch die MigrantInnen eindeutig zu niedrig. Warum ist das so?

Es scheint so, dass die Einstellungen von MigrantInnen zu Institutionen der deutschen Altenhilfe, insbesondere zu deutschen Pflege- und Altenheimen – soweit bekannt – eher negativ geprägt sind. Dazu gehören auch Vorurteile wie zum Beispiel, dass alle Deutschen ihre älteren Verwandten in Altenheime geben würden. Seien die alten Menschen erst einmal dort, würden sich ihre Kinder nicht mehr um sie kümmern und sie ihrem Schicksal überlassen.

Dass die meisten Deutschen (über 80%) ihre älteren Verwandten ganz überwiegend selbst betreuen und zu Hause selbst pflegen, wenn dies notwendig ist, ist bei MigrantInnen weitgehend unbekannt. Ferner ist häufig nicht bekannt, dass es ambulante Hilfen gibt und dass die Kombination von familiärer und ambulanter institutioneller Hilfe die wichtigste und am häufigsten genutzte Form der Altenbetreuung ist.

In dieser Unkenntnis spiegelt sich zum einen die bislang unzureichende interkulturelle Öffnung der Beratungs- und Versorgungsinstitutionen für SeniorInnen in Deutschland und zum anderen die von vielen ArbeitsmigrantInnen der ersten Generation lange vertretenen Auffassung, im Alter in ihr Herkunftsland zurückzukehren, wider (vgl. Beauftragte für Ausländerfragen 2002).

Zugewanderte alte Menschen nutzen bisher die Institutionen der Altenhilfe kaum. Gründe hierfür sind neben fehlenden Informationen schlechte Erfahrungen mit Institutionen, geringe Deutschkenntnisse, Angst vor möglichen ausländerrechtlichen Konsequenzen. Auf der anderen Seite finden die Forderungen, sich auf die Bedürfnisse und die Pflege älterer MigrantInnen und einzurichten, erst ganz allmählich Gehör.

Gerade in der Alten- oder Krankenpflege begegnen sich Menschen in sehr sensiblen Bereichen. Sowohl für die zu pflegende Person als auch für die Pflegekraft entstehen im Umgang miteinander Situationen, die von großer Unsicherheit geprägt sind und in denen sich beide zurechtfinden müssen. Grundsätzlich werden in jeder dieser Pflegebeziehungen immer wieder Grenzen verschiedenster Art – Schmerzerfahrung, Intimsphäre, persönliche Empfindungen – berührt und der Umgang damit ausgelotet.

Distanz und Nähe zwischen Pflegekraft und pflegebedürftiger Person müssen immer wieder neu ausgehandelt werden. Dies stellt komplexe Anforderungen an alle Beteiligten, unabhängig davon, ob es sich um Menschen mit Migrationshintergrund handelt. Ist die zu pflegende Person allerdings MigrantIn steigen die Unsicherheiten nochmals an. Interkulturelle Kompetenz und Konzepte einer Öffnung der Altenhilfe für MigrantInnen sind gefragt.

Am 1. Oktober 2004 wurde in Berlin die Kampagne für eine kultursensible Altenhilfe gestartet. Auf der Grundlage des »Memorandums für eine kultursensible Altenhilfe« will die Kampagne dazu beitragen, Zugänge von MigrantInnen in die Einrichtungen der Altenhilfe zu erleichtern und Anstöße zur interkulturellen Öffnung zu geben.

Unterschiedliche Bedürfnisse bei Hygiene, Tabugrenzen, Höflichkeitsregeln, Krankenbesuch oder auch Sterbebegleitung sollten gemeinsam besprochen werden.

Das »Memorandum für eine kultursensible Altenhilfe«(Arbeitskreis Charta für eine kultursensible Altenpflege 2002) versucht mit seinen Forderungen, der Realität der Einwanderungsgesellschaft Rechnung zu tragen.

Das Thema interkulturelle Öffnung wird zwar allgemein als bedeutsam eingeschätzt, aber auf dem Weg zu einer interkulturellen Öffnung von Diensten und Einrichtungen der Altenpflege ist der Schritt von der Theorie zur Praxis (noch) nicht so einfach und bedarf weiterhin spezifischer Unterstützungsangebote.

Auch in der Praxis der Diakoniestationen und der ambulanten Dienste gibt es nur selten Ansätze, diese Öffnung aktiv und vorausschauend – wie zum Beispiel durch Fortbildungen für das Personal – zu gestalten.

In Altenpflegeschulen haben wir mit multikulturellen Klassen gearbeitet, mit Lehrkräften gemeinsam Fortbildungsbausteine entwickelt und Fortbildungen und Beratung für Leitung und Fachkräfte in den Einrichtungen angeboten. Gemeinsam mit der Altenpflegeschule des Hauses Bethanien in Stuttgart-Möhringen haben wir ein Unterrichtsmodul zur kultursensiblen Pflege entwickelt.

5.3 Arbeitsfeld Kindertagesstätten

(Plaßmann 2005, S.27)

Die Bearbeitung schwieriger Alltagssituationen stellt einen Schwerpunkt unserer interkulturellen Trainings dar. »Trainings« deshalb, weil wir mit aktivierenden spielerischen Übungen das eigene Verhalten, die eigenen Werte und Prägungen reflektieren und Alternativen ausprobieren. Aufbauende Module sind »Mehrsprachigkeit/Sprachförderung«, »Zusammenarbeit mit Eltern«, »Migration/Integration« – alles eingebettet in ein Konzept der interkulturellen Erziehung.

In unserem Angebot finden sich ebenfalls kontinuierliche Praxisberatungen für Einrichtungsteams und Kooperationen mit Fachschulen für Sozialpädagogik, um Einheiten zum interkulturellen Lernen und zur interkulturellen Erziehung gemeinsam mit den Lehrkräften zu entwickeln und sie beratend zu unterstützen.

Interkulturelle Fortbildungsmaßnahmen gehören ebenso zum Konzept der interkulturellen Öffnung wie die Einstellung von Personal mit Migrationshintergrund, ein entsprechendes Leitbild, die Repräsentanz aller in der Einrichtung vertretenen Kinder und Sprachen in der Gestaltung und Ausstattung der Räume sowie mehrsprachige Informationsmaterialien. Eine positive Haltung zur Mehrsprachigkeit der Kinder und die Förderung ihrer Sprachentwicklung sind weitere wesentliche Bestandteile eines solchen Konzeptes ebenso die Wahrnehmung und Einbeziehung der Ressourcen der Eltern in den Alltag der Einrichtung.

Die Ansätze zur interkulturellen Öffnung stoßen sehr schnell an strukturelle Grenzen, sei es die Einstellungspolitik, seien es die finanziellen Ressourcen oder die Widerstände auf Trägerebene. Ein praktikabler Ansatzpunkt sind deswegen interkulturelle Trainings und Fortbildungen, die wirksame Anstöße für die Praxis geben können. Im Folgenden stelle ich beispielhaft eine interkulturelle Fortbildungsreihe für Erzieherinnen vor.

5.4 Fortbildungsreihe: Rahmen und Inhalte

Durchgeführt wurden 3 Fortbildungsblöcke mit den Themenbereichen:
- Interkulturelle Sensibilisierung
- Migration und Migrationsgeschichte, Vorurteile
- Zusammenarbeit mit Eltern.

Die Teilnehmerinnen setzten sich aus den Teams dreier Einrichtungen zusammen und erschienen bis auf einige krankheitsbedingte Ausfälle sehr kontinuierlich. Veranstaltungsorte waren Gemeindezentren im Stadtteil. Das Trainerinnen-Team blieb über alle Bausteine konstant.

Die Inhalte der Fortbildungsreihe bauen aufeinander auf: zuerst gilt es, den Blick auf die eigene Person und die eigene Prägungen und Werte zu richten, um die Selbstreflexionsfähigkeit und Sensibilität zu erhöhen. Damit ist die Grundlage geschaffen für einen Informationsblock, der eben gerade nicht die erhofften, begehrten »Informationen über die Herkunftskulturen« oder über »andere Kulturen« liefert, sondern die Geschichte der Migration in die Bundesrepublik, die einzelnen Migrantengruppen und ihre soziale und rechtliche Situation ins Zentrum stellt.

Auch die Migranteneltern – von Erzieherinnen oft als schwierig betrachtet – gehören zu diesen Gruppen. Wenn die Erzieherinnen mehr über deren konkrete, einschränkende Lebensbedingungen, über die möglichen Folgen von Migration wissen und eigene Vorurteile hinterfragen, besteht die Chance eines verbesserten Kontaktes und eines Umgangs auf gleicher Augenhöhe. Dazu gehört auch Wissen über die Voraussetzungen und Bedingungen gelingender Kommunikation einschließlich entsprechender Übungsmöglichkeiten. Einen guten, produktiven Elternkontakt herzustellen, zählt zu den professionellen Aufgaben von Erzieherinnen, die dem auch einen angemessenen Stellenwert zuerkennen sollten.

5.5 Zusammenfassende Auswertung

Alle drei Fortbildungen wurden mehrfach ausgewertet: über standardisierte Fragebögen und diverse Formen, die von den Trainerinnen eingebracht wurden.

5.5.1 Arbeitsatmosphäre

Insgesamt hat sich das Fortbildungskonzept mit dem inhaltlichen Aufbau sehr bewährt. Ganz deutlich spürbar – und auch in jeder Rückmeldeform ausdrücklich positiv gewürdigt – war die wachsende Vertrautheit innerhalb der Teilnehmerinnen und mit den Trainerinnen. Der Effekt für eine produktive Arbeitsatmosphäre ist kaum zu überschätzen.

Intensiver kollegialer Austausch, Diskussion und Auseinandersetzung wurden ebenfalls hoch eingeschätzt:»tolle Gruppe«. Kontinuität steigert die Qualität einer Fortbildung exponential, also sollte, wenn nur irgendwie möglich, eine Fortbildungsreihe mit nicht zu großen zeitlichen Abständen zwischen den einzelnen Bausteinen realisiert werden.

Rückgemeldet wurde auch, dass sich die Erzieherinnen ernstgenommen, wertgeschätzt und frei fühlten. Kontakt und Austausch auf gleicher Augenhöhe, Akzeptanz von Unterschieden – was vermittelt werden soll, muss auch erlebt und gespürt werden; nur so kann eine Umsetzung gelingen.

5.5.2 Konzept/Methoden

Die Methoden wurden als abwechslungsreich, lebendig und aktivierend eingestuft, der rote Faden war für die Teilnehmerinnen erkennbar. Immer wieder wurde betont, wie schnell die Zeit vergangen sei.

Das Verhältnis von Theorie und Praxis empfanden die Erzieherinnen als gut portioniert, die erarbeiteten Informationen und die Inputs bezeichneten sie als hilfreich für die Praxis.

5.5.3 Persönlicher Bereich

Über die drei Fortbildungen hinweg stiegen nach Selbsteinschätzung der Erzieherinnen ihre Sicherheit und Sensibilität, ihr Einfühlungsvermögen und ihre Fähigkeit zum Perspektivenwechsel. Neue Sichtweisen und kritische Auseinandersetzung mit sich selbst wurden als Gewinn bewertet.

5.5.4 Praxisbezug

Hier gab es widersprüchliche Rückmeldungen: während die Mehrzahl den Praxisbezug der Beispiele und Rollenspiele hervorhob, gab es Einzelne, denen er fehlte. Positiv wurde angemerkt, dass die Fortbildungen »in die Tiefe« gegangen seien und die Teilnehmerinnen wichtige Hintergrundinformationen für ihre Arbeit erhalten hätten.

5.5.5 Umsetzung

Nach den ersten beiden Bausteinen stellten wir die Frage nach eventuellen Umsetzungen. Unser Eindruck war, dass die Teams die Messlatte dafür viel zu hoch hängten und so auch kleine Änderungsansätze unter den Tisch fielen. An konkreten Änderungen wurden genannt: Verbesserung der Teamarbeit, gegenseitige Akzeptanz, mehr innere Distanz, Transparenz der Arbeit nach außen, Repräsentation der verschiedenen Nationalitäten, breiteres Angebot, Motivation, mehr mit Eltern und Kindern zu initiieren.

5.5.6 Problembereiche/Kritikpunkte und Grenzen

Problematisch sahen einige den Samstag als Fortbildungstag. Immer wieder fiel das Stichwort »zu wenig Zeit«, zum Beispiel für intensivere Arbeit an Praxissituationen.

Nicht allen war alles neu – damit ist immer zu rechnen.

Die mangelnde sprachliche Verständigungsmöglichkeit mit manchen Eltern bereitet Schwierigkeiten, ebenso das Gefühl, nicht allen vertretenen Nationalitäten gerecht werden zu können.

Deutlich wurde, dass im strukturellen Bereich zum Teil massive Hindernisse bestanden: eine Einrichtung war ohne Leitung, gleichzeitig wurde umgebaut, eine andere musste für eine bestimmte Zeit ihr Haus wegen Renovierung verlassen; und – kaum überraschend – fehlte es überall an Ressourcen: Zeit, Geld, Personal, Kraft.

An solchen Bedingungen kann eine Fortbildungsreihe nicht viel ändern.

5.6 Zwei Situationen aus einer interkulturellen Fortbildungsreihe

5.6.1 »Bei uns ist es Sitte, dass das Geburtstagkind einen Kuchen mitbringt«, schildert eine Erzieherin aus einem Schwarzwaldrandgebiet. »Eines Tages brachten die Eltern eines türkischen Jungen eine Schwarzwälder-Kirschtorte mit – aus der Tiefkühltruhe!« Wo liegt nun das Problem? In der »Fast-Food-Qualität?« Oder in der mangelnden Eignung zum Teilen und Verspeisen? Im Fettgehalt? Oder sollten die türkischen Eltern unbedingt etwas traditionell Türkisches anbieten?

Nein, es war der Alkoholgehalt, der den Genuss für die Kinder unmöglich machte. In der Einrichtung galt die Regel: kein Alkohol für die Kinder. Die Erzieherin hatte massive Hemmungen, die Torte zurückzuweisen, zumal die Eltern damit eine klare Anpassungsleistung vollbracht hatten: Im Umfeld des Schwarzwaldes gibt es traditionellerweise Schwarzwälder Kirschtorte – das musste doch gewürdigt werden! Ein Dilemma, das die Verunsicherung der Erzieherinnen im Umgang mit

Migranteneltern auf der Beziehungsebene deutlich macht: Die Angst, die Eltern zu kränken, irgend etwas falsch zu machen, hat eine Vorsicht und Befangenheit im Kontakt zur Folge, die einem partnerschaftlichen Verhältnis in keiner Weise zuträglich sind.

5.6.2 In einem Rollenspiel ging es um die optimale sprachliche Förderung eines Migrantenkindes in einer Kindertagesstätte. Die Erzieherin konnte trotz der besten fachlichen Argumente und geduldiger, ruhiger Art ihren Gesprächspartner – einen Vater türkischer Herkunft – nicht davon überzeugen, dass es am besten für sein Kind wäre, wenn es zunächst die Muttersprache möglichst gut beherrschen würde. Er bestand darauf, dass in der Einrichtung zum Wohle des Kindes nur Deutsch gesprochen werden sollte. Was tun?

Strukturell kehrt sich das Verhalten im Vergleich zur »Schwarzwälder« um – die Erzieherin ist sich sicher und will den Vater von der Richtigkeit und Wichtigkeit ihrer Meinung überzeugen; dabei verfällt sie unmerklich in eine paternalistische Haltung: »Ich als Fachkraft weiß besser als du, was für dein Kind am besten ist.« Dass die Forderung des Vaters eine Ressource darstellt (er erkennt den zentralen Stellenwert der deutschen Sprache an und will Zukunftsperspektiven für sein Kind), dass sie zunächst mal seine Haltung wertschätzen muss, um dann gemeinsam nach einer Lösung zu suchen – diese Einsichten sind zentral für ein partnerschaftliches Verhältnis.

Implizit spielt hier auch die häufig verwendete »Defizitbrille« mit hinein: die Kinder können kein Deutsch, die Eltern womöglich auch nicht oder nur schlecht, die Kinder werden zu wenig gefördert, sehen zu viel fern, die Eltern kommen nicht zu den Elternabenden oder anderen Aktivitäten, wollen sich nicht integrieren (was immer das heißen mag) – kurzum eine »Problemgruppe«, der es zu helfen gilt. Diese innere Haltung fließt in den Kontakt mit ein und kann die Verständigung und mögliche »Win-Win-Modelle« erschweren und verhindern.

Wenn hiesige, mittelschichtorientierte Werte und Maßstäbe unhinterfragt auf alle Kinder und Eltern angelegt werden, fallen nicht wenige – auch deutsche – Kinder durch das Raster.

Eine weitere Falle sind stillschweigende Annahmen über Eltern und Kinder, in der Regel ethnisch oder religiös begründet, in wohlmeinend angeeignetem Wissen, das die einzelnen Individuen, die einzel-

nen Familien, die Migrantenkulturen, die sozioökonomischen Lebensbedingungen, das nahe Umfeld außer Acht lässt. Dabei sind die Origi-
nalquellen für Informationen mehr oder weniger mühelos greifbar: die
Kinder selbst, ihre Eltern und Verwandten. Wie hat eine Teilnehmerin
in der Fortbildungsauswertung so treffend geschrieben:«...*reden mit* anstatt *reden über*...«

Unsere Erfahrungen aus der Arbeit mit Erzieherinnen zeigen, dass
sie sich hohen Anforderungen ausgesetzt sehen: von Seiten der Eltern,
der Grundschule, der Gesellschaft (Stichwort PISA), die häufig genug
allesamt die Gestaltung und Bewältigung des komplexen Berufsalltags
nicht genügend anerkennen und wertschätzen. Die Ausbildung wird als
schmalspurig betrachtet, die professionellen Kompetenzen klischeehaft
auf Vorlese- und Spieltanten reduziert. Wir hegen den Verdacht, dass
diese Abwertungen auch das Selbstbild der Erzieherinnen beeinflussen
und zu Verunsicherung beitragen.

6. Fazit und Ausblick

Aspekte interkultureller Öffnung sind in vielen Einrichtungen der
Diakonie und auch in anderen sozialen Einrichtungen angekommen.
Das Interesse an Fortbildungsmaßnahmen – insbesondere für Schüler-
Innen und auch DozentInnen von Fachschulen – nimmt zu. Erfolgreich
sind die Ansätze, durch Fortbildungen die Professionalität auf fachlicher und persönlicher Ebene zu steigern, also »kompetentes Handeln in
der Einwanderungsgesellschaft« (Annita Kalpaka) zu fördern.

Training und Fortbildung zur Vermittlung interkultureller Kompetenz sind kein Luxus und können in einzelnen Einrichtungen durchaus einen Prozess mit dem Ziel Interkultureller Öffnung anstoßen und
Impulse für die Praxis liefern. Allerdings kommen einzelne Fachkräfte
schnell an Grenzen, die durch die strukturellen Rahmenbedingungen
einer Einrichtung gesetzt sind.

Träger und Führungskräfte für die interkulturelle Öffnung zu gewinnen, gestaltet sich als sehr schwierig. Dabei wird auch deutlich, dass
interkulturelle Öffnung ein langwieriger Prozess ist, der viel Zeit erfordert und wie anderweitige Veränderungen Widerstände und Ängste
auslöst. Ohne Mitarbeit der Leitung ist ein Prozess der interkulturellen
Öffnung schwer in Gang zu setzen und noch schwieriger langfristig und
nachhaltig durchzusetzen.

Größer sind die Chancen für eine interkulturelle Öffnung, wo sie als Querschnittsaufgabe verstanden wird. »Oben gewollt und unten akzeptiert«, genügt nicht immer! In der Regel ist ohne Mitarbeit der Leitung ein Prozess zu einer Interkulturellen Öffnung schwer in Gang zu bringen und noch schwieriger langfristig und nachhaltig durchzusetzen. Auf allen Ebenen – Leitung und MitarbeiterInnen – ist Überzeugungsarbeit angesagt.

Literatur:

Arbeitskreis Charta für eine kultursensible Altenpflege (Hg.), Für eine kultursensible Altenpflege. Köln 2002.

Arbeitskreis Interkulturelles Lernen des Diakonischen Werkes Württemberg, Trainings- und Methodenhandbuch. Bausteine zur Interkulturellen Öffnung. 2001.

Bundesbeauftragte für Ausländerfragen, Bericht der Beauftragten der Bundesregierung für Ausländerfragen über die Lage der Ausländer in der Bundesrepublik Deutschland. Berlin 2002.

Diakonisches Werk Berlin-Brandenburg-schlesische Oberlausitz e.V.(Hg.), Interkulturelle Öffnungsprozesse der Diakonie in Berlin und Brandenburg.Berlin 2005, S.35.

Friebe, J./ Zalucki, M. (Hg.), Interkulturelle Bildung in der Pflege. Bielefeld 2003.

Gaitanides, S., Interkulturelle Kompetenz als Anforderung in der Jugend und Sozialarbeit. In: Sozialmagazin Heft 3, 2003, S.42 ff.

Hinz-Rommel, W., Interkulturelle Kompetenz, ein neues Anforderungsprofil für die Soziale Arbeit. Münster und NewYork 1994.

Kalpaka, A./ Wilkening, C., Multikulturelle Lerngruppen. Veränderte Abforderungen an das pädagogische Handeln. Lübeck 1997.

Kalpaka, A., Diskriminierung hat viele Gesichter. Kompetentes Handeln in der Einwanderungsgesellschaft – Anforderungen an Personen und Institutionen. Vortrag auf der zweiten Hessischen Tagung Alter und Migration am 4.10.1999 in Darmstadt.

Lefringhausen, K. (Hg.), Integration mit aufrechtem Gang. Wege zum interkulturellen Dialog. Mit Karikaturen von Thomas Plassmann. Wuppertal 2005, S.16,27.

Maletzke, G., Interkulturelle Kommunikation. Opladen 1996.

Parker, P., Für die Weiße, die wissen möchte, wie sie meine Freundin sein kann. In: Kalpaka, Annita/ Wilkening, Christiane (1997): Multikulturelle Lerngruppen. Lübeck 1997,S.65.

Die Kirche gehört ins Dorf.
Und die Moschee?

Katja Baur

1. Hinführung: Die multireligiöse Situation in Deutschland

Zum Ende des Ramadans 2005 hat der deutsche Bundespräsident Horst Köhler den muslimischen Mitbürgern in unserem Land ein Grusswort überbracht. Er zeigte damit, dass Deutschland eine multireligiöse Gesellschaft ist. Die Gastarbeiter, die in den 60er Jahren mit ihren Familien und ihrem muslimischen Glauben zu uns Deutschen dazugekommen sind, leben in zweiten oder dritten Generation unter uns als deutsche Muslime mit anderskulturellen Wurzeln. Dennoch gehören Döner, Pizza und Gyrosstände eher in ein deutsches Stadtbild als eine Moschee – und das nicht nur, weil die leiblichen Bedürfnisse wie Essen oder Sport Menschen am ehesten zusammenführen. Das Motto:»Miteinander essen, getrennt beten« bekam nach dem 11. September ein verschärftes Gesicht. Gebet, Kopftuch, Karrikaturenstreit – der Islam wurde nun gar zu oft auf seine Einstellung zu Gewalt und Krieg reduziert oder politisiert. Der Runde Tisch der Stadt Ludwigsburg, insbesondere der letzte zum Thema Islam und Islamismus bestätigt diesen Trend, macht aber auch deutlich, dass dem Abstecken von Grenzen ein Aufeinanderzugehen folgen muss. Auch die Bemühungen um islamischen Religionsunterricht im öffentlichen Schulwesen zeigen, dass nicht nur die Multikulturallität, sondern eben auch die Multireligiösität in manchen Teilen Deutschland Realität geworden sind. Die Aufgabe des 21. Jahrhunderts besteht darin, aus dem Neben- ein Miteinander religiöser Menschen zu gestalten. Interreligiöse Dialoge sind Türöffner für diese Grenzöffnung.

2. Einleitung: Was ist eine interreligiöse Kompetenz?

Im Jubiläumsjahr des Augsburger Religionsfriedens haben wir aus der christlichen Ökumene gelernt, dass nicht allein das Wissen über

179

eine Religion, sondern die Fähigkeit, mit Menschen einer anderen Religion zu kommunizieren, zur interreligiösen Kompetenz führt.

Obwohl die Begriffe von ökumenischer, globaler, transreligiöser, intrareligiöser und eben auch interreligiöser Kompetenz in der Fachwissenschaft mit je eigenen Konturen unterschieden werden (vgl. Baur 2006), sind sich alle »echten« Dialogkonzepte doch einig, dass die Begegnung mit dem Fremden immer von einer Neugierde am Anderen, einer Kultur der Wertschätzung sowie einem Sich- Einlassen auf das religiöse Denk-, Werte- und Handlungssystem des Anderen geprägt sein müssen und letztlich immer eine selbstreflexive Dimension auf die eigene religiöse Identität in sich bergen. Das Bild der Brücke mag verdeutlichen, was interreligiöse Kompetenzbildung bedeutet: das eigene Ufer gut zu kennen, sich im eigenen Wertesystem beheimatet zu wissen, eine Sehnsucht nach dem Land am anderen Ufer in sich zu tragen, Wege zu finden, den Weg über die Brücke hin zum Anderen zu beschreiten, loszugehen über die Brücke, auf der anderen Seite anzukommen, wahrzunehmen, sich einzulassen, sich einladen zu lassen und dann wieder zurück über die Brücke in die eigene Heimat zurückzugehen und anzukommen mit einem neuem Perspektivenwechsel, sich auf das Eigene bewusster zu beheimaten in dem, was mein eigenes Ufer ist und bleiben soll.

Interreligiöse Kompetenzbildung lebt also von originaler Begegnung mit dem religiös Anderen, gebunden an Auseinandersetzung über Sach-, Spiritualitäts- und Handlungsaspekte der Religionen. Ein religionswissenschaftlicher Vergleich der Quellentexte ist deshalb so wenig interreligiös wie das gemeinsame Kochen von Muslimen und Christen. Erst die Verbindung von personaler, kommunikativer und Sachkompetenz konstituiert interreligiöse Kompetenzbildung.

In der Tat setzt so ein Prozess dialogbereite Menschen auf beiden Seiten voraus, die nicht nur hinsichtlich ihrer religiösen Entwicklung über eine eigene religiöse Identität verfügen und sich auf Fowlers Stufe 5 eines konjunktiv-verbindenden Glaubens bewegen (Fowler 2000,314). Dennoch ist der Weg auf das Ziel zu Bildungsauftrag von Gesellschaft und Religionsunterricht. Interreligiöse Kompetenzbildung ist somit nicht allein der evaluierte Outcome eines Bildungsprozesses, sondern auch der inputorientierte Weg, Lern- und Begegnungsarrangements so zu gestalten, dass ein selbstreflexives Lernen mit und durch die Begegnung mit dem anderen möglich wird. Das bedeutet zum Beispiel für den Religionsunterricht, systematisch- theologische Fragen so zu bearbeiten, dass eine Sprachfähigkeit über das Christentum erworben wird, die lebensweltlich orientiert und dem Fremden gegenüber kommuniziert werden kann (vgl. in diesem Sinne Barth, Dogmatik). Wer wirklich interreligiös arbeitet, wird sich als Übersetzerin der Wahrheiten und Weltsichten des Christentums in eine Welt hineinverstehen, die in religiösen Fragen oftmals den Status des Analphabetentums erreicht hat.

Die Sprachmittel, in denen Religionen miteinander kommunizieren, sind vor allem das Brauchtum und die Rituale gelebten Glaubens sowie deren Handlungsformen. Diese sind erkenn- und erklärbar, jedoch nicht definierbar. Insofern ist interreligiöse Kompetenzbildung letztlich immer ein Prozess des Symbolisierens, der die Gestalt des jeweils gelebten Glaubens im Rahmen von Denk- und Vorstellungsstrukturen der Beteiligten versucht zu »entschlüsseln« (zum Zusammenhang von Symbolisieren und Gestalten vgl. auch Baur, Katja. Symbolisieren als Gestalten). Der Raum der Kompetenzbildung bleibt der Zwischenraum der Kommunikation als der eigentliche Ort für Lernprozesse. Dieser ist erlebnis- und erkenntnisoffen und letztlich ein Geheimnis, das nicht verfüg- oder instrumentalisierbar ist.

Interreligiöse Kompetenz zeigt sich zum Beispiel sowohl an der Fähigkeit, über Glaubensfragen sprechen zu können als auch Medien auf ihre Berichterstattung über Religionen hin unterscheiden und bewerten zu können. Obwohl Religionen auch ihren Teil zur Spaltung von Kulturen beitragen, man denke zum Beispiel an den Antisemitismus oder die Selbstmordattentäterbewegung, steht dem Missbrauch des Religiösen zur Trennung von Menschen ein letztlich größerer Reichtum zum Brückenbauen gegenüber. Deshalb fordert H. Küng in seinem Weltethosprojekt zu Recht, den interreligiösen Dialog als Basiskompetenz in Schule, Kirche und Gesellschaft einzuüben. An der interreligiösen Kompetenz wird sich mehr denn je entscheiden, ob jemand wirklich über Menschenbildung oder lediglich über Einbildung verfügt.

Matthias Vött gibt in seiner umfassenden und gut lesbaren Studie zur interreligiösen Dialogkompetenz Teilkompetenzen an, die für die interreligiöse Kompetenzbildung unumgänglich sind, wie zum Beispiel eine Verhaltensflexibilität, Empathiefähigkeit, Ambiguitätstoleranz, kommunikative Kompetenz usw. (Vött 2002,120ff.) Vött nimmt primär die personal-kommunikativen Kompetenzbildungsprozesse in den Blick. Diese wären bei jedem interreligiösen Lernprozess um spezifisch

181

theologische Kompetenzbildungsarrangements zu ergänzen. Auch Vött betont, dass das Bilden einer religiösen Identität das eigentliche Ziel interreligiöser Kompetenzbildung ist (ebda,123). So definiere ich:

Interreligiöse Kompetenzbildung ist Weg und Ergebnis eines Lernarrangements, das sich idealiter zwischen zwei Menschen verschiedener religiöser Beheimatung ereignet und auf religiöse Beheimatung, Akzeptanz, Perspektivenwechsel sowie die Fähigkeit, in verschiedenen religiösen Kulturen miteinander kommunizieren und handeln zu können, zielt. Ihre Absicht liegt im Schaffen von Konvivenz, die auch der Differenz Raum gewähren kann.

Methodisch kann das von Valkenberg dargelegte Modell eines abrahamitschen Lehrhauses (Valkenberg 2005,553ff.) meines Erachtens ein geeignetes didaktisches Modell sein, das im Sinne einer Wett-(und eben nicht primär Streit-)kultur plurale Selbst- und Weltdeutungen auf der Basis einer pluralen Theologie (vgl. dazu z.B. Hick, John. God has many Names. Philadelphia 1982) nebeneinander stehen lässt, aber im Alltag, Gottesdienst oder Projekten auch zusammenführen kann. Der Vorteil liegt vor allem darin, dass die Schattenseiten und das Widerständige und -sprüchliche religiöser Fragen hier einen angemessenen Raum der Auseinandersetzung finden. Deshalb gilt nun zu fragen, wie sich diese Ziele an konkreten Projekten, wie zum Beispiel dem Bau von Kirchen und Moscheen, verwirklichen lassen.

3. Kirche und Moschee – wie kann ihr Verhältnis ein Türöffner für interreligiöse Dialoge werden?

Muslime in Ludwigsburg können erzählen, was es bedeutet, als Muslim in die deutsche Gesellschaft integriert zu sein und dennoch seit über zwanzig Jahren darum bitten zu müssen, in Ludwigsburg eine Moschee bauen zu dürfen. Dass ihre Bauvorhaben bislang scheiterten, zeigt, dass das Verhältnis von Kirche und Moschee auch in Ludwigsburg noch einiger Klärung bedarf (s.u.).

Mit Stefan Leimgruber (Bibel und Koran,16) gehe ich davon aus, dass es im interreligiösen Begegnen keine Religion in Reinform gibt. »Interreligiöses Lernen setzt interkulturelle Kompetenz voraus, was einen Umgang mit anderen Kulturen und einen Wechsel von einem kulturellen Milieu in ein anderes mit einer gewissen Leichtigkeit impliziert« (Leimgruber, Stefan. Katholische Perspektiven zum interreligiösen Lernen. In: Schreiner, Peter, u.da. Handbuch Interreligiöses Lernen, 128) Das junge Christentum hatte sich im römisch geprägten Judentum zu finden, wie der junge Islam im arabischen Juden- und Christentum. Im Zuge der Säkularisierung leben Menschen heute mit Versatzstücken verschiedener Religionen. Wenn man Religion im Sinne des lateinischen *religio* als Zugehörigkeit, als Teilhabe am Kultus definiert, dann ist auch die Religion im heutigen Deutschland kontextuell und darin positionell. Ich sage, an was ich glaube und wie ich meinen Glauben in meiner Kultur lebe. Dabei gehe ich davon aus, dass jede Religion sich entwickelt.« (Auch) der Islam steht in der Geschichte, wie jede andere Religion auch, und unter genau diesen Voraussetzungen sind heutige Muslime (in Deutschland) anders an interreligiösen Dialogen beteiligt als in anderen Jahrhunderten (oder in anderen Kulturen)« (Feldkeller, A. Dialogverständnis des Islam, 115). Wo diese kontextuelle Dimension religiöser Meinungen und Haltungen aufgegeben wird, wird Religion zum Einfallstor für fundamentalistische Strömungen. Fundamentalisten glauben an eine Reinform von Religion und isolieren die Religion damit vom Leben.

Wenn nun also Kirche und Moschee in einer Stadt zusammentreffen, begegnen sich nicht nur verschiedene Religionen, sondern auch unterschiedliche kulturelle Prägungen. Kultur ist dabei nicht nur das Ergebnis von geschaffenen Objekten der Kunst, Muslik usw., sondern im Sinne von Maletzke ein Sinnsystem, zu der eben auch die Religion ihren Beitrag leistet (Maletzke 1996,15-23). Deshalb stellt sich zunächst die Frage: Wie können die verschiedenen religiösen Kulturen miteinander so in Kontakt kommen, dass Offenheit für religiöse Dialoge und Räume für gemeinsame Aktionen bereitet werden?

Ich möchte Ihnen drei Modelle des Miteinanders von Kirche und Moschee vorstellen und Sie einladen zu überlegen, welches Modell Ihrer Meinung nach die größten Spielräume für interreligiöse Kompetenzbildung bereithält:

a) *Die Kirche steht im Zentrum einer Stadt – die Moschee irgendwo am Rande.*

b) *Kirche und Moschee stehen im Stadtzentrum in guter Nachbarschaft zueinander.*

c) *Kirche und Moschee tun sich zusammen zu einer Kirchmoschee, einem gemeinsamen spirituellen Zentrum.*

Zu a) Das monologische Bekehrungs- und Belehrungsmodell im Bild von Mitte und Rand.
Dieses Modell geht von einem Vorrecht einer Religion gegenüber der anderen aus. Dieses Vorrecht begründet sich historisch und kulturell, indem zum Beispiel für Europa das Christentum die Leitreligion der Gesellschaft ist, in der arabische Welt der Islam. Das Verhältnis zu anderen Religionen wird dabei nach dem Bild von Mitte und Rand bestimmt, das heißt die Kirche steht im Zentrum einer deutschen Stadt, die Moschee am Stadtrand. Leitend für dieses Modell ist der Absolutheitsanspruch, den eine Religion gegenüber einer anderen erhebt. Man geht davon aus, dass es nur eine Wahrheit gibt, weil eben nur ein Weg richtig sein kann und setzt dieses Denken absolut. Wer zum Beispiel mit dem schwäbischen Philosophen Hegel (dem »Vater« der Absolutheitstheorie, der mit Kategorien der Vernunft den christlichen Gott als den höherwertigsten darstellt) davon ausgeht, dass das Christentum allen anderen Religionen überlegen ist, hält daran fest, dass alle Menschen zu Jesus Christus hingeführt werden sollten im Sinne des Bibelwortes: »Ich bin der Weg, die Wahrheit und das Leben. Niemand kommt zum Vater denn durch mich.« Eine absolute Theologie denkt, dass entweder Gott sich seinen Weg zu allen Menschen bahnen wird (Offenbarung für alle) oder dass alle Menschen aufgrund einer biologischen Veranlagung religiös geprägt werden können (natürliche Theologie). Wer in diesem Sinne davon ausgeht, dass die eigene Religion auch für alle anderen Menschen die beste sei, lebt missionarisch. Das ist im positiven Verständnis von Mission eine Lebenshaltung des gegenseitigen Zeugnisses, die der evangelische Theologe Jürgen Moltmann zum Beispiel als Einladung zur Zukunft Gottes bezeichnet (Schweizer, F., Evangelische Perspektiven zum interreligiösen Lernen. In: Schreiner, Handbuch, 2005,121), im negativen Verständis Zwangsbekehrung und Konversion frei nach Cyprians Motto: »Außerhalb der Kirche kein Heil« (Cyprian von Karthago). Die Synode der württembergischen Landeskirche hat für den Synodaltag zum Islam am 24.3.06 diesem Ansatz ausdrücklich Raum gegeben, indem sie A. Hauser einlud, ein Grundsatzreferat über seine Vorstellung zum Verhältnis Christentum- Islam zu halten. Hauser vertritt ein Modell, das von einem missionarischen Auftrag des Christentums gegenüber dem Islam ausgeht. Das Kommunikationsmodell im Geist des Absolutheitsanspruches ist monologisch, es folgt einer Bewegung von oben nach unten, belehrt und bekehrt. Dem theologischen Proprium einer exklusi-

ven Theologie, die den anderen als Irrglaubenden sieht, entspricht eine Spiritualität, die den anderen wohl einlädt, aber nicht bereit ist, sich einladen zu lassen. Perspektivenwechsel sowie eine vom Andersgläubigen geschenkte neue Sicht auf den eigenen Glauben werden in diesem Modell nicht für relevant erachtet. Streckenweise steht für dieses Modell ebenso eine inklusive Theologie Pate, die wohl akzeptiert, dass sich ein Strahl des christlichen Heils auch in den nichtchristlichen Religionen abbildet, die zur Wertschätzung des Anderen führen, die jedoch den Anderen immer unter der Perspektive einer »vorläufigen Religion« als Objekt und eben nicht als »religiöses Subjekt« akzeptiert. Wenn man sogenannte ex- bzw. inklusive »Dialogmodelle« mit dem schulischen Religionsunterricht vergleichen will, steht eine missionarische Katechetik, die die »Heidenkinder« auf den christlichen Weg führen will, Pate für dieses Modell. Oft verfügen dabei Menschen über die Sache Gottes, sagen zum Beispiel wie Glaube zu leben ist und wie eben nicht. Absolutismus und Fundamentalismus entwickeln sich als zwei Seiten derselben Medaille.

Hinter diesem Modell stecken historisch tradierte Angsterfahrungen, zum Beispiel die Angst, der Islam könne eine Stadt überrollen, festzumachen im Bild der Türken vor Wien. Aus Angst, sich selbst zu verlieren, grenzt man sich ab und andere aus. Theologisches Denken und Handeln werden primär in Binnenwelten von Moschee und Kirche gelebt.

Ein Beispiel für dieses Modell eines Verhältnisses von Kirche und Moschee zeigt sich – allerdings nur optisch – in Pforzheim. Dort liegt die Moschee in einem Industriegebiete außerhalb der Stadt in der Nähe einer Kath. Kirche. Das Minarett durfte den Kirchturm nicht überhöhen. Interessanterweise ist heute die Moschee in Pforzheim Sitz der christlich-islamischen Gesellschaft, denn Kirche und Moschee gehen aufeinander zu und beteiligen sich an Integrationsprojekten der Stadt.

Zu b) Das dialogische Partnerschaftsmodell im Bild friedlicher Nachbarschaft

Dieses Modell geht davon aus, dass die zu einer Gesellschaft hinzugekommenen Menschen anderer Religiösität eine Bereicherung darstellen, um auch den eigenen Glauben neu zu bedenken, zu formulieren und zu praktizieren. In der Begegnung mit dem Fremden ereignet sich für mich eine neue Sichtweise, ein Perspektivenwechsel auf meinen Glauben. Gute Erfahrungen mit dem jüdisch-christlichen Dialog sollen nun im christlich- islamischen Dialog fortgesetzt werden. Dieses Modell lebt vom Begegnungslernen auf Augenhöhe, wobei Christen und Muslime weder die Überlegenheit der eigenen Religion herausstellen, noch ihr Licht unter den Scheffel stellen. Leitend ist das wechselseitige Prinzip von Zeugnis und Gastfreundschaft. Dahinter steht der Gedanke einer pluralen Theologie, die jeder Religion einen absoluten Wahrheitsanspruch zuerkennt, aber immer davon ausgeht, dass eben auch Religion kontext- und situationsgebunden offenbart oder konstruiert wird. Deshalb sind für diese Begegnung auch hermeneutische Prozesse, also ein vergleichendes Verstehen, Deuten und Kommunizieren über Gott oder die Schriften im Angesicht einer hermeneutischen Differenz konstitutiv. Das Vergleichen findet jedoch nicht statt, um zu bewerten, sondern um die Welt aus der Sicht des anderen sehen und verstehen zu können. Immer wird der Andere in seinem Anderssein anerkannt, weshalb diese Dialoge modellhaft eine Kultur der Wertschätzung vorleben wollen.

Diesem Konzept liegt das Dialogmodell im Sinne von Martin Buber zugrunde. Buber geht davon aus, dass sich echte Begegnung unter Menschen in einem Zwischenraum zwischen dem Du und dem Ich ereignet, über den keine der am Gespräch beteiligten Personen verfügen kann. So wie nach evangelischem Verständnis auch der Glaube an Gott ein Geschenk, etwas Unverfügbares ist, so kann im Dialog kein Mensch sich über den Glauben des anderen erheben. Es gibt damit keine allgemein gültige Wahrheit, sondern nur eine subjektive Wahrheit. Diese gilt für beide Seiten: du musst nicht glauben, was ich glaube, aber ich muss auch nicht glauben, was du glaubst, und wenn du zu meinem Glauben kommst oder ich zu deinem Glauben komme, wird Gott es schon richten – Inschalla. Gott befohlen. Wichtig ist, dass bei diesem Modell der Glaube nicht in Frage gestellt ist, wenn der Absolutheitsanspruch der eigenen Religion aufgegeben wird. Für das Christentum formuliert W. Steinle es so:»Der Absolutheitsanspruch des Christentums liegt im Absolutheitsanspruch dessen, durch den es Christentum erst gibt, im Absolutheitsanspruch des Christus« (Steinle, in: Besemer 2002,61). Auf den Religionsunterricht übertragen findet sich dieses Modell wieder in der konfessionellen Kooperation, wo Lernarrangements mittels einer Korrelations – oder Elementarisierungsdidaktik die unterschiedliche Lebens- und Glaubenswelt der Schüler samt Unterrichtsinhalte miteinander in Beziehung bringen.

Hinter diesem Modell steckt keine Angst, sondern es zeigen sich darin historisch positiv besetzte Vorbilder des friedlichen Miteinanders von Christen und Muslimen, wie es sich zum Beispiel in Bosnien bis zum Bürgerkrieg zeigte, wo Christen muslimische Frauen heirateten frei nach Sure 2,56:»Es gibt keinen Zwang in der Religion.« Auch das Jesusminarett der Omajadenmoschee war für Christen und Muslime in Damaskus lange ein Zeichen der Verbundenheit, auch wenn die Muslime hoffen, dass Jesus von diesem Turm einst wiederkommen und die Christen zur Aufgabe der Trinitätslehre aufrufen werde, während Christen in Damaskus hoffen, dass Jesus den Muslimen am Jüngsten Tage deutlich machen wird, dass Gott in Jesus Christus seine Gottheit entfaltet.

Räumlich zeigt sich dieses dialogische Modell darin, dass Moscheen durchaus in Wohngebieten gebaut werden und im Stadtbild einen Platz haben, wie etwa die Ludwigsburger Moschee in der Heilbronner Strasse. Sie greift nicht ein in das historische Bild von Marktplatz und Schloss und gesellt sich als Zeichen gelebter Globalisierung dennoch dazu. In der Realität jedoch spiegelt dieses dialogische Modell oft auch die Schattenseiten der Globalisierung. Denn die Kinder und Enkel der Gastarbeiter von damals haben immer noch unter Vorurteilen, verminderten Bildungschancen und Skepsis gegenüber gelebter Multireligiösität zu leiden. Wer einmal die Möglichkeit nutzt, die Arbeit des Lern- und Spielclubs in Ludwigsburg kennen zu lernen, wird feststellen, dass der interreligiöse Dialog von heute und morgen da seinen Sinn und Zweck erfüllt, wo eben auch die Religion ihren Beitrag dazu leistet, dass die Migrantenkinder der Hartz 4-Empfänger oder der meist arbeitslosen Eltern in unserer Gesellschaft einen Schreibtisch zum Hausaufgabenmachen finden, Bildungschancen erwerben und Sprachbarrieren der Kultur und Religion überwinden lernen. Das gelingt nur durch Teilen und Annehmen – Christen können und sollen Vorreiter für diese geteilte Weggemeinschaft sein. Das Gefälle zwischen Reich und Arm, Gebildet und Ungebildet zeigt sich vielerorts auch im Miteinander von Kirche und Moschee. Es kann aber auch solidarische Potenziale wecken. So haben zum Beispiel die Christen in Konstanz für ihre muslimischen Mitbürger den Brunnen der Moschee gestiftet.

Zu c) Das Kooperationsmodell im Bild eines geeinten Miteinanders
Dieses Modell geht davon aus, dass in einer säkularen Gesellschaft die Religionsgemeinschaften ihre gemeinsamen Werte miteinander für die Gesellschaft fruchtbar machen können. Gemeinsame Handlungskompetenz ist Ziel und Inhalt des interreligiösen Weges.

Für den Islam vertritt zum Beispiel der ägyptische Reformtheologe Mohammed Abduh die These, dass Gott nicht nur der Ursprung der Offenbarung, sondern auch der Vernunft ist. Mit dem Glauben an Gott sind Menschen in der Lage, vernünftig zu handeln und Verantwortung für Gottes Schöpfung zu übernehmen. Deshalb geht Abduh davon aus, dass es auf der Basis einer »Religion der Vernunft« möglich ist, dass Juden, Christen und Muslime sich zu einer Religionsgemeinschaft vereinen (Abduh in: Besemer 2002,79). Weil alle Menschen Geschöpfe Gottes sind, können Christen und Muslime zum Beispiel gemeinsam für die Bewahrung der göttlichen Schöpfung und die Menschenrechte eintreten. Leitend ist der Gedanke, dass es einen Pluralismus der Religionen gibt, dem kein Bewertungsraster übergeordnet ist außer dem, dass Religion dem Menschen dient. Damit bleibt Religion nicht aufs Private beschränkt, sondern wird öffentlich, weil Friede und Toleranz ursächlich religiöse Qualitäten für ein Volk sind. In Bezug auf den Religionsunterricht konkretisiert sich dieses Modell zum Beispiel im Hamburger Religionsunterricht für alle (dafür stehen Namen wie Folker Doedens oder Wolfram Weiße), der das Gemeinsame und Verbindende der Religionen ins Zentrum stellt.

Auf Kirche und Moschee übertragen, entwickelt sich dieses Modell in Deutschland vorrangig auf den Schreibtischen von Architekten. Sie konstruieren zum Verkauf anstehende Kirchen zu religiösen Begegnungszentren um, in denen es sowohl Räume für spirituelle Wellness gibt als auch Aktions- und Meditationsräume. Wichtig ist, dass in diesen interreligiösen Zentren Begegnung über religiöse Inhalte stattfindet. Diese Zentren – in Ludwigsburg ist zum Beispiel auch an ein Haus der Religionen gedacht – können, so die Hoffnung der Planenden, dann für die Gesellschaft einen Vorbildcharakter des Miteinanderlebens haben. In Deutschland scheitert die Realisation derartiger Kirchmoscheen noch daran, dass verkaufte Kirchen vom Gesetz her keiner andersreligiösen Nutzung unterliegen dürfen. Dennoch gibt es eine kleinere Form, in dem zum Beispiel eine Kirchengemeinde einer Moscheegemeinde Gastrecht gewährt, wie es die Kreuzkirche in Ludwigsburg der Alevitischen Gemeinschaft einräumt.

So faszinierend dieses Modell auf den ersten Blick scheint, gilt es im Blick auf Chancen echter interreligiöser Dialoge doch zu fragen, ob hier nicht unter der Prämisse der Gemeinsamkeit Religion auf den kleinsten gemeinsamen Nenner reduziert wird. Zu echter Begegnung gehört auch das Sichtbarmachen von Unterschieden und das Aushalten von Verschiedenheit. Ferner sind Kirche und Moschee Orte, wo eine religiöse Identität gestiftet werden soll, wo eben der Raum in der Religion beheimatet. Um diesen Aspekt zu wahren, hat zum Beispiel die EKD in ihren Theologischen Leitlinien der EKD- Texte eine aus der Ökumene der Konfessionen abgeleitete Ökumene der Religionen von christlicher Seite her als Irrweg bezeichnet (Christlicher Glaube und nichtchristliche Religionen. Theologische Leitlinien. Kirchenamt der EKD,19). Die berechtigte Anfrage an das Modewort einer Pluralen Theologie, ob hier eben nicht unter der Prämisse des Pluralen theologische Wahrheiten relativ und damit beliebig werden, trifft letztlich auch die Anfrage an Kirchmoscheen. Auch Kirchmoschee stehen meines Erachtens in der Gefahr zu verwässern, dass wir mit gleichen Worten wie Gott, Gebet, Fasten Verschiedenes meinen und gestalten.

4. Meinungsbildung

Welches wäre nun Ihr Modell, das dem Anspruch interreligiöser Kompetenzbildung am gerechtesten wird?

Im Rahmen der Ringvorlesung erhielten die Teilnehmenden drei Farbzettel, mit denen sie per Farbabstimmung für je ein Modell plädieren sollten, das sie für die Ludwigsburger Situation für geeignet hielten.

Der Konflikt: In Ludwigburg streiten Mitglieder der IGMG (Islamische Gemeinde Milli Görus) mit Bürgern um den Bau einer Moschee in einem Wohngebiet. Eine Bürgerinitiative gegen den Moscheebau sowie ein Streitschlichterprozess der Stadt, der Runde Tisch, bieten die Möglichkeit, über die verschiedenen Facetten der Auseinandersetzung ins Gespräch zu kommen. Neben der öffentlichen Einladung der Lokalpresse waren diese Gruppierungen zur Ringvorlesung gezielt eingeladen worden. Sie kamen und brachten sich in die Diskussion ein. So hatten die Studierenden die Möglichkeit, das Verhältnis von Kirche und Moschee in – die Vorlesung ergänzenden – Kleingruppengesprächen in seiner Vielschichtigkeit zu diskutieren.

Hinsichtlich der Teilnehmenden sind mehrere Gruppierungen evaluiert worden: Bürger und Bürgerinnen der Stadt Ludwigsburg, die aus Interesse am Thema und in Verbundenheit mit der EFH zum Begegnungsabend gekommen sind. Diese sind in folgende Gruppen zu unterteilen:

- Bürger des Südstadtvereins: ca. 8 Männer, u.a. die Vorsitzenden, kamen an die EFH, um ihr Anliegen der Verhinderung des Moscheebaus der IGL auch in diesen Abend einzubringen. In den Gesprächsphasen während des Vortrags suchten einzelne Mitglieder des Vereins das Gespräch vor allem mit den jungen Muslima der IGL. In Rückmeldungen gaben die Südstadtvereinsvertreter an, dass sie erstaunt gewesen wären, so viele junge Menschen und vor allem auch Frauen aus der IGL zu sehen und »vernünftig« mit ihnen sprechen zu können. Dennoch war es nach Wahrnehmung der studentischen Moderatoren der EFH das eigentliche Interesse des Vereins, ihr Anliegen auch in die Gesprächsphasen einzubringen. Interessanterweise sprachen sich bei der Farbabstimmung die meisten Teilnehmeden des Vereins für das Modell der Kirchmoschee aus.

- Ca. 5-10 Bürger aus Ludwigsburg (vorrangig Frauen zwischen 50 und 60 Jahren), die sich für die Integration muslimischer Mitbürger, vor allem der Kinder, einsetzen, u.a. in der Sprachhilfe. Diese Personen gehen besonders auf die Studierenden offen zu und bedanken sich nach den Gesprächsphasen für das studentische Engagement. Diese Gruppe sprach sich in der Farbabstimmung vorrangig für das Modell b) aus. Für diese Personen war die Frage, ob man im interreligiösen Dialog wirklich von einer »gleichwertigen« Wahrheit der beiden Religionen ausgehen kann, sehr diskussionswürdig.

- Vertreter der Stadtverwaltung Ludwigsburg, insbesondere ein Mitarbeiter aus dem Bereich Bürgerschaftliches Engagement, der für die Stadt die MG-Verbindung der IGL zu prüfen hat und den Runden Tisch mit gestaltet. Im Gespräch zeigte sich, dass die Stadt das Engagement der EFH begrüßt und sich von diesem Abend neue Impulse für den Runden Tisch erhofft. Auch seitens der Stadt Ludwigsburg wird das Modell b) bevorzugt.

- Ca. 5 der EFH und der Karlshöhe sehr verbundene Bürger der Stadt, denen der interreligiöse Dialog wichtig ist. Sie sind zum Beispiel stets bei gemeinsamen Aktionen zwischen der ACK und den Moscheen dabei (gemeinsame Friedensgebete z.B.) und stehen auch in der Ludwigsburger Öffentlichkeit für den interreligiösen Dialog ein. Eine Person dieser Gruppe ist mit 80 Jahren Ehrenbürger der Stadt, angesichts seiner historischen Publikationen in Ludwigsburg bekannt und angesehen und Moderator des Runden

Tisches der Stadt. Diese Gruppe ist auf ein Miteinander von Kirche und Moschee bedacht, das aber verstärkt auch den Christen eine Kenntnis und Praxiserfahrungen gelebten Glaubens ermöglichen soll. Bei der Handabstimmung wurde deshalb Modell a) zusammen mit Modell b) in Kombination hochgehalten. Der Charakter Ludwigsburgs als christlich geprägte Stadt sollte im Stadtbild und Stadtleben auf alle Fälle erhalten bleiben. Gerade das Gespräch mit dieser Personengruppe war für viele Studierende gewinnbringend, weil sie von dieser Gruppe herausgefordert wurden,» zu sagen, was sie denn über den Absolutheitsanspruch des Islams und Christentums lernen« und wie sie damit im Studium umgehen.

■ Ca. 30-40 muslimische Mitbürgerinnen und Mitbürger, von denen rund 20 meist junge Menschen (zwischen 20 und 40 Jahre) von der IGL kamen, ferner der Leiter der Moschee der Türkisch-Islamischen Union mit ca. 5 Muslimen seiner Gemeinde (ca. 40 Jahre), ca. 5 Alleviten der allevitischen Gemeinde Ludwigsburg (20-40 Jahre), der stellvertretende Vorsitzende des Zentralrats der Muslime in Baden- Württemberg, einige muslimische Reinigungsfrauen, die nachts die EFH putzen sowie Muslime, die sich keiner der Gruppen zuordnen wollten. Diese Gruppe war bei der Handabstimmung die vielfältigste, ca. 1/3 stimmte für Modell a), 1/3 für Modell b) und 1/3 für Modell c). Im Gespräch mit den Studierenden wurde deutlich, dass man im Dialog weder von »dem« Islam in Ludwigsburg sprechen kann und dass zum Beispiel zwischen der IGMG und den Alleviten in Ludwigsburg auch Unterschiede in bezug auf ein Miteinander der Religionen bestehen. Interessant war für die Studierenden das Interesse der Muslime am Christentum.

Studierende, Dozierende und Mitarbeitende der EFH
Am Begegnungsabend der EFH nahmen ca. 50 bis 60 Studierende teil, von denen 20 in die Veranstaltung durch das Seminar zum christlich-islamischen Dialog eingebunden waren, ca. 20 Studierende zum Hörerkreis der Ringvorlesung gehörten und 10 bis 20 Studierende aus Interesse am Thema und den Begegnungsmöglichkeiten des Abends kamen. Etliche Studierende haben bei der Farbabstimmung für Modell a) plädiert, die meisten jedoch für Modell b) und einige wenige für Modell c).

Drei Studierende sagten, dass sich nach dem Gespräch mit Muslimen ihre Vorurteile dem Islam gegenüber bestätigt hätten; 2 Studie-

rende des 1. Semesters erzählten, dass sie noch nie mit Muslimen über religiöse Fragen gesprochen hätten und dieser Abend sie »auf den Geschmack« gebracht hätte. Die meisten Studenten nutzen die Chance zum interreligiösen Gespräch.
Von den 10 Dozierenden, die an der Ringvorlesung teilnahmen, plädierten alle für Modell b). Sie meldeten aus den Gesprächen zurück, dass die Begegnung mit den Muslimen auch für sie ein geeignetes Lernfeld für interkulturelle und interreligiöse Begegnungsformen war.

5. Fazit: Die Kirche gehört ins Dorf wie die Moschee und die ...

Obwohl Modell a) aufgrund seines monologischen Charakters nicht als Modell interreligiöser Kompetenzbildung zu verstehen ist, erfreut sich dieses Modell doch einer Zustimmung von Menschen quer durch alle Generationen und Religionen. Im Zuge der Rekonfessionalisierung und Rückbesinnung auf eigene Leitkulturen und Religionen muss interreligiöse Kompetenzbildung diese Gruppe von Menschen zunehmend zum echten Dialog motivieren. Es gilt dabei, angstbesetzte Projektionen bewusst miteinander anzuschauen und sich damit auseinanderzusetzen. Modell c) bietet zwar einen Raum zum Dialog, muss sich aber fragen lassen, wo sich bei aller Gemeinsamkeit die eigene religiöse Identität in einer Kirchmoschee entfalten und wo sie lebendig gelebt werden kann. Allein Modell b) bietet einer partnerschaftlichen Ehe ähnlich echte Lernchancen für Bildungsprozesse an. Allerdings müssen Menschen, die Dialoge auf Augenhöhe führen wollen, neben allen theologischen Standbeinen zunehmend auch die kulturellen und sozialen Bedingungen eines gleichgewichtigen Dialogs thematisieren.

6. Lernarrangements interreligiöser Kompetenzbildung – Ein-Blick in die Praxis

Wenn Kirche und Moschee oder muslimische und christliche Schülerinnen im Lernfeld Schule nun interreligiös miteinander kommunizieren s(w)ollen, dann bedarf das didaktischer Entscheidungen zur Strukturierung des Lernprozesses. Während traditionellen Modellen das Frage-Antwort-Konzept zugrunde liegt, bei dem jeder am Dialog

Beteiligte über seinen Glauben informiert, versucht zum Beispiel die systemische Religionspädagogik das Ineinander von theologischer und kommunikativer Auseinandersetzung im Lernweg abzubilden. Denn im wirklichen Leben führen wir Dialoge auch nicht, um Sachen zu verstehen, sondern um mit Menschen neue Wege gehen zu können. Für die Schrittfolge eines Dialogs der Begegnung gibt der Religionspädagoge S. Leimgruber fünf Schritte interreligiösen Lernens an (vgl. Leimgruber, S. Bibel und Koran,17 ff: Religiöse Zeugnisse wahrnehmen / Religiöse Texte deuten und verstehen / Durch Begegnungen lernen / Die bleibende Fremdheit respektieren / In eine existentielle Auseinandersetzung verwickeln), die mit dem sinnenhaften Wahrnehmen religiöser Zeugnisse beginnen. Religiöse Zeugnisse können sowohl religiös motivierte politische Ereignisse, Tagesgeschehen, aber auch Menschen sein. Obwohl Leimgruber den Bildungsaspekt des interreligiösen Begegnens bewusst in Blick nimmt, steht sein Konzept meines Erachtens in der Gefahr, den Dialog über theologische Lehren dem der kommunikativen Kompetenzbildung vorzuordnen. Deshalb sei Leimgrubers Modell zu einem 5-Schritte-Modell bearbeitet, das das Ineinander von Kommunikation und Theologisieren stärker berücksichtigt: Eine Muslima und eine Christin begegnen sich und kommen über die Frage religiös begründeter Kopfbedeckung von Frauen ins Gespräch.

a)   Wir erzählen uns gegenseitig, wie wir die andere Religion in Bezug auf das Thema sinnenhaft wahrnehmen, was uns beeindruckt, aber auch, was uns Mühe macht. Die goldene Regel der Hermeneutik, »dass das Interpretierte in der Lage sein muss, sich in der Interpretation wiederzuerkennen«, wird zur Basis der Begegnung. Die andere Frau muss sich durch mich verstanden fühlen. Wahrnehmen beinhaltet bei diesem Prozess sowohl die Fähigkeit, Beobachtungen und persönliche Betroffenheit formulieren zu können als auch zwischen Vor- und Hintergründigem, Ein- und Ausdruck differenzieren zu können. Aspekte ästhetischer Kompetenzbildung wie das Erkennen und Entschlüsseln von Strukturen, Sprachanalysen, Symbolisierungen, Wahrnehmungsperspektiven der Gestaltpädagogik usw. sind dabei hilfreiche Dimensionen der Kommunikation. Eine soziale und kommunikative Kompetenz, die den anderen in seinem Anderssein achtet, macht jedoch eine echte Begegnung erst möglich.

b)   Wir machen uns über die andere Religion (auch mit Quellentexten) kundig und erzählen uns, wie wir nach der Recherche das Thema in seiner Bedeutung für unser Gegenüber verstehen. Darauf vergleichen wir mit es mit unseren eigenen Vorstellungen und können Gemeinsamkeiten und Differenzen miteinander formulieren. Dieser Schritt geht davon aus, dass Menschen verschiedener Religionen nun in einer Lernwerkstatt über Texten, Ausdrucksformen des Glaubens usw. sitzen und gemeinsam die Hintergründe oder Inhalte der Religionen studieren. Falls das nicht möglich ist, kann diese Phase auch der Begegnung »vorgeschaltet« werden, oft allerdings um den Preis, dass ein Nachfragen über die Informationen nicht direkt möglich ist. Eine hermeneutische Kompetenz, die Strukturen des Vergleichens bereitstellt sowie die Fähigkeit zu theologischer Sprachfähigkeit und Sprachkomptenz sind dabei ebenso notwendig wie eine kulturelle Sachkompetenz, die Bezugspunkte zur Geschichte, Kultur sowie zur Politik erkennt und theologisches Reflektieren ermöglicht.

c) Wir debattieren über Differenzen und Schattenseiten, begegnen ihnen aber menschlich mit Wertschätzung der Person des anderen und seiner religiösen Prägungen. Differenzen sind nicht Grund gegenseitiger Diffamierung, sondern Herausforderung, die Pluralität zu leben und Grenzen der Pluralität zu entdecken. Das Trennende, das einander Befremdende wird eigentliches Thema der Begegnung und gibt dieser ihr spezifisches Profil. Dieses beinhaltet sowohl einen Streit um Wahrheitsfragen oder »die« Wahrheit als auch einen Streit um Formen gelebten Glaubens und ihrer Auswirkung auf das Gemeinwohl. In dieser Phase steht die Identitätsbildung, die sich am Fremden reibt oder mit ihm entwickelt, im Zentrum des Dialoges. Neben der personalen Kompetenz, die lebenslanges Lernenwollen als ein Merkmal reifer Persönlichkeiten akzeptiert sind hierbei auch die ethische Kompetenz als Wertedialog vonnöten ebenso wie kommunikative Kompetenzen im Gestalten von Interkulturallität.

d) Wir befragen die Gemeinsamkeiten im Blick auf ihre Tragfähigkeit zum Brückenbauen zwischen Christen und Muslimen und suchen nach transreligiösen Netzwerken, die uns miteinander verbinden können. Dazu ist das Prinzip der gegenseitigen Gastfreundschaft leitend. Wir laden und gegenseitig ein und feiern für einen Weile miteinander, essen die Speisen der Gastgeber, lassen uns auf Ausdrucksformen des Glaubens ein im Spielraum unserer eigenen evangelischen Glaubens- und Gewissenfreiheit, finden gemeinsame Sprach- und Deutebilder für das, was uns am Glauben wichtig ist usw. Die Freude an der Gemeinsamkeit und die Neugier am Fremden werden gefördert durch spirituelle und methodische Kompetenzen, zum Beispiel eine Fest- und Feierkultur leben und gestalten zu können, kommunikative Kompetenzen insbesondere die Ausbildung einer Kooperationskompetenz.

e) Wir aktivieren gemeinsame Handlungskompetenzen und suchen nach Möglichkeiten, gemeinsam in der Öffentlichkeit für unsere religiösen Anliegen und Werte einzutreten und diese für die Region, in der wir leben, fruchtbar werden zu lassen. Diese Handlungskompetenz basiert auf organisatorischem, methodischen und kommunikativem Können. Die Brücke, die zwischen den Religionsgemeinschaften aufgebaut wurde, wird nun bis in die Region vor Ort hineingebaut.

f) Wir gehen wieder zurück in unsere religiöse Heimat und nehmen etwas aus der Begegnung dort mit in unsere Welt hinein.

Dieser sechste Schritt zeigt, dass inter- oder transreligiöse Bildungsprozesse sich immer im Wechselspiel zwischen identitätsbildenden und pluralitätsgestaltenden Dimensionen bewegen und sich interreligiöse Kompetenz durch gelernte und erprobte Fähigkeit, mit dem Fremden zu kommunizieren, qualifiziert.

Evangelische Fachhochschulen sind Orte, wo Netzwerkbildung durch das Schaffen von Begegnungsräumen zwischen Kirche, Moschee, Synagoge, Stadtverwaltung, Vereinen usw. gelernt wird und gerade deshalb auch Lernorte, in denen religiöse Identität gestiftet wird, die für professionelle religions- und oft auch sozialpädagogische Arbeit unerlässlich ist, um die Sehnsucht nach einer neuen, göttlichen Welt wachzuhalten und mit Menschen zu teilen frei nach Philipper 2: Ich jage ihm (Gott, der göttlichen Gemeinschaft) aber nach, weil ich von Jesus Christus ergriffen bin.

Literatur:
Barth, H.-M., Dogmatik.Evangelischer Glaube im Kontext der Weltreligionen. Gütersloh 2001.
Baur, K., Interreligiöse Kompetenzen bilden. Stuttgart 2006.
Baur, K., Symbolisieren als Gestalten. Hamburg 2001.
Besemer, K., Islam im Konflikt. Aachen 2002.
Feldkeller, A., Dialogverständnis des Islam. In : Frey, C. u.a. Glaube und Leben. 2/ 2003. Göttingen 2003.
Fowler, J., Stufen des Glaubens. Die Psychologie der menschlichen Entwicklung und die Suche nach Sinn. Gütersloh 2000.
Hick, J., God has many Names. Philadelphia1982.

Maletzke, G., Interkulturelle Kommunikation. Opladen 1996.

Leimgruber, S., Von Adam bis Mohammed. Bibel und Koran im Vergleich. Stuttgart 2005.

Schreiner, P.,u.a. Handbuch Interreligiöses Lernen. Gütersloh2005.

Schweizer, F., Evangelische Perspektiven zum interreligiösen Lernen. In Schreiner, Peter. Handbuch Interreligiöses Lernen. Gütersloh 2005.

Steinle, W., zitiert in: Besemer, K., Islam im Konflikt, Aachen 2002.

Theologische Leitlinien. Kirchenamt der EKD. EKD-Texte 77. Hannover 2003.

Valkenberg, P., Hat das Konzept der » abrahamitischen Religionen« Zukunft? In.Concilium.12/05.Heft 5. Mainz. 2005.

Vött, M., Interreligiöse Dialogkompetenz. Frankfurt 2002.

Gender Mainstreaming und Diversity in der Evangelischen Kirche – Eine Standortbestimmung

Ursula Kress

In den vergangenen zwanzig Jahren sind wir in den Kirchen innerhalb der EKD auf dem Weg hin zu mehr Geschlechtergerechtigkeit zwischen Frauen und Männern vorangekommen. Eine kritische Standortbestimmung und eine Bilanzierung ist schon deshalb nötig, weil im Jahr 2009 das Jubiläum zwanzig Jahre Synodenbeschluss von Bad Krozingen zur »Förderung der Gemeinschaft von Frauen und Männern« gefeiert wird. Mit dieser Zustandsbeschreibung befinden wir uns im Driften zwischen Wunsch und Wirklichkeit und auch im Kontext von neunzig Jahre Frauenwahlrecht, fünfzig Jahre Gleichberechtigungsgesetz und insbesondere in der Evangelischen Landeskirche Württemberg im Rückblick auf vierzig Jahre Frauenordination. Warum muss sich die Kirche mit Gender Mainstreaming beschäftigen, gerade in Zeiten der Umstrukturierungen und der Neudefinition der Organisationen, vor allem im aktuellen Reformprozess Kiche der Freiheit? Was ist die Aufgabe der Frauenreferate und Gleichstellungsstellen? Was sind die Perspektiven der neuen Geschlechterarbeit?[1]

Die Auflösung alter Normen beunruhigt. Zur Zeit geschieht Ähnliches wie in den 70er Jahren des vorigen Jahrhunderts: damals lösten die zunehmenden Publikationen zur Frauenemanzipation in der Kirche tiefe Beunruhigung aus und die Sorge um eine Auflösung aller Normen schränkte das Wahrnehmungsvermögen der Kirche für begründete Gesellschaftskritik stark ein. Heute scheint die Reaktion evangelikaler Kreise auf die Gender-Debatte diese Reaktionen zu wiederholen und auch Verunsicherung in einigen Landeskirchen auszulösen. Dabei gerät jeweils der lange Weg in Vergessenheit, den Theologie und Kirche schon zurückgelegt haben mit dem Ziel, die Gleichstellung (dieselben Chancen, Rechte und Pflichten) von Frauen und Männern und die Gleichwertigkeit von männlich und weiblich konnotierten Tätigkeiten,

---

1   Vgl. dazu Arbeitspapier »Standortbestimmung Gender Mainstreaming in der Evangelischen Kirche. Papier der EKD Frauen- und Gleichstellungsbeauftragten 2008.

Lebensmustern und Kompetenzen zu erreichen. Dass dies beides durch die biblische Botschaft begründet ist, zeigen in mehreren Schritten und verschiedenen Facetten die Ergebnisse der Vollversammlungen des ÖRK, die sich mit dem Geschlechterverhältnis beschäftigten.

Seit 1948 kamen besonders aus der Ökumene Anstöße, die Partnerschaft von Frau und Mann in Kirche und Gesellschaft neu zu durchdenken. In vielen Ländern und Kirchen ist die volle Zusammenarbeit von Männern und Frauen im Dienste Christi durch die Kirche offensichtlich noch nicht erreicht. Die Kirche als Ganze braucht aber, besonders in der gegenwärtigen Zeit des Wechsels und der Spannungen, den Beitrag all ihrer Glieder, um ihre Aufgabe erfüllen zu können.

Später im Zuge der Dekade »Kirche in Solidarität mit den Frauen« 1988-1998 kam die Umsetzung der Gleichstellungsforderung und Überwindung von Rollensterotypen in der Kirche als Arbeitgeberin in den Blick. Ziele der Dekade waren:
- Frauen zu ermächtigen, unterdrückende Strukturen in der Gesellschaft weltweit, in ihrem Land und in ihrer Kirche in Frage zu stellen,
- den wesentlichen Beitrag der Frauen in Kirche und Gemeinde anzuerkennen, sowohl durch gleiche Mitverantwortung und Entscheidungsgewalt als auch durch Mitgestaltung der Theologie und des geistigen Lebens,
- Vorstellungen und Aktionen der Frauen im Einsatz und Ringen für Gerechtigkeit, Frieden und Bewahrung der Schöpfung bekannt zu machen,
- den Kirchen zu ermöglichen, sich selbst von Rassismus, Sexismus und Klassenstrukturen sowie den Lehren und Praktiken, die Frauen diskriminieren, zu befreien,
- Kirchen zu ermutigen, frauensolidarische Aktionen zu unternehmen.

Und so wurden ab 1990 in verschiedenen Landeskirchen Frauen- und Gleichstellungsreferate eingerichtet. In der gegenwärtigen Gender-Debatte richtet sich der Blick nicht mehr spezifisch auf Frauen, sondern bekommt beide Geschlechter in den Blick. So werden sich auch Männer ihrer Prägungen durch Geschlechterrollen bewusst.

1. Wandel der Vorstellung von Geschlecht

Für die feministische Praxis in der Politik plädiert Andrea Maihofer[2] in ihrer Darstellung, gerade weil sie Geschlecht und Geschlechterdifferenz als gesellschaftlich-kulturelles Phänomen versteht, dafür, davon auszugehen, dass wir zu Geschlechtern gemacht werden. Was wir unter »Frau« oder »Mann« verstehen, hat demnach eine empirische Grundlage mit zeitlich und örtlich begrenzter, dennoch gewichtiger Reichweite. Mit der Anerkennung der Geschlechterdifferenz soll dem Problem Rechnung getragen werden, dass möglicherweise grundlegende Differenzen zwischen Frauen und Männern anerkannt werden müssen und sie dennoch gleichberechtigt sind.

Ebenso gelte es auch, eine positive, nicht-hierarchische Anerkennung von kulturellen, ethnischen und klassenspezifischen Differenzen, also Verschiedenheiten zwischen Frauen zu ermöglichen. Es geht also nicht um normative Festlegungen von »Frau-Sein«, das allen Frauen aufgrund ihrer Zugehörigkeit zum weiblichen Geschlecht zukommt.

2. Blick auf den gesellschaftlichen Kontext

Für die Arbeit in Gleichstellungs- und Genderreferaten ist die Kritik am Diskurs zur Geschlechterdifferenz und zur historischen Bedingtheit von sex und gender kaum maßgebend (Judith Butler u.a.), sondern die Erkenntnis, die Andrea Maihofer treffend formuliert, dass wir vom empirischen Gewicht ausgehen müssen, das die gegenwärtigen Ausformungen des Geschlechterverhältnisses seit dem 18. Jahrhundert in Europa hervorbrachte. Von hier aus muss die Frage nach der Gleichheit, Gleichberechtigung und Gleichwertigkeit der Geschlechter gestellt werden, ohne Differenzen – auch der Differenzen von Frauen untereinander – wegzubügeln.

Seit die Frauenbewegung der 70er Jahre mit ihrem Marsch durch die Institutionen (Gleichstellungsbeauftragte, Frauenministerien) an ihre Grenzen stieß, weil sie einen »Appendix-Status« nicht überwinden konnte, wurde der Gedanke entwickelt, Frauenpolitik als Querschnittsaufgabe in allen Bereichen zu implementieren, allerdings mit der Befürchtung, dass Frauenpolitik im herrschenden »male-stream« auch

---

2 Vgl. Andrea Maihofer, Geschlecht als Existenzweise, Frankfurt 1995 und 1997.

sang- und klanglos untergehen könne. Die internationale Debatte seit den 90er Jahren half weiter. Gender-Mainstreaming taucht als Begriff auf der IV. Weltfrauenkonferenz in Peking 1995 auf und bezeichnet eine Strategie zur breiten Implementierung von Frauenrechten. Allerdings hatte die frauenpolitische und feministische Öffentlichkeit sofort Zweifel gegenüber solch hohen Selbstverpflichtungen. Aber Gender Mainstreaming und Frauenförderung schließen sich gegenseitig nicht aus.

Zunächst geht es um eine »gründliche Bestandsaufnahme der unterschiedlichen Situation von Männern und Frauen in allen Lebensbereichen.«[3] Dies muss unter quantitativen und qualitativen Aspekten geschehen. Gender Mainstream will aber nicht nur diskriminierende Verhältnisse für Frauen beseitigen, sondern muss die Strukturen, die diese Ungleichheiten immer neu produzieren, umgestalten (z.B. Sozialversicherungssysteme, Ernährer-Familienmodell, Finanz- und Steuerrecht). Gender Mainstreaming verfolgt ein doppeltes Ziel: die Gleichstellung von Frauen und Männern in dem Sinne, dass Frauen dieselben Chancen, Rechte und Pflichten erhalten. Gleichstellung ist aber »nicht gleichbedeutend mit Gleichheit, mit der Verallgemeinerung von Männern, ihrem Lebensentwurf und ihren Lebensbedingungen als Norm.«[4]

Ähnlich wie Andrea Maihofer kommt Peter Döge zu dem Schluss: Das Ziel von Chancengleichheit ist Diversity, »gemeint ist damit die Gleichwertigkeit von Differenz, die Beseitigung aller Ungleichheiten beim Zugang zu Gestaltungsressourcen.«[5] Das gilt neben dem Geschlecht auch für Herkunft, Hautfarbe, Alter.

Auf dem Weg zur Geschlechtergerechtigkeit sind verschiedene Strategien zielführend. Sie ergänzen sich und die eine ist nicht ohne die andere wirkungsvoll:

Alle Strategien sind derzeit wichtig, um historische Geschlechterungleichheiten zu überwinden und zu neuen Rollen- und Tätigkeitsbeschreibungen zu kommen, die die Menschen nicht auf traditionelle Muster einschränkt, und dazu beitragen, die vermeintliche Geschlechterneutralität zu entlarven. Gleichstellungspolitische Maßnahmen ersetzen Gender Mainstreaming nicht, und umgekehrt ersetzt Gender

---

3   3 Claudia Pinl, Gender Mainstreaming – ein unterschätztes Konzept, in :Beilage zu Das Parlament, August 2002, S. 3.
4   Council of Europe, übersetzt von P. Döge.
5   Maihofer, aaO S. 15.

Mainstreaming zum jetzigen Zeitpunkt nicht spezifische Frauen- oder Männerarbeit.

Gleichstellungspolitische Maßnahmen sind vielmehr eine Bedingung dafür, dass Gender Mainstreaming in den Inhalten der Arbeit realisiert werden kann.

Bezogen auf die Implementierung von Gender Mainstreaming gibt es in der Bundesrepublik noch viel zu tun. Andere Länder sind da schon weiter. Good-Practice-Beispiele finden sich besonders in den skandinavischen Ländern. So wird in Norwegen, um den Anteil der Männer in Kindertagesstätten zu erhöhen, die Stellenausschreibung so formuliert, dass nicht die Tätigkeiten beschrieben werden, sondern eine genaue Beschreibung der Anforderungen und Aufgaben im Vordergrund steht. Binnen sechs Monaten erhöhte sich die Zahl der Bewerber.

In Südafrika haben sich seit 1995 Parlamentarierinnen und Frauen aus NGOs zu einer Initiative zusammengeschlossen, die jährlich den Staatshaushalt analysiert unter dem Aspekt, wie sich das Budget auf das Geschlechterverhältnis auswirkt. Ähnliche Initiativen gibt es in Kanada und Australien.

Warum muss sich die Kirche mit den im vorhergehenden aufgeworfenen Fragen beschäftigen?

Als Teil der Kirchen sind Frauen und Männer – und zwar als Frauen und als Männer – verstrickt in die jeweiligen historischen Epochen und kulturellen Kontexte. Sie haben jeweils dazu beigetragen, dass patriarchale Strukturen und geschlechtshierarchische Rollenzuschreibungen legitimiert, verfestigt oder auch verändert wurden.[6]

Bereits im Jahr 1979 befasste sich eine Studie des Rates der EKD mit der Frage nach der Rolle der Frauen auch in ekklesiologischer Hinsicht. »Die Frau in Familie, Kirche und Gesellschaft. Eine Studie zum gemeinsamen Leben von Frau und Mann«[7] regt an, die Thematik offen und auf allen Ebenen zu diskutieren. Zehn Jahre später waren zwei weitere Meilensteine auf den Weg gebracht: Zum einen hatte der Ökumenische Rat der Kirchen die »Dekade der Kirchen in Solidari-

---

6   Vgl. Gentner, Ulrike, »Mit der Vision leben...« Gender Mainstreaming im kirchlichen Kontext, in: Ev. Kirche der Pfalz, Dokumentation Studientag»Gender Mainstreaming, die geschlechtersensible Sichtweise als Zukunftsfähigkeit unserer Kirche«, 26. Januar 2005, 7.

7   Rat der Evangelischen Kirche in Deutschland (Hg.), Die Frau in Familie Kirche und Gesellschaft. Eine Studie zum gemeinsamen Leben von Frau und Mann, Gütersloh 1979.

tät mit den Frauen 1988-1998« ausgerufen. Zum anderen hatte die Synode der EKD 1989 in Bad Krozingen unter dem Oberthema »Die Gemeinschaft von Frauen und Männern in der Kirche« getagt. Die Befassung mit diesem Thema führte nicht nur zu einer Analyse der damaligen Ausgangssituation: Noch immer bestimme »die Vorherrschaft von Männern gegenüber Frauen weitgehend das Bild unserer Kirche. Zur Überwindung dieser Vorherrschaft kann die Kirche aus der gesellschaftlichen Diskussion entscheidende Impulse empfangen. Hier gilt es, aus der öffentlichen Diskussion über Menschrechte, Emanzipation und Demokratie zu lernen. Wir wollen, dass Wirklichkeit, Erfahrungen und Fähigkeiten von Frauen in Kirche und Theologie künftig ebenso zur Geltung kommen wie die von Männern. Es gilt, ein für alle Menschen mögliches Maß an Freiheit und Gleichheit zu finden, nach dem Männer und Frauen sich als zwar voneinander unterscheidende, aber gleichwertige und gleichberechtigte Menschen erkennen und anerkennen können. Ein Leben in ‚neuer Gemeinschaft' heißt dann, dass beide gleiche Lebens- und Entfaltungschancen haben, in Ehe, Familie und Partnerschaft, im beruflichen Leben, in Wirtschaft und Politik, in Kirche und Wissenschaft, überall in Gesellschaft und Kultur.«[8] Vor allem wurden neben familiengerechten Arbeitsbedingungen die geschlechter-paritätische Zusammensetzung von Leitungen und Organen angemahnt sowie die Entwicklung von Frauenförderkonzepten und die Einsetzung von Frauenbeauftragten.

In den letzten zwanzig Jahren hat sich die Forschungslage ungemein erweitert. Die feministischen Theologien haben ihre Wirkung entfaltet und ihre Spuren in den theologischen Disziplinen hinterlassen. Der Pfarrberuf ist bei weitem kein Männerberuf mehr: Im EKD-Durchschnitt arbeiten ca. 30% Pfarrerinnen in den Gemeinden.

Allerdings bis auf die Leitungsebenen der ehrenamtlich und hauptberuflich besetzten Gremien hat sich dieser Trend noch nicht durchgesetzt.

Zu wenig ist der schon in der EKD-Dokumentation von 1989 festgehaltene Anspruch, dass es um Gerechtigkeit für Frauen und Männer geht, die dann auch für Frauen und Männer Veränderungen bedeutet, umgesetzt worden. Die angestrebte Quote von 40% wurde nicht annähernd erreicht.

---

8   Synode der Evangelischen Kirche in Deutschland, Die Gemeinschaft von Frauen und Männern in der Kirche, Gütersloh 1990, 9.

Während sich im Bereich der Frauenkirchen, Frauensynoden und der feministischen Theologien zahlreiche neue Ansätze eines Bildes von der Kirche finden, steht der Diskurs und die gemeinsame Aushandlung zwischen Frauen und Männern noch aus. So gilt auch für den heutigen Stand innerhalb der Evangelischen Kirche in Deutschland, was über die Ökumenische Dekade der Kirchen in Solidarität als Fazit festgehalten wurde: Die Dekade ist »zu einer Dekade der Frauen in Solidarität mit anderen Frauen und mit der Kirche«[9] geworden – die Solidarität von Männern wurde weitgehend nicht erreicht. Ein Instrument, das dies zu gewährleisten versprach, ist Gender Mainstreaming.

In den Verfassungen der Gliedkirchen der EKD gibt es an einigen Stellen zentrale Aussagen, aus denen sich auch ein Zugehen auf das Instrument des Gender Mainstreaming begründen lässt. So heißt es in der Verfassung der Evangelisch-Lutherischen Kirche in Bayern (1999) in Artikel 11 wie folgt:

Gleichstellung von Frauen und Männern

(1) Durch die Heilige Taufe sind Frauen und Männer gleichwertige Glieder der Kirche Jesu Christi.

(2) In der Evangelisch-Lutherischen Kirche in Bayern sind deshalb Männer und Frauen gleichberechtigte Kirchenmitglieder.

Während beispielsweise die Nordelbische Kirche Synodenbeschlüsse zur Umsetzung von Gender Mainstreaming gefasst und es in den unterschiedlichen Arbeitsfeldern implementiert hat[10], gibt es Kirchen innerhalb der EKD, die Gleichstellungs-, Gemeinschafts- oder Frauenfördergesetze beschlossen haben. Und es gibt Gliedkirchen, die keine verbindlichen Konzepte oder Maßnahmen verfolgen.

Es ist natürlich fraglich, ob denn die Institutionalisierung allein dafür sorgt, dass sich im Alltag und in der Praxis der Kirchen auf den verschiedenen Ebenen tatsächlich etwas verändert. Sicher ist jedoch, dass allein der Prozess hin zu den genannten Beschlüssen dazu dient,

---

9   Ökumenischer Rat der Kirchen (Hg.), Lebendige Briefe, Bericht über die Besuche bei den Kirchen während der Ökumenischen Dekade – Kirchen in Solidarität mit den Frauen, Genf 1997, 15.

10   Auf der Tagung der Nordelbischen Synode vom 7.2.-9.2.08 wurde die Überprüfung und Weiterentwicklung des Konzeptes zur Umsetzung des Gender Mainstreaming Verfahrens mit großer Mehrheit beschlossen. Es sieht eine verbindlichere Umsetzung des Verfahrens in den einzelnen Bereichen unserer Kirche vor. Zudem setzt es die bisherigen Erfahrungen in Handlungsschritte um, die dann auch von der Synode kontrolliert werden können. Vgl. www.gender-kirche.de

dass die Kirchen sich der Bedeutung der berührten Fragen auch und gerade für ihr Selbstverständnis bewusst werden.

Von den durch feministische Theologien und aus den Reihen der Frauen-, Männer- und Geschlechterforschung immer wieder vorgebrachten Argumenten, warum diese Fragen auch heute essentiell die Kirche betreffen, sind an dieser Stelle nur einige zu wiederholen:

In unseren protestantischen Kirchen ist die Ordination von Frauen und damit auch die Möglichkeit für Frauen, leitende geistliche Ämter zu übernehmen, überall eingeführt. Allerdings gibt es Landeskirchen, Kirchenkreise oder Pfarrkonvente in denen die Vorbehalte gegen Frauen im Pfarramt noch nicht gänzlich überwunden sind. Ein weiterer Verständigungsprozess nach innen steht also aus. Die Nachrichten, dass in einigen Kirchen, vornehmlich in Ost- und Südosteuropa, die Frauenordination wieder abgeschafft wurde, ist aktueller Beleg dafür, dass dieser Teilbereich des Themas Geschlechtergerechtigkeit noch nicht erledigt ist.

Es mangelt den EKD-Kirchen an vielen Stellen an der Bereitschaft zur Aufarbeitung der eigenen patriarchal geprägten Geschichte. Wäre an dieser Stelle bereits ein tieferes Bewusstsein erreicht, könnten die Anregungen und Forderungen aus der Frauen-, Männer- und Gleichstellungsarbeit mit größerer Gelassenheit aufgenommen werden. Die Kultur einer »Hermeneutik des Verdachts« (Schüssler-Fiorenza) würde dann das unaufgeregte Prüfen von Veränderungsvorschlägen, Programmen und Vorhaben zur Aufarbeitung dieser Geschichte und zur Weiterentwicklung der Organisation ermöglichen.

3. Aufgabe der Frauenreferate und Gleichstellungsstellen

So vielfältig wie die Landschaft der evangelischen Landeskirchen in Deutschland ist, so vielfältig und unterschiedlich stellt sich auch ihre Ausstattung mit Frauen- bzw. Genderreferaten und Gleichstellungsstellen dar. In 13 der 23 Gliedkirchen der EKD gibt es mit hauptamtlich Mitarbeitenden besetzte Referate, in vier weiteren Landeskichen wird diese Arbeit ehrenamtlich wahrgenommen.

In einigen Landeskirchen finden wir »klassische« Frauenreferate, deren Schwerpunkte die Frauenförderung sowie der Abbau struktureller Benachteiligung von Frauen sind. Doch immer mehr Landeskirchen setzen den Akzent auf eine aktive Förderung der Gleichstellung von Frauen und Männern. Es geht zunehmend darum, alle kirchlichen Handlungsfelder auf ihre Auswirkungen auf die Geschlechtergerechtigkeit zu überprüfen bis hin zur konsequenten Umsetzung des Gender-Mainstreaming-Prinzips.

Die landeskirchlichen Frauen- bzw. Genderreferate und Gleichstellungsstellen sind von den Synoden eingerichtet worden, um die in diesen Kontexten aufgeworfenen Fragen und Themen nachhaltig in die kirchenpolitische Diskussion zu bringen und entsprechendes Handeln einzufordern. Allerdings mussten die Referate seit ihrem Bestehen immer wieder ihre Daseinsberechtigung beweisen. Nur wenige Arbeitsbereiche in den Kirchen stehen unter einem so hohen Rechtfertigungszwang wie die Frauenpolitik. Die hauptamtlich Mitarbeitenden und die sie begleitenden Gremien haben sich dieser Herausforderung gestellt und sind ihr mit großer Professionalität und hoher fachlicher Qualität begegnet. So setzt sich inzwischen mancherorts die Erkenntnis durch, dass dieses Potenzial und die vorhandene Expertise auch für andere Arbeitsfelder der Kirche vorbildlich und hilfreich sein kann.

Denn dass die Kirchen nur dann zukunftsfähig werden bzw. bleiben, wenn sie sowohl die Kompetenzen von Frauen und Männern nutzen als auch geschlechtsspezifische Anforderungen ihrer Mitglieder stärker in den Blick nehmen, wird heute nur noch von wenigen bestritten. Geschlechtergerechtigkeit ist »salonfähig« geworden und wer Gender Mainstreaming anwendet, ist »auf der Höhe der Zeit«. Auch wenn gelegentlich der Eindruck entsteht, Menschen in kirchenleitenden Funktionen stehen eher aus »political correctness« denn aus innerer Überzeugung hinter dem Ziel der Geschlechtergerechtigkeit, wird es als durchgängiges Leitprinzip kaum noch in Frage gestellt.

Der aktuelle Aufgabenkatalog der Frauen- bzw. Genderreferate und Gleichstellungsstellen ist breit gefächert, Kernthemen sind aber nahezu generell die Erarbeitung bzw. Fortschreibung von Frauenförderprogrammen und Gleichstellungsgesetzen sowie die Feministische Theologie. Je nach Einbindung und Ausrichtung arbeiten die Referate eher zielgruppenspezifisch mit und für Frauen, beispielsweise durch Mentoring-Programme, oder sie üben innerhalb der Strukturen einen permanenten »gender watch« aus, zum Beispiel durch die Beratung von (kirchenleitenden) Gremien und Qualifizierung in Gender Fragen: Grundlagen der Genderanalyse, Methoden und Instrumente, sowie Gender Trainings und gendergerechte Instrumentarien bei der Planung, Wirkungsbeobachtung und Auswertung.

Frauen- bzw. Genderreferate und Gleichstellungsstellen setzen sich ein für die Stärkung ehrenamtlich tätiger Frauen und sind sowohl in innerkirchlichen Strukturen als auch mit (regionalen) politischen und gesellschaftlichen Institutionen und Gruppierungen vernetzt. Das Thema (sexualisierte) Gewalt gegen Frauen und Mädchen wurde in den letzten Jahren intensiv bearbeitet, was zum einen dazu führte, dass Regeln zum Umgang mit dem Problem im innerkirchlichen Raum geschaffen wurden (disziplinarrechtliche Vorgaben, Hilfen für Opfer), zum anderen die Frage von Gewalt und ihre Überwindung als gesamtgesellschaftliches Problem verstärkt öffentlich wahrgenommen und Maßnahmen zum Schutz der Opfer verbessert wurden. Auch ist inzwischen in vielen Landeskirchen nicht nur die Verwendung einer geschlechtergerechten Sprache in Veröffentlichungen selbstverständlich, sondern auch in Liturgie und Gottesdienst, verbunden mit einer Pluralität der Gottesbilder, hat sie Eingang gefunden.

Vielfach sind die Referate (vor allem die Gleichstellungsstellen) in die Personalplanung und -entwicklung der Landeskirchen eingebunden und beraten in allen Fragen zu Vereinbarkeit von Beruf und Familie, regen die Zertifizierung als »familienfreundlicher Betrieb« an und unterstützen die Verwaltungen bei der Erarbeitung von Teilzeit-Modellen auch für Führungskräfte.

Ziel der Arbeit der Frauen- und Genderreferate bzw. Gleichstellungsstellen ist es nach wie vor, Kirchen in ihrem Bemühen um Schaffung struktureller Rahmenbedingungen zu unterstützen, die Frauen und Männern die gleichberechtigte Teilhabe an allen Bereichen kirchlichen Lebens und Handelns ermöglichen. Hierbei müssen geschlechtsspezifische Bedarfe wahrgenommen und anerkannt sowie die Unterschiede und die Bandbreite von Lebensentwürfen und Kompetenzen respektiert werden ohne allerdings der Gefahr zu erliegen, gerade durch die Berücksichtigung geschlechtsspezifischer Unterschiede zu einer Manifestation von Rollenbildern und Geschlechterverhältnissen beizutragen. Denn innerhalb der Gruppe der Frauen bzw. der Männer gibt es ebenso eine Vielzahl von divergierenden und weit gefächerten Interessen und Fähigkeiten wie zwischen Frauen und Männern.

Somit stehen die Kirchen weiterhin vor der Aufgabe, Frauen und Männer jenseits geschlechtsstereotyper Rollenzuweisungen in ihrer Individualität wahrzunehmen und ihnen Raum zur vollen Entfaltung ihrer Persönlichkeit zu bieten, damit Kirche eine wahrhaft gerechte Gemeinschaft von Schwestern und Brüdern wird.

Häusliche Gewalt und Gewalt im Namen der Ehre – Ein Erfahrungsbericht zu Interventionsprojekten

Marina Walz-Hildenbrand

1. Häusliche Gewalt – ein gesellschaftliches Problem

Schutz vor Gewalt im Geschlechterverhältnis ist eine Frage der Menschenrechte und der Gewährleistung von Grundrechten. Körperliche und häusliche Gewalt findet überwiegend im engen sozialen Nahraum, also »zu Hause«, statt und gehört für viele Opfer leider zum Alltag. Sie kommen in allen gesellschaftlichen Schichten vor. Dort, wo zum Beispiel Daten über Polizeieinsätze zu häuslicher Gewalt erhoben wurden, wird das erschreckende Ausmaß dieses Verhaltens deutlich und auch der hohe Anteil der männlichen Täter, in eine Berliner polizeilichen Erhebung waren 86,4 % der Tatverdächtigen Männer.

Der Schutz der Betroffenen, zumeist Frauen und Kinder, ist dabei im häuslichen Bereich bisher am wenigsten gewährleistet. Denn lange wurde diese Form der Gewalt von unserer Gesellschaft nicht ernst genommen und tabuisiert. Auch heute noch wird Partnergewalt gerne verharmlost und schnell entschuldigt. Kein Wunder, dass die Opfer aus Scham oder vor Angst vor dem Täter schweigen und kein Vertrauen zu den staatlichen Institutionen haben, die sie eigentlich schützen sollen. Ihre Leidensgeschichte erstreckt sich oft über Jahre hin. Allein, ohne sachkundige Beratung und gesellschaftliche Unterstützung, können sie sich oft lange nicht aus einer Gewaltbeziehung lösen. Frauenberatungsstellen und Frauenhäuser sind daher zu unentbehrlichen Unterstützungseinrichtungen geworden.

Leittragende von Partnergewalt sind immer auch die im Haushalt lebenden Kinder, selbst wenn sich die Verletzungshandlungen nicht unmittelbar gegen sie richten. Gewalt zwischen den Eltern mitzuerleben, bleibt nicht ohne Folgen für ihre Entwicklung. Diese Tatsache wird heute im Bereich des Kinder- und Jugendschutzes leider viel zu wenig gesehen.

Es gibt keine einzelne Ursache für häusliche Gewalt, sondern es kommen individuell-persönliche und soziale Bedingungen zusammen.

Bei Partnergewalt spielt das ungleiche Geschlechterverhältnis in unsere Gesellschaft mit seinen Rollenklischees eine besondere Rolle.

2. Interventionsmöglichkeiten

Mitte der 1970er Jahre begann die Frauenbewegung öffentlich gegen Gewalt im Geschlechterverhältnis ein- und aufzutreten. Sie gründete die ersten Frauenhäuser als eine Zufluchtsstätte zum Schutz für misshandelte Frauen und deren Kinder.

Seit Anfang der 1990er Jahre entstanden in der Bundesrepublik Deutschland Interventionsprojekte gegen häusliche Gewalt. Sie begannen als Modellprojekte des Bundes und wurden vom Bundesministerium für Familie, Senioren, Frauen und Jugend gefördert. Als Interventionsprojekte werden in Deutschland institutionalisierte Kooperationsbündnisse bezeichnet, die interinstitutionell und interdisziplinär arbeiten. Sie bündeln im Optimalfall Vertreterinnen und Vertreter aller Einrichtungen, Institutionen, Projekte und Professionen einer Region, die explizit gegen häusliche Gewalt arbeiten oder dafür gesellschaftliche Verantwortung tragen. Im Zentrum ihrer Aktivitäten steht in der Regel ein zentrales Kooperationsgremium, wie zum Beispiel ein runder Tisch. Dieser unterscheidet sich von bereits bekannten und vielerorts aktiven fachspezifisch arbeitenden runden Tischen dadurch, dass die hieran Beteiligten nicht in erster Linie als individuelle, interessierte Fachleute, sondern als Delegierte ihrer Institution mit einem Auftrag ihrer Institution teilnehmen. Es geht langfristig darum, dass nicht nur Einzelne unter Einbeziehung von interdisziplinärem Wissen ihre Praxis verbessern, sondern dass ganze Institutionen ein gleiches Verständnis von häuslicher Gewalt und gleiche Ziele entwickeln und auf dieser Grundlage ihre Verfahrensweisen aufeinander abstimmen.

Die Interventionsprojekte gegen häusliche Gewalt sind eine äußerst erfolgreiche Handlungsform. Sie haben für eine nachhaltige und umfassende Veränderung in Deutschland gesorgt.

Die Interventionsprojekte führten zu Lernprozessen in allen Institutionen. Auch die Polizei hat von diesen Kooperationen enorm profitiert, erreicht wurden andere Umgangs- und Arbeitsweisen vor allem in der polizeilichen Praxis. Polizei und Staat hatten zuvor ihre Aufgabe in der Erhaltung der öffentlichen Sicherheit und Ordnung gesehen. Häusliche Gewalt in jeder Form wurde demgegenüber als Privatangelegenheit angesehen. Staatliche Intervention erfolgte überwiegend in Form von Strafverfolgung nach Verbrechen an Frauen, präventive Maßnahmen und Schutz waren weitgehend nicht möglich.

Zwischenzeitlich wird von der Polizei die Intervention und Bekämpfung häuslicher Gewalt als eigene Aufgabe wahrgenommen. Die polizeiliche Wegweisung aus der Wohnung in Fällen häuslicher Gewalt ist Bestandteil polizeilicher Praxis. Mit dem Platzverweis wird dem Täter aufgegeben, die gemeinsame, mit dem Opfer bewohnte Wohnung zu verlassen und sich für einen bestimmten Zeitraum von ihr fernzuhalten.

2.1 Gewaltschutzgesetz

Die nachhaltigste Veränderung hat sich durch Einführung des Gewaltschutzgesetzes ab Januar 2002 ergeben. Dieses Gesetz enthält erstmals präventive Gesichtspunkte, die staatliche und polizeiliche Intervention beginnt bereits wenn Drohungen ausge-sprochen werden, nicht erst, wenn erste Übergriffe erfolgt sind.

Bereits bei Bedrohungen können beim Familiengericht Schutzanordnungen nach dem Gewaltschutzgesetz beantragt werden. Das Familiengericht kann gegen drohende Familienangehörige und Dritte Annäherungsverbote aussprechen, beispielsweise das Verbot die Wohnung zu betreten, sich in einem bestimmten Umkreis der Wohnung aufzuhalten, zu bestimmende andere Orte aufzusuchen, an denen das Opfer Frau sich regelmäßig aufhalten muss, Verbindung auch unter Verwendung von Fernkommunikationsmitteln aufzunehmen, ein Zusammentreffen herbeizuführen, etc. Gegen Zuwiderhandlungen wird den Tätern durch die Gerichte ein Ordnungsgeld bis zu 250.000,- ersatzweise Ordnungshaft angedroht und vollstreckt.

Jede Zuwiderhandlung ist strafbar. Dies sichert ein sofortiges Eingreifen der Polizei, in besonders kritischen Fällen die Ingewahrsamsnahme des Täters, ohne dass bereits ein Übergriff auf die Frau erfolgt sein muss.

Ein Beispiel zur Veranschaulichung: Eine Frau, die sich vom Ehemann getrennt hat, wird vom Ehemann bedroht, dass er sie tötet, wenn er sie findet. Die Frau sieht den Ehemann auf der Straße vor dem Haus warten, bekommt Angst und ruft die Polizei. Früher musste die Polizei anhand des Telefonanrufes beurteilen, ob eine Gefährdung besteht. Wenn der Mann sich ruhig verhielt, wurde eine Gefährdung der öffentlichen Sicherheit und Ordnung nicht gesehen, die Polizei kam oft gar nicht vor Ort und wenn, hatte sie keine Handhabe einzuschreiten. Heute kann die Frau im Vorfeld Schutzanordnungen beim Familiengericht mit Annäherungsverboten beantragen und die Entscheidung des Familiengerichtes bei der Polizei hinterlegen. Wenn die Frau in derselben Situation dann anruft, kommt die Polizei sofort, weil sie weiß, dass eine Gefahr besteht und sie nimmt den Mann mit, weil er sich allein deshalb strafbar gemacht hat, weil er gegen die Schutzanordnungen verstoßen hat.

Das Gewaltschutzgesetz setzt jedoch voraus, dass der Täter sich durch die drohenden staatlichen Zwangsmaßnahmen abschrecken lässt, dies gelingt nach den bisherigen Erfahrungen in Fällen häuslicher Gewalt bei ca. 90% der Fälle.

2.2 Stalkinggesetze

Weiterhin Defizite bestehen bei der strafrechtlichen Sanktionierung. Die Einführung der »Stalkinggesetze« im März 2007 ermöglicht ein schnelleres Eingreifen und soll die Opfer besser schützen. Ein eigener Straftatbestand der Nachstellung wurde eingeführt, gegen gefährliche Stalking-Täter besteht die Möglichkeit Haft anzuordnen, um schwere Straftaten zu verhindern.

3. Ein Erfolgsmodel – Interventionsprojekt »STOP« in Stuttgart

STOP – Stuttgarter Ordnungsgemeinschaft gegen häusliche Gewalt ist eine Kooperation zwischen Polizei, dem Amt für öffentliche Ordnung, dem Jugendamt, den psycho-sozialen Beratungsstellen sowie der Staatsanwaltschaft und den Gerichten. Während der Projektphase 2001 bis 2002 ging es darum, Hilfen für Paare und Familien zu entwickeln, wenn es zu Gewalt zwischen Partnern kommt. Seit Januar 2003 ist STOP fest installiert. Bereits während der Modelphase wurde evident, dass alle Beteiligten – Frauen, Männer und Kinder – spezifischer Begleitung und Beratung bedürfen.

3.1 Frauen

Zu einer wirkungsvollen Gesamtmaßnahme gehört untrennbar eine intensive Begleitung der von Gewalt direkt Betroffenen. Aus Angst und Scham verweigern beispielsweise viele misshandelte Frauen eine Aussage bei der Polizei, nehmen ihr Zeugnisverweigerungsrecht in Anspruch, so dass eine strafrechtliche Verfolgung der Täter oder eine Verpflichtung der Täter zu einem Anti-Gewalt-Training durch die Staatsanwaltschaft nicht möglich ist.

In erster Linie dient eine spezifische Opferbegleitung dem Schutz der Betroffenen. Um im Falle eines Platzverweises, der in der Regel nur wenige Tage dauert, besonders schnell und mit gebündeltem Fachwissen wirkungsvolle Beratung und Begleitung für die fast ausschließlich weiblichen Opfer anbieten zu können, wurde die Fraueninterventionsstelle (FIS) konzipiert.

Ein besonderes Element dieses Konzepts ist zunächst ein »pro-aktiver« Ansatz. Dies bedeutet, dass die Mitarbeiterinnen nach Vorliegen einer Einverständniserklärung von sich aus auf die Frauen zugehen und ihnen unter Berücksichtigung der besonderen Situation Beratung und Unterstützung anbieten. Außerdem werden sie nach erfolgter Beratung (unabhängig von einer Trennung oder der Fortführung der Beziehung) in regelmäßigen Abständen kontaktiert (»Follow-up«). Zugrunde liegt das Wissen, dass Frauen in Gewaltsituationen sich oft gelähmt, überfordert, verängstigt fühlen, bedroht sind und unter Druck stehen. Häufig sind sie deshalb nicht in der Lage, von sich aus die nötigen Schritte zu unternehmen.

Ein weiteres wesentliches Element ist das Prinzip der Parteilichkeit für die Hilfe suchende Frau. Ressourcenorientiert und emanzipatorisch stellen sich die Beraterinnen auf die Seite der Betroffenen und sehen sie als Expertinnen ihrer Situation an. Auch nach außen bzw. bei Interventionen und/oder Kontaktherstellung zu anderen Institutionen wird die Sichtweise der betroffenen Frauen vertreten. Es wird bei FIS ein Schutz- und Bestärkungsraum geboten, in dem frei von einem behördlichen Kontrollauftrag sowohl die individuelle als auch die gesamtgesellschaftliche Lebenssituation der Frauen einbezogen wird. Die Frauen erleben hier schnell, dass ihnen geglaubt wird und sie verstanden werden. Dadurch können sie sich oft sehr schnell einem konstruktiven Beratungsprozess öffnen.

Als weitere Elemente sieht die Konzeption neben dem persönlichen Beratungsgespräch die besonders niedrigschwellige kurzfristige Unterstützung durch telefonische Beratung (»Helpline«) vor. Hier wird beispielsweise mit den Frauen rasch ein individueller Sicherheitsplan erstellt. Um die Erfahrungen und Ressourcen der Frau synergetisch zu nutzen, sind außerdem Bestärkungsgruppen vorgesehen. Sie bieten ein erweitertes Stabilisierungs- und Lernfeld, in dem sich die Frauen konstruktiv mit der Gewaltsituation auseinandersetzen können.

3.2 Männer

Täter sollen im Platzverweisverfahren nicht nur strafrechtlich zur Verantwortung gezogen, sondern auch unmittelbar beraterisch begleitet werden, um das VeränderungsPotenzial im Krisenfall zu nutzen, neue Eskalationen möglichst zu stoppen und die weiteren Schritte konstruktiv zu entwickeln. Dazu ist ein enger Austausch mit den Stellen, die die jeweiligen Opfer begleiten, in der Regel unabdingbar, um so reale Sicherheitsmaßnahmen, bezogen auf den individuellen Fall treffen zu können.

Die Männerinterventionsstelle (MIS) bietet eine relativ niedrigschwellige Einstiegsberatung mit dem Zyklus von sechs Sitzungen. Die Zuordnung im Umfeld der Straffälligenhilfe verdeutlicht die Bewertung des Themas häusliche Gewalt als Straftatbestand. An die bestehenden Kontakte der Straffälligenhilfe zur Staatsanwaltschaft und den Gerichten kann unmittelbar angeknüpft werden.

Da eine längerfristige Anti-Gewalt-Arbeit mit wöchentlichen Gruppensitzungen und einer Laufzeit von bis zu neun Monaten eine erhebliche Anforderung darstellt, ist eine gute Motivationsarbeit dazu eine notwendige Voraussetzung. Eine solch intensive Arbeit ist für nachhaltige Veränderungen im Gewaltverfahren notwendig, wie dies zum Beispiel die längeren Erfahrungen aus Österreich belegen. Daher wurde die Stufe 2 der Täterarbeit »Arbeit mit Männern zur Beendigung von Gewalt in Familien« im Projekt STOP konzipiert, um projekthaft die wirkungsvolle Implementierung dieses Intensivangebots in Stuttgart zu erproben. Für ein Zustandekommen entsprechender Gruppen ist eine enge Zusammenarbeit mit der Staatsanwaltschaft und den Gerichten notwendig, die über Weisungen und Auflagen Täter zur Teilnahme an diesen Maßnahmen verpflichten können, denn Freiwilligkeit ist selten gegeben.

212

3.3 Kinder

Häusliche Gewalt betrifft auch Kinder. Mädchen und Jungen sind von häuslicher Gewalt immer mit betroffen, sei es als Opfer von Misshandlungen oder als Zeugen von Gewalt gegen die Mutter. Diese direkt und indirekt erlebte Gewalt wirkt sich auf ihre Identitäts- und Verhaltensentwicklung aus, auch wenn diese Kinder auf den ersten Blick stabil und unauffällig wirken. Die Kinder brauchen Hilfe, damit diese Erfahrungen sie nicht dauerhaft schädigen. Das Angebot muss speziell auf ihre besondere Situation zugeschnitten sein, außerdem brauchen sie eine/einen Ansprechpartner/in.

Bereits in der akuten Krisensituation, wenn die Polizei vor Ort in den Familien ist und Kinder betroffen sind, verständigt diese den Familienkrisendienst, der auch an Sonn- und Feiertagen bis 24 Uhr erreichbar ist. Wenn es erforderlich ist, kommen Sozialarbeiter/innen noch während dem Polizeieinsatz in die Familien und sprechen mit den Kindern. Spätestens am nächsten Werktag informiert die Polizei den Allgemeinen Sozialdienst des Jugendamtes, der auf die Eltern zugeht, diese berät und erforderlichenfalls in spezifische Beratungsangebote weiter vermittelt.

Das Stuttgarter Kinderschutz-Zentrum stellt den betroffenen Mädchen und Jungen eine/n erfahrene/n Berater/in zur Seite. Sie/er nimmt die Situation der Kinder wahr, begleitet sie durch ihre familiäre Krise und erarbeitet mit ihnen Bewältigungsstrategien, während die Mutter parallel dazu beraten wird. Für Mädchen und Jungen unterschiedlichen Alters bietet das Kinderschutz-Zentrum Stuttgart außerdem therapeutische Gruppen an. Mittels gespielter Szenen und Geschichten arbeiten sie ihre Gewalterlebnisse auf, das stärkt ihre weitere Entwicklung. Beim Verein Frauen helfen Frauen Stuttgart verarbeiten Mädchen im Vorschul- und Schulalter jeweils in einer eigenen Gruppe ihre Erlebnisse. Sie tauschen sich in einem geschützten Raum aus, entwickeln neue Perspektiven und probieren neue Rollen aus. Spezielle, spielpädagogische Angebote schaffen für die Jüngeren eine Atmosphäre, in der sie Kinder sein dürfen. Das ist mit ihren Familien oft nicht möglich. Ein Kunsttherapeutisches Angebot unterbreitet das städtische Frauenhaus Stuttgart. Bei der Arbeit mit Ton am Tonfeld drücken Mädchen und Jungen spielerisch ihre Erfahrungen aus. Das spricht ihre Stärken und Ressourcen gezielt an, ihre sinnliche Erlebnisfähigkeit und ihr Handlungsspektrum erweitern sich. Dieses Angebot eignet sich für alle Kinder, insbesondere für Kinder, die schlecht deutsch sprechen oder sich in der Gruppe nicht öffnen können und nur schwer Zugang zu ihren Gefühlen finden.

4. Gewalt im Namen der Ehre

Gewalt im Namen der Ehre, eine Form von Gewalt gegen Frauen und Mädchen, die innerhalb stark patriarchalisch strukturierter Familien und Gesellschaften vorkommt. Entgegen verbreiteter Annahmen ist sie kein religiöses Phänomen, obwohl sie verstärkt in islamisch geprägten Gesellschaften vorkommt und auch großteils religiös gerechtfertigt wird.

Mädchen und Frauen müssen sich »ehrenhaft« verhalten, da von ihrem Verhalten die »Familienehre« abhängt. Als unehrenhaft gelten voreheliche Beziehungen, Verlust der Jungfräulichkeit, Trennungen und Ehescheidungen, etc. Die Gewalt wird mit dem Erhalt bzw. der Wiederherstellung der Ehre gerechtfertigt und von nahen Verwandten, häufig Bruder oder Vater ausgeübt. Formen der Gewalt sind psychische Gewalt (Unterdrückung, Drohung, Erpressung, etc.) ebenso wie massive körperliche Gewalt, die Zwangsheirat und schließlich der so genannte Ehrenmord.

Spezifische Untersuchungen von Fällen ehrbezogener Gewalt gibt es nicht, nach meiner Erfahrung bietet das Gewaltschutzgesetz auch in einer Vielzahl dieser Fälle Schutz. Soweit von den Tätern der »Ehrenkodex« jedoch über alles gesetzt und auch der Verlust der eigenen Existenz, der wirtschaftliche Ruin und eine langjährige Haftstrafe in Kauf genommen wird, versagt auch das Gewaltschutzgesetz. Dann bleibt nur die lebenslange »Flucht« vor der eigenen Familie.

Grundsätzlich gibt es Zeugenschutzprogramme, die Opfern von Gewalt eine völlig neue Identität verschaffen können. Auf Grund geringer Kapazitäten können nur ganz wenige Frauen aufgenommen werden, bislang überwiegend Opfer organisierter Kriminalität. Deutsche Frauen haben die Möglichkeit der standesamtlichen Namensänderung. Sonst bleibt nur die Anonymisierung, bei allen Behörden und Institutionen (Einwohnermeldeamt, Krankenkasse, Versorgungsunternehmen, Telefongesellschaft, etc.) können Sperrvermerke bezüglich des Aufenthaltsortes beantragt werden.

Haupthindernis für die Anonymisierung sind nicht die rechtlichen Voraussetzungen. Die Schaffung eines sicheren anonymen Umfeldes erfordert, den Kontakt zum gesamten bisherigen familiären und sozialen Umfeld dauerhaft abzubrechen. Jede Kontaktaufnahme birgt das Risiko der Enttarnung. Erfahrungsgemäß sind hierzu nur wenige Mädchen und Frauen bereit und in der Lage, weil sie gerade in ihrer Situation der Unterstützung vertrauter Menschen bedürfen oder weil bereits Kinder vorhanden sind, die nicht eingebunden werden können.

5. Ausblick

In Baden-Württemberg sind im Jahr 2003 allein 126 Frauen von ihren Männern nach einer Trennung getötet oder schwer verletzt worden, Kriminologische Studien zeigen, dass die meisten Übergriffe innerhalb von zwei Tagen nach einem Konflikt verschärfendem Ereignis erfolgen und dass die verfolgten Frauen, aber auch Nachbarn, Freunde oder Bekannte während der Trennungsphase oft schon Signale des späteren Täters bekommen haben, jedoch nicht reagieren.

Wichtig ist, dass Aussagen von Frauen, dass sie bedroht werden, sehr ernst genommen werden und alle beteiligten Beratungsstellen und Institutionen bereits im Vorfeld reagieren.

Erlebte Gewalt ist oft einhergehend mit jahrelangen Demütigungen und bewirken eine Zerstörung des Selbstbewusstseins und eine Lähmung der Handlungsfähigkeit. Ohne intensive Beratung und Begleitung ist es für die Opfer sehr schwierig ihren Weg zu finden. Opfer von Zwangsverheiratungen und Gewalt im Namen der Ehre sind darüber hinaus oftmals von ihren Familien über Jahre in ihrer Freiheit eingeschränkt und unterdrückt worden und benötigen daher ein enges Betreuungssetting und pädagogische Unterstützung.

Nach wie vor tun sich Opfer von Gewalt schwer ihre Rechte durchzusetzen. Dies liegt vor allem am fehlenden Problembewusstsein der Entscheidungsträger und an hohen, teilweise überzogenen Beweisanforderungen an die Opfer. Im Strafverfahren gilt der Grundsatz »in dubio pro reo« – im Zweifel für den Angeklagten. Die Freiheit ist ein so hohes Rechtsgut, dass niemand ins Gefängnis geschickt werden darf, wenn geringste Zweifel an der Tatbegehung bestehen. Auch bei Opfern von Gewalt geht es um ihre Freiheit, ihre körperliche Unversehrtheit und wenn die »Ehre« ins Spiel kommt, um ihr Leben. Dennoch wird von

Opfern erwartet, dass sie eine dichte Beweiskette aufbauen können, um Schutzmaßnahmen zu erhalten, um ein Aufenthaltsrecht zugesprochen zu bekommen, oder auch um solche Schutzmaßnahmen zu erhalten, wie dass ein Sperrvermerk beim Einwohnermeldeamt eingerichtet wird. Im Fall einer jungen Frau, die von ihrer Familie verfolgt und bedroht wird und bereits zweimal ihren Namen ändern und eine neue Existenz aufbauen musste, hat der zuständige Mitarbeiter der Meldebehörde es abgelehnt, den Sperrvermerk, der jeweils nur zwei Jahre gültig ist, zu verlängern, weil es außerhalb seiner Vorstellungswelt lag, dass die Familie die Frau auch nach sechs Jahren noch sucht und bedroht. Dies obwohl der zuständige Polizeibeamte bestätigte, dass die Familie polizeibekannt ist, immer noch nach der jungen Frau sucht und diese weiterhin gefährdet ist. Hier sollte nach dem Grundsatz »in dubio pro Opfer« verfahren werden, wenn eine Gefährdung des Opfers nicht auszuschließen ist, im Zweifel zum Schutz des Opfers zu entscheiden.

Wünschenswert und zwingend geboten ist daher ein größeres Problembewusstsein der Entscheidungsträger und in vielen Fällen ein sensiblerer Umgang mit den Opfern. Dies bedarf kontinuierlicher Öffentlichkeits- und Aufklärungsarbeit und der Fortbildung der Entscheidungsträger.

Literatur:
Bundesministerium für Familie, Senioren, Frauen und Jugend, Gemeinsam gegen häusliche Gewalt. Forschungsergebnisse der Wissenschaftlichen Begleitung der Interventionsprojekte gegen häusliche Gewalt (WiBIG), 2004.
Landeshauptstadt Stuttgart, Abschlussbericht »Projekt STOP«, 2003.
Terre des Femmes, Hilfsleitfaden für die Arbeit mit von Zwangsheirat, Gewalt im Namen der Ehre bedrohten und betroffenen Mädchen und Frauen, 2007.

Gründung des Instituts für Antidiskrimierungs- und Diversityfragen an der Evangelischen Hochschule Ludwigsburg. Beiträge aus Anlass der Eröffnungsfeier am 28.1.08

Konzeption, Zielsetzungen und Thesen zur Eröffnung

Beate Aschenbrenner-Wellmann

Diversity und Diversity-Management sind Begriffe, die in den letzten Jahren Einzug in die bundesdeutsche Diskussion über Gleichstellungspolitik, Antidiskriminierung und in Praxisansätze zur Überwindung von Ausgrenzung, Benachteiligung und Rassismus von Minderheiten gehalten haben. Das Diversity-Konzept setzt sich für eine Anerkennung von Differenz ein, ohne dass diese zu Benachteiligungen der einzelnen Menschen führen darf. Diversity bezeichnet alle Identitäten und Charakteristika, durch die sich ein Mensch von anderen unterscheidet. Hierzu zählen nicht nur die »klassischen«, weil sichtbaren, Differenzmerkmale, wie Geschlecht, Alter oder ethnische Zugehörigkeit, sondern auch nicht unmittelbar erkennbare, wie religiöse Überzeugung, sexuelle Orientierung oder kultureller Hintergrund.

Doch die Einsicht, dass gesellschaftliche Vielfalt etwas Wertvolles und die Nutzung des Potenzials von Vielfalt für unsere Gesellschaft sinnvoll und sogar erforderlich ist, setzt sich in Deutschland und in den meisten anderen EU-Ländern nur langsam durch. Um diese Erkenntnis zu fördern, wurde beispielsweise 2007 das »Europäische Jahr der Chancengleichheit für alle« initiiert. In Deutschland waren es vor allem international agierende Unternehmen, die zuerst auf diese EU-Initiative reagierten und sich durch Unterzeichnung der »Charta der Vielfalt« zur Förderung und Wertschätzung von Vielfalt in ihren Betrieben und in der Gesellschaft verpflichteten. Mit dem Inkrafttreten des Allgemeinen Gleichbehandlungsgesetzes am 18.8.2006 rückten Aspekte der Diskriminierung und Ungleichbehandlung in das Blickfeld der bundesrepublikanischen Öffentlichkeit. Im vergangenen Jahr 2008 wurde von der Bundesbeauftragten für Migration, Flüchtlinge und Integration, Maria Böhmer, die Kampagne »Vielfalt als Chance« ins Leben gerufen.

1. Fünf Thesen

Unser Verständnis von Diversity und Antidiskriminierungsarbeit werde ich jetzt, damit die Ziele auch in einen gesellschaftspolitischen

218

und wissenschaftstheoretischen Rahmen gestellt werden können, anhand von 5 Thesen aufzeigen:

Meine *1. These* lautet:
Diversity als »Verschiedenheit« mit ihren Ausprägungen »Unterschiedlichkeit«, »Vielfalt« und »Ungleichheit« war und ist in jeder Gesellschaft und in jeder Organisation vorhanden.
Diversity bezeichnet die Vielfalt der Menschen einer Gesellschaft, eines Stadtteils, einer Organisation etc. und ihre Unterschiede, aber auch Gemeinsamkeiten, hinsichtlich Geschlecht, Alter, ethnischer Herkunft, sexueller Identität, Religion und Weltanschauung, Behinderung, Familienstand, Arbeitsstil und eine Reihe weiterer wahrnehmbarer und nichtwahrnehmbarer Faktoren.[1] Diese Unterschiede beinhalten Potenziale, aber auch die Möglichkeit zu Konflikten.

Meine *These 2* heißt:
Diversity-Management stellt eine neue Betrachtungsweise und einen veränderten Weg des Umgangs mit Verschiedenheit dar.
Beim Diversity-Management[2] geht es um Fairness und Chancengleichheit, um Wertschätzung und Akzeptanz – und um die Nutzung personeller Vielfalt in Organisationen. Diversity-Managementziele werden nicht nur ethisch-moralisch und juristisch, sondern auch ökonomisch begründet. Denn Organisationen gelten als wirtschaftlich er-

---

1   Der Begriff ist in der US-amerikanischen Human-Rights-Bewegung entstanden; hier sollte durch die bewusste Förderung und Respektierung von Unterschiedlichkeit Antidiskriminierungsarbeit gesellschaftlich verankert werden. Durch den Slogan » Diversity is not about the others – it is about you« wird die komplexe Zusammensetzung der eigenen Identitäten, die Zugehörigkeit zu verschiedenen Gruppen bewusst gemacht; denn nur so kann Wertschätzung für sich und für andere entstehen.

2   In Anlehnung an Thomas und Ely (1996) werden häufig 3 unterschiedliche Diversity-Management–Ansätze unterschieden: »Fairness- und Discrimination-Ansatz«; hier wird Fairness und Gleichberechtigung vor allem durch die Einhaltung gesetzlicher Rahmenbedingungen erreicht; 2. »Access-Legitimacy-Ansatz«: VertreterInnen dieses Ansatzes verweisen auf die Vielfalt und Unterschiedlichkeit von MitarbeiterInnen als Potenzial für wirtschaftlichen Nutzen; 3. »Learning – Effectiveness Ansatz«. Dieser Ansatz kombiniert die positiven Aspekte der beiden erstgenannten und versucht eine Kultur der Aufgeschlossenheit und Vielfalt in Organisationen zu verankern. Als 4. Konzept kann der »Systemtheoretische Gender- und Managing-Diversity-Ansatz« angeführt werden, der von deutschen Wissenschaftlerinnen konzipiert wurde: Er betrachtet Diversity als Ressource einer Organisation, die deren Fortbestand sichert und die Organisationsstruktur stabiler machen kann (Aretz, H-J./Hansen, K. 2003).

folgreicher, wenn sie systematisch und angemessen auf die Bedürfnisse von heterogenen KundInnen und MitarbeiterInnen eingehen.

Das führt mich zu meiner *These 3*:
Diversity ist kein Wert an sich. Verschiedenheit kann erwünscht, aber auch unerwünscht sein.

Als Herausforderung für das Diversity-Management gelten vermeintlich »homogene« Organisationen, in denen eine dominante Personengruppe (z.b. weiße, inländische, gut qualifizierte Männer im fortgeschrittenen Alter) fast alle Schlüsselpositionen einnimmt und damit die Spielregeln bestimmt. Aber auch in diesen Organisationen gibt es personelle Vielfalt, denn es handeln immer individuelle Persönlichkeiten mit unterschiedlichen Erfahrungen, Werten und Arbeitsstilen. Soll Verschiedenheit hier gefördert werden, wird aus der Sicht des Diversity-Managements häufig die Frage nach dem Nutzen, der sich aus einer bestimmten Ausprägung von Vielfalt, zum Beispiel durch die Beschäftigung von Menschen mit Migrationshintergrund, für eine Organisation ergibt, gestellt.

Da der Begriff Diversity positiv besetzt ist – dies ist meine *These 4* – werden dadurch machtpolitische Aspekte der Ungleichheit und Ungerechtigkeit verdeckt.

Eine Unternehmenskultur, die offen ist für MitarbeiterInnen unterschiedlicher Herkunft, Weltanschauung, unterschiedlichen Alters oder Geschlechts bündelt kreative Ressourcen und kann die Herausforderungen der Zukunft besser meistern. Solche Beschreibungen lenken jedoch von den beteiligten Personen ab, denn in der Praxis des Diversity-Managements wird nicht so sehr Verschiedenheit gemanagt, als vielmehr das Verhalten vielfältiger Personen beeinflusst, organisiert und kontrolliert. Das geschieht häufig durch Vorgesetze, die in der Regel der dominanten Gruppe angehören und ihre eigenen Interessen verfolgen.

Daraus folgt meine *These 5*:
Diversity-Management und Antidiskriminierungsarbeit müssen miteinander verbunden werden, denn heterogene Personen haben das Recht auf eine faire und unterschiedliche Behandlung.

Personelle und gesellschaftliche Vielfalt wird im Alltag häufig nicht als Ressource wahrgenommen, sondern führt zu Benachteiligungen und Diskriminierungen. Um diese zu minimieren, müssen beispielsweise ungleiche Beschäftigte mit ihren besonderen Bedürfnissen auch unterschiedlich behandelt werden. Eine Gleichbehandlung von Ungleichen würde in diesem Zusammenhang Ungleichheit fortschreiben.

Diese fünf Thesen finden ihren Ausdruck im Namen, in der Zielsetzung und den inhaltlichen Aufgabenstellungen unseres Instituts:

Das Institut für Antidiskriminierungs- und Diversityfragen dokumentiert durch seine Namensgebung die Intention, Antidiskriminierungs- und Diversity-Perspektiven zusammenzuführen und somit aus beiden Theorie- und Handlungsfeldern wechselseitige Impulse für die durch Heterogenität gekennzeichneten gesellschaftlichen und organisatorischen Herausforderungen zu geben.

2. Rückblick und Ziele

Das Institut für Antidiskriminierungs- und Diversityfragen wurde im Juli 2007 als Kooperationsvorhaben zwischen der Evangelischen Fachhochschule Reutlingen-Ludwigsburg und dem Diakonischen Werk Württemberg gegründet. Organisatorisch ist es der inzwischen in »Evangelische Hochschule Ludwigsburg für Soziale Arbeit, Religionspädagogik und Diakonie (EHL)« umbenannten Lehrstätte zugeordnet. Warum überhaupt ein Institut, das sich mit Antidiskriminierung und Diversity beschäftigt?

Wir denken, dass sowohl in den Ausbildungs- und Berufsfeldern als auch in den übrigen Handlungsbereichen, in denen Vielfalt sich in den Potenzialen und Bedürfnisses von Menschen in den Mittelpunkt widerspiegeln, ein Paradigmenwechsel erfolgen muss: Anderssein kann nicht gleichgesetzt werden mit Defizite haben, Personen mit Unbehagen gegenüber den Werten der dominanten Gruppe dürfen nicht als »randständig« klassifiziert werden, und Verschiedenheit stellt keine Bedrohung der Effektivität und des Zusammenhalts von Gesellschaften und Organisationen dar.

Ziel des Instituts ist es daher, Phänomene der Differenz und Fremdheit aufzugreifen, wissenschaftlich zu bearbeiten und Programme zur respektvollen und anerkennungsgeleiteten praktischen Gestaltung von Unterschiedlichkeit und Vielfalt zu entwickeln und somit Diskriminierung entgegenzuwirken. Zudem sollen wesentliche Beiträge für eine Zusammenführung von Antidiskriminierung und Diversity geleistet und durch wechselseitige Impulsgabe die gesellschaftlichen Herausforderungen aufgegriffen werden.

3. Tätigkeitsbereiche

Im Einzelnen wird sich das Institut mit folgenden Themenfeldern beschäftigten:

- Beobachten und Erkennen struktureller Formen der Diskriminierung in Baden-Württemberg in Zusammenarbeit mit dem Antidiskriminierungsnetzwerk mittendrinundaussenvor.de;
- Durchführung sozialwissenschaftlicher Studien, zum Beispiel zur Diskriminierung im Bildungs- und Sozialwesen;
- Entwicklung von diversityorientierten und antirassistischen Materialien sowie Verbreitung von Informationen zu Diskriminierungen und Möglichkeiten der Gegenwirkung;
- Entwicklung einschlägiger Lehreinheiten bzw. Module für den Vorschul-, Schul- und Hochschulbereich, zum Beispiel zum Thema »Interkulturelle Mediation«;
- Konzeption innovativer migrantInnenbezogener Angebote sowie Partizipation an Programmen für Menschen aus EU-Mitgliedsstaaten und künftigen Beitrittsländern;
- Unterstützung von und Austausch mit lokalen, nationalen und internationalen Vereinen, Organisationen und Institutionen, die auf dem Gebiet der Bekämpfung von Diskriminierung und im Diversity-Management tätig sind;
- Wissenschaftliche Begleitung von Projekten und Evaluation.

4. Angebote

Aus diesen Themen hat das Institut Angebote entwickelt, die sich an NutzerInnen inner- und außerhalb der Hochschule wenden.

Für hochschulinterne Nutzerinnen und Nutzer:
- Lehrveranstaltungen ab Wintersemester 07/08:
  - Für gesellschaftliche Teilhabe und gegen Diskriminierung – von der klassischen Antidiskriminierungsarbeit zur produktiven Gestaltung von Vielfalt und Differenz,

Zwischen Diskriminierung und Partizipation – Migration und Integration in Deutschland,
Vielfalt leben – Interkulturalität, Diversity und Antidiskriminierungsarbeit in Projekten.

- Beratung von Studierenden, Lehrenden und VerwaltungsmitarbeiterInnen mit Diskriminierungserfahrungen
- Begleitung von Praxisforschungsprojekten von Studierenden und Diplomarbeiten
- IAD-Angebote zur Unterstützung der internationalen/interkulturellen und diversity-orientierten Ausrichtung der EFH-Lehrveranstaltungen, zum Beispiel durch:
  - Migration: Einführung, Grundbegriffe im Überblick, Zahlen sowie weltweite Dimension
  - Vielfalt der MigrantInnengruppen: Rechtsstellung und Lebensbedingungen bei ArbeitsmigrantInnen, politisch Verfolgten, SpätaussiedlerInnen und Personen mit irregulärem Status
  - Zuwanderungsgesetz und Integration: Perspektivenwechsel
  - Menschenrechte und Globalisierung im Hinblick auf Antidiskriminierung versus Diversity, EU-Antidiskriminierungskampagne, Allgemeines Gleichbehandlungsgesetz
  - Vorstellung von Praxisfeldern am Beispiel »mittendrinundaussenvor.de«
  - Exkursion zu ausgewählten Beratungsstellen (z.B. Psychologische Beratungsstelle für politisch Verfolgte und Vertriebene, Stuttgart)
  - Wertegemeinschaft Europa: Ursprung, Ideen und Umsetzung durch Europarat und Europäische Kommission und
  - Einführung in außergerichtliche Formen der Streitbeilegung (Interkulturelle Mediation)
  - Sexuelle Identität und diakonisch-soziale Arbeit
  - Trainingsprogramme zur Antidiskriminierung und zum interkulturellen Lernen
- Management von Projekten der Europäischen Union: Ideen, Umsetzung und Auswertung
- Austausch mit europäischen Initiativen im Menschenrechtsbereich (zum Beispiel ZARA, Wien)

Für hochschulexterne Nutzerinnen und Nutzer
Fortbildungen zu aktuellen Fragestellungen, wie zum Beispiel:

- Fremdheit und Differenz gestalten. Interkulturelle Kompetenz in der Sozialen Arbeit.
- Antidiskriminierungs- und Diversitylernen. Sensibilisierungsworkshop für MultiplikatorInnen.
- Das IAD berät zudem soziale Organisationen, Verwaltungen und Unternehmen in den Bereichen Antidiskriminierung und Diversity-Management und führt in deren Auftrag Praxisforschungen durch.

5. Bündnispartner und Netzwerke

Das IAD ist mit dem Antidiskriminierungsnetzwerk in Baden-Württemberg »mittendrinundaussenvor.de« verbunden, dessen Aufsichtsgremium Professorin Aschenbrenner-Wellmann angehört. Das Institut kooperiert mit dem Diakonischen Werk Württemberg und dem Evangelischen Migrationsdienst in Württemberg e.v. Auf diese Weise wird die Verzahnung von Forschung, Lehre und Praxis sichergestellt und werden Möglichkeiten zu weiteren Gemeinschaftsprojekten eröffnet. Ferner unterhält es Verbindungen zur Stabsstelle für Chancengleichheit für Männer und Frauen des Evangelischen Oberkirchenrates in Württemberg; durch gemeinsame Angebote werden Synergieeffekte möglich.

Darüberhinaus strebt das IAD eine Vernetzung mit verschiedenen Trägern, die in unterschiedlichen Diskriminierungsbereichen tätig sind, an. Hierbei steht im Mittelpunkt der Diversity-Ansatz: Strukturen als Auslöser von Ausgrenzung werden untersucht (horizonaler Ansatz) – statt tatsächliche oder vermutete Defizite von einzelnen Opfergruppen zum Maßstab zu machen (vertikaler Ansatz). Vielfalt, Unterschiedlichkeit und Ungleichheit sollen respektiert und im täglichen Umgang konstruktiv genutzt werden. Dieser sogenannte horizontale Ansatz wird von der EU gestützt. Das Institut hat bereits zu verschiedenen Selbsthilfegruppen Verbindung aufgenommen, um zielgruppenübergreifende Maßnahmen zu initiieren, wie zum Beispiel zur AIDS-Hilfe, KISS (allgemeine Selbsthilfekontaktstelle), Lesben- und Schwulenverband und Sinti und Roma. Hinzu kommen Kooperationen vor Ort mit den kommunalen Migrations- und Integrationsbeauftragten sowie überregional und international tätigen Fachvereinigungen, wie zum Beispiel der Gender- und Diversity-Arbeitsgruppe der Universität Dortmund, der Fachbereichstag-Arbeitsgruppe Interkulturelle Soziale Arbeit (AG IKSA) und ASYS (Arbeitskreis für Systemische Sozialarbeit, Beratung und Supervision, Wien).

6. Schlaglichter: Gegenwart und Zukunft

■ Umfangreiches Informationsmaterial (Publikation, Faltblätter etc.) ist erstellt worden.

■ Anlässlich des 60-jährigen Jubiläums zur Allgemeinen Erklärung der Menschenrechte der Vereinten Nationen (Tag der Menschenrechte) fand mit der ai-Gruppe Ludwigsburg eine Veranstaltung am 16.01.2009 stattfinden, an der sich das Deutsche Institut für Menschenrechte, die Deutsche Gesellschaft für Menschenrechte, die Antidiskriminierungsstelle des Bundes und die Grundrechteagentur der EU beteiligten.

■ Flüchtlingsprojekte der EU (Europäischer Flüchtlingsfonds) werden in Zusammenarbeit mit dem EMDW im Auftrag des BAMF evaluiert.

■ Ein Projekt zum interkulturellen und diversity-orientierten Lernen im Schwerpunkt-bereich öffentliche Verwaltung und Bildungswesen wird beim Europäischen Integrationsfonds eingereicht.

■ Eine Veranstaltung zur Unterstützung der »Friedensfrauen« wurde für den 21.3.2009 projektiert (Internationaler Tag für die Beseitigung von Rassendiskriminierung); hieran sollen Antidiskriminierungsstellen aus Liechtenstein, Österreich und der Schweiz mitwirken.

■ Auf Betreiben einer evangelischen Kirchengemeinde soll in Biberach eine Studie »Lebenswelten von Migranten« (ökumenische Arbeitsgemeinschaft) begleitet werden.

■ Die Antidiskriminierungs- und Diversityarbeit wurde an der Hochschule Esslingen im Rahmen der Vortragsreihe Studium Generale am 11.11.2008 vorgestellt.

■ Im Rahmen der Blockwochen werden ein Workshop »Interkulturelle Mediation« (Dezember 2008 – als Wiederholung) und eine Veranstaltung »Sexualpädagogik« (erstmals im April 2009) angeboten.

Das IAD befindet sich mitten in der Aufbauphase. In den nächsten Jahren wird das Hauptaugenmerk auf quantitativen und qualitativen

Studien zum Themenbereich Diversity und Antidiskriminierung sowie auf der Etablierung und didaktischen Weiterentwicklung von Sensibilisierungsworkshops zu verschiedenen Themenfeldern, wie zum Beispiel zur Menschenrechtsbildung, Diversity im schulischen Alltag, vorurteilsbewussten Erziehung, liegen.

Wir freuen uns daher auf die Zusammenarbeit mit vielen KollegInnen und auf Impulse aus Gesellschaft, Politik und Hochschulen sowie von PraktikerInnen aus Verwaltungen, Unternehmen und sozialen Organisationen.

Literatur:

Aretz, H.-J.,Hansen, K., Erfolgreiches Management von Diversity. Die multikulturelle Organisation als Strategie zur Verbesserung einer nachhaltigen Wettbewerbsfähigkeit. In: Zeitschrift für Personalforschung, Jg. 17, H. 1, 2003.

Thomas, D. A., Ely, R. J., Making Differences Matter. In: Harvard Business Review 74 (5), 1996.

Diskriminierung von Menschen mit Migrationshintergrund als Integrationshemmnis

Einführungsstatement im Rahmen der Podiumsdiskussion »Für gesellschaftliche Teilhabe und gegen Diskriminierung. Maßnahmen für eine produktive Gestaltung von Vielfalt und Differenz«

Michael Griesbeck

Ich danke Ihnen für die Gelegenheit, Ihnen heute die Aufgaben des Bundesamtes für Migration und Flüchtlinge im Bereich der Integration kurz vorstellen zu dürfen und Ihnen das Amt auch als Ansprechpartner in Fragen der Antidiskriminierung und der Förderung von Vielfalt zu präsentieren.

Integrationsarbeit und Antidiskriminierungsarbeit wirken unmittelbar zusammen. Lassen Sie mich das kurz erläutern: In Deutschland leben rund 15,3 Millionen Menschen mit Migrationshintergrund. 19% der Bevölkerung in Deutschland weist eine Zuwanderungsgeschichte auf – das heißt, beinahe jeder fünfte Einwohner Deutschlands hat eine Zuwanderungsgeschichte. Von diesen 15 Millionen Menschen mit Migrationshintergrund leben 96% in den westlichen Bundesländern Deutschlands und Berlin. Inzwischen hat fast jedes dritte Kind unter fünf Jahren einen Migrationshintergrund. Ein Blick in die Klassenzimmer deutscher Schulen zeigt: Durchschnittlich rund 22% der 15-jährigen Schüler haben einen Migrationshintergrund. In Großstädten ist der Anteil der Zuwanderer im Vergleich zur Gesamtbevölkerung am größten: In Stuttgart, Frankfurt/Main und Nürnberg haben jeweils rund 40% der Einwohner einen Migrationshintergrund. Zusammengehörigkeit und Zugehörigkeit sind das Ziel der Integration. Es muss uns also gelingen, dass Migrantinnen und Migranten, die zu uns gekommen sind, sich in diesem Land daheim fühlen. Das setzt aber voraus, dass die Zuwanderer heimisch werden wollen, dass sie sich auf die Sprache und die Lebensbedingungen des Landes einlassen. Und auch diejenigen, die schon länger hier leben, müssen wollen, dass sie heimisch werden – und wir müssen auch akzeptieren, dass wir uns im Laufe der Zeit verändern werden. Zuwanderung bedeutet Veränderung – das müssen wir wissen und das müssen wir akzeptieren. Auch das gehört zur Integration.

Nötig ist, dass Zuwanderung nicht als Bedrohung, sondern als Bereicherung empfunden wird. Vielfach lag bislang bei der Integration der Fokus auf zu behebenden Defiziten der Zuwanderinnen und Zuwanderer. Dieser Defizitansatz muss durch einen ressourcenorientierten Ansatz ersetzt, zumindest aber um einen solchen ergänzt bzw. erweitert werden.

Zuwanderinnen und Zuwanderer kommen mit Talenten und Fähigkeiten zu uns – die offensichtlichste ist die Kenntnis einer anderen Sprache und Kultur. Wenn sie Deutsch lernen, ist die dann vorhandene Zweisprachigkeit für viele Arbeitgeber eine wertvolle Ressource. Notwendig ist, dass die Zuwanderinnen und Zuwanderer die Chance bekommen, ihre Fähigkeiten unter Beweis stellen zu können. Der persönliche Kontakt zwischen Zuwanderinnen und Zuwanderern sowie potenziellen Arbeitgebern ist daher zu fördern. Vielfach wird ein potenzieller Arbeitgeber, wenn er sich selbst von den Fähigkeiten überzeugen konnte, über nicht perfekte Deutschkenntnisse hinwegsehen.

Oftmals haben die Zuwanderinnen und Zuwanderer eine fundierte Berufsausbildung, die jedoch nicht genutzt wird oder nicht genutzt werden kann.

Soweit für die Anerkennung von ausländischen Abschlüssen Nachqualifikationen erforderlich sind, fehlt es oft an entsprechenden Angeboten und Fördermöglichkeiten mit der Konsequenz, dass betroffene Migrantinnen und Migranten häufig – wenn überhaupt – unter ihrem eigentlichen Qualifikationsniveau beschäftigt sind.

Das Bundesamt hat diese Problematik aufgegriffen und schon 2005 zu einem runden Tisch unter dem Titel »Potenziale erkennen, fördern und nutzen – Integration zugewanderter Akademiker und Akademikerinnen« eingeladen, an dem u. a. Vertreter von Migrantenselbstorganisationen, Bundesministerien, Ländern, der Kultusministerkonferenz, der Otto-Benecke-Stiftung und der Bundesagentur für Arbeit teilgenommen haben. Die Initiativen wurden in Arbeitsgruppen vertieft und die Frage der Nachqualifizierung und Anerkennung von Abschlüssen in weitere Initiativen eingebracht.

Wichtig ist: Wir brauchen ein Willkommen für die Zuwanderer. Sie müssen sich mit ihren Fähigkeiten angenommen fühlen. Dies ist auch ein Bestandteil gelungener Integration – und Diskriminierung behindert Integration. Das Bundesamt leistet daher mit seiner Integrationsarbeit auch Antidiskriminierungsarbeit.

Das Bundesamt war lange Zeit ausschließlich im Bereich Asyl tätig. Die hat sich in den letzten Jahren stark gewandelt. Im Zuge der Bündelung von Integrationsaufgaben durch das Zuwanderungsgesetz ist das Bundesamt mittlerweile für folgende Aufgaben zuständig:

- Steuerung und Koordinierung der Integrationskurse
- Steuerung und Koordination der Migrationserstberatung
- Förderung von Integrationsprojekten
- Entwicklung eines bundesweiten Integrationsprogramms nach § 45 AufenthG, das heißt, Feststellung der bestehenden Integrationsangebote von Bund, Ländern und Kommunen und Erarbeitung von Empfehlungen zu ihrer Weiterentwicklung.
- Durchführung beschäftigungsfördernder Maßnahmen mit dem Schwerpunkt berufsbezogener Sprachförderung
- Forschung zu Migrations- und Integrationsthemen
- Geschäftsstelle der Deutschen Islam Konferenz
- Zuständige Behörde für den Europäischen Integrationsfonds.

Im Hinblick auf das Thema der Antidiskriminierung und der Förderung von Vielfalt sind drei der genannten Aufgabenfelder besonders hervorzuheben. Das *Bundesweite Integrationsprogramm* steht in engem Zusammenhang mit dem Nationalen Integrationsplan der Bundeskanzlerin, versteht sich aber im Unterschied zu diesem nicht als politischer, sondern als langfristiger Prozess der Qualitätsentwicklung der Praxis der Integrationsförderung auf Fach- bzw. Expertenebene.

Mit dem Integrationsprogramm soll die Fülle an Integrationsangeboten in Deutschland festgestellt, koordiniert und die verschiedenen Akteure auf den Ebenen Bund, Länder und Kommunen stärker miteinander verzahnt werden. Dabei geht es um die Nutzung von Synergieeffekten, die qualitative Weiterentwicklung der einzelnen Bereiche der Integrationsförderung und die Stärkung der Anschlussfähigkeit der Angebote.

Betrachtet werden in erster Linie die Handlungsfelder Sprachliche Bildung, Bildung, Integration in den Arbeitsmarkt, und Gesellschaftliche Integration.

Das Integrationsprogramm verfolgt damit das Ziel, eine systematische und übergreifende Integrationsförderung im Rahmen eines integrationspolitischen Gesamtkonzeptes zu ermöglichen. Auf die Notwendigkeit einer solchen Gesamtkonzeption hatte bereits die Unabhängige Kommission Zuwanderung hingewiesen.

Bei der Bearbeitung dieser Handlungsfelder, in denen wir mit Expertinnen und Experten Empfehlungen und Umsetzungsstrategien entwickeln, werden Aspekte wie die Förderung von Chancengleichheit, der Kampf gegen Diskriminierung und der Umgang mit Vielfalt als Querschnittsaufgaben mit verfolgt. Bei der Frage der Partizipationsmöglichkeiten von Migrantinnen und Migranten spielt in den einzelnen Handlungsfeldern gerade auch das Thema Diskriminierung als informelle Zugangsbarriere eine wichtige Rolle.

Ziel der *Migrationserstberatung* ist es, den Integrationsprozess der (Neu-) Zugewanderten durch den Einsatz hauptberuflicher Migrationsberater gezielt zu initiieren, zu steuern und zu begleiten. Die Migrationserstberatung leistet einen entscheidenden Beitrag dazu, die Effektivität und Effizienz von Integrationsangeboten (beginnend mit dem Integrationskurs) sicherzustellen.

Bei der Migrationserstberatung handelt es sich um ein zeitlich befristetes Erstberatungsangebot. Wichtigster Bestandteil der Migrationserstberatung ist eine individuelles, ressourcenorientiertes Case-Management, das eine Kompetenzanalyse und die Erstellung eines Förderplans beinhaltet. Diskriminierungserfahrungen können hier angesprochen und weitergeleitet werden, zum Beispiel an Antidiskriminierungsstellen, wie sie auch das Netzwerk »mittendrin und aussenvor« eingerichtet hat. Aktuell werden in 635 Beratungseinrichtungen bundesweit 527 Beraterstellen gefördert.

Von zentraler Bedeutung für die Integrationsförderung vor Ort ist die *Projektförderung*. Es werden dabei Projekte zur Verbesserung des sozialen Miteinanders von Einheimischen und Zuwanderern vor Ort gefördert. Dahinter steht die Erkenntnis, dass erfolgreiche Integrationsförderung dort ansetzen muss, wo sich Integrationsprozesse vollziehen, nämlich im unmittelbaren Wohnumfeld von Einheimischen und Zuwanderern.

Eines dieser Projekte, das vom Bundesamt für Migration und Flüchtlinge gefördert wird, was ich hier und heute aus gegebenen Anlass besonders betonen möchte, ist das Antidiskriminierungsnetzwerk »mittendrin und aussenvor«. Ich freue mich, dass die Projektleitung des Netzwerks auch die Gründung des Instituts für Antidiskriminierung und Diversityfragen angestoßen hat und somit ein wichtiger Impuls zur Verknüpfung von Praxis, Forschung und Lehre gegeben wird.

Ein anderes, von uns gefördertes Projekt ist die Clearingstelle des Interkulturellen Rates in Frankfurt »Zusammenleben mit Muslimen«. Hier können konkrete Konfliktfälle, die Muslime betreffen, angezeigt werden. Die Clearingstelle versteht sich dann als vermittelnde Instanz, die wechselseitige Vorwürfe sachlich überprüft und nach einem Interessenausgleich sucht.

Fragen von Antidiskriminierung und Diversity bewegen uns aber auch in der Binnenstruktur in unserem Amt. Das Bundesamt will anderen selbst als gutes Beispiel vorangehen und hat hier Initiativen ergriffen:

2007 hat das Bundesamt die Charta der Vielfalt unterzeichnet. Ziel der Charta ist die Schaffung eines Arbeitsumfeldes, das frei ist von Vorurteilen. Die Vielfalt der Mitarbeiter mit ihren unterschiedlichen Fähigkeiten und Talenten soll zum Vorteil aller genutzt und gefördert werden. Das Bundesamt als moderne Behörde, vor allem aber als Kompetenzzentrum für Migration und Integration, möchte durch die Unterzeichnung Vorbildfunktion für den öffentlichen Dienst übernehmen.

Interkulturelle Öffnung haben wir uns besonders in Hinsicht auf die Förderung von jungen Menschen zum Programm gemacht und haben zum Beispiel systematisch den Anteil von Jugendlichen mit Zuwanderungsgeschichte an unseren Auszubildenden erhöht. Er liegt im Moment bei 22,7%. Alle unsere Auszubildenden durchlaufen im Rahmen ihrer dreijährigen Ausbildung interkulturelle Schulungsmodule.

Wir hoffen, damit eine gute Leistung erbracht zu haben und haben uns daher auch bei dem Wettbewerb »Kulturelle Vielfalt als Chance in der Ausbildung« der Kampagne »Vielfalt als Chance« der Bundesregierung beworben. Außerdem haben wir ein Weiterbildungskonzept aufgelegt und Module Interkulturellen Trainings als Bestandteil der Fortbildung auf allen Hierarchieebenen eingerichtet.

Zusammenfassend möchte ich nochmals betonen, dass die Antidiskriminierungsarbeit und die Förderung von Vielfalt vom Bundesamt als ein wichtiger Baustein der Integrationsarbeit betrachtet wird. Integration ist keine Einbahnstraße. Auch die deutsche Mehrheitsgesellschaft muss sich öffnen für die kulturelle Vielfalt, die Menschen mit Zuwanderungsgeschichte in unsere Gesellschaft getragen haben, und lernen diese Vielfalt nicht zu problematisieren, sondern die Potenziale zu sehen. Gelebte Vielfalt und Wertschätzung dieser Vielfalt hat positive Auswirkungen auf die Gesellschaft in Deutschland. Dies gilt selbstverständlich gerade auch für eine Behörde, die im Integrationsbereich tätig ist.

Verzeichnis der Autorinnen und Autoren

Prof. Dr. Beate Aschenbrenner-Wellmann, Professorin für Soziale Arbeit und Migration, Leiterin des Instituts für Antidiskriminierungs- und Diversityfragen (IAD) an der Evangelischen Hochschule Ludwigsburg

Prof. Dr. Katja Baur, Professorin für ökumenische und interreligiöse Theologie sowie Didaktik und Methodik des schulischen Religionsunterrichts an der Evangelischen Hochschule Ludwigsburg

Dr. Michael Griesbeck, Vizepräsident des Bundesamts für Migration und Flüchtlinge (BAMF), Nürnberg

Birgit Groner (M.A., Dipl.Sozialpädagogin), Wissenschaftliche Mitarbeiterin am Institut für Fort- und Weiterbildung (ifw) der Evangelischen Hochschule Ludwigsburg

Prof. Jo Jerg, Professor für Inklusive Soziale Arbeit, Praxisforschung und Pädagogik der Frühen Kindheit an der Evangelischen Hochschule Ludwigsburg

Dr. Michaela Judy, Direktorin der Volkshochschule Ottakring, Wien

Volker Kaufmann (Dipl.Sozialwissenschaftler), Lehrbeauftragter für Menschenrechtsbildung und Europakunde, Administrativer Leiter des Instituts für Antidiskriminierungs- und Diversityfragen (IAD) an der Evangelischen Hochschule Ludwigsburg

Prof. Dr. Rainer Kilb, Professor für Theorie und Praxis der Sozialen Arbeit an der Hochschule Mannheim

Dr. Iris Koall, Wissenschaftliche Mitarbeiterin im FB 12 Soziologie – Weiterbildendes Studium FRAUENSTUDIEN, Technische Universität Dortmund

Ursula Kress, Beauftragte für Chancengleichheit der Evangelischen Landeskirche in Württemberg

Dr. Melinda Madew, Head of International Relations Office, Evangelische Hochschule Ludwigsburg

Prof. Dr. Walter Milowiz, Arbeitskreis für Systemische Sozialarbeit, Beratung und Supervision (ASYS), Wien

Josef Minarsch-Engisch (Diplompädagoge), Evangelischer Migrationsdienst Württemberg e.V., Stuttgart

Nariye Soyal, Beschäftigte für die Evangelische Hochschule Ludwigsburg

Marina Walz-Hildenbrand, Rechtsanwältin, Antidiskriminierungsnetzwerk in Baden-Württemberg, Stuttgart

Eli Wolf, Pfarrerin, Evangelisches Frauenbegegnungszentrum, Frankfurt a.M.